电子商务理论与实务（第3版）

主　编　干冀春　王子建

副主编　袁修月　于玉环　赵连明

北京理工大学出版社
BEIJING INSTITUTE OF TECHNOLOGY PRESS

版权专有　侵权必究

图书在版编目（CIP）数据

电子商务理论与实务 / 干冀春，王子建主编．—3 版．—北京：北京理工大学出版社，2019.11（2023.8 重印）

ISBN 978-7-5682-7775-4

Ⅰ．①电…　Ⅱ．①干…②王…　Ⅲ．①电子商务-高等学校-教材　Ⅳ．①F713.36

中国版本图书馆 CIP 数据核字（2019）第 240504 号

出版发行 / 北京理工大学出版社有限责任公司	
社　　址 / 北京市海淀区中关村南大街 5 号	
邮　　编 / 100081	
电　　话 / （010）68914775（总编室）	
（010）82562903（教材售后服务热线）	
（010）68944723（其他图书服务热线）	
网　　址 / http://www.bitpress.com.cn	
经　　销 / 全国各地新华书店	
印　　刷 / 涿州市新华印刷有限公司	
开　　本 / 787 毫米 × 1092 毫米　1/16	
印　　张 / 14.5	责任编辑 / 申玉琴
字　　数 / 332 千字	文案编辑 / 申玉琴
版　　次 / 2019 年 11 月第 3 版　2023 年 8 月第 5 次印刷	责任校对 / 周瑞红
定　　价 / 39.80 元	责任印制 / 施胜娟

图书出现印装质量问题，请拨打售后服务热线，本社负责调换

第 3 版前言

21 世纪，随着计算机和通信技术的飞速发展，尤其是互联网的普及与推广，人类社会正从高度的工业化时代迈向计算机网络时代。习近平总书记高度重视网络强国建设，多次作出重要论述和重大部署。在网络强国战略指引下，我国网信事业取得了历史性成就。党的二十大为网络强国建设擘画了新蓝图，我国网信事业开启了从网络大国迈向网络强国新征程。与此同时，以互联网为基础的电子商务蓬勃发展，不仅改变了人们的工作和生活方式，也带来了思维方式和行为准则的变化，其影响远远超过技术与商务本身。因此，企业对电子商务技术技能人才提出了更高要求。

本教材的编写紧紧围绕立德树人根本任务，通过知识目标、能力目标、素质目标三维学习目标，将社会主义核心价值观的引导融入知识传授和能力培养之中，将课程思政元素有机融入典型案例，体现教材的育人功能。教材按照工学结合、任务驱动的现代职业教育理念，紧跟互联网与电子商务发展趋势，以电子商务企业实际岗位需求为主线，以典型工作任务为导向，通过分析电子商务工作过程与岗位标准、归纳教学任务、设计教学项目，优化教学内容，重构基于工作过程的教学体系。教材内容的编排上更加突出学生的主体地位，强调对学生职业素质和应用能力的培养。

本教材由河北化工医药职业技术学院干冀春、王子建担任主编，河北化工医药职业技术学院袁修月、于玉环担任副主编。中教畅享（北京）科技有限公司赵连明负责全书的审阅。干冀春负责任务一、任务五、任务六及任务八的编写，王子建负责任务二、任务三的编写，袁修月负责任务四的编写，于玉环负责任务七的编写。

本教材由河北化工医药职业技术学院与中教畅享（北京）科技有限公司共同编写。中教畅享（北京）科技有限公司是国家认定的高新技术企业，人力资源和社会保障部遴选的首批第三方职业技能等级评价机构，教育部遴选的"学历证书＋若干职业技能等级证书"（1＋X 证书）试点企业，是全国职业院校技能大赛"电子商务技能"赛项的技术支持企业。

本教材在编写的过程中，参考了大量国内外优秀的电子商务教材、专著，在此向有关学者、专家表示由衷的感谢。由于编者水平有限，教材中难免有不妥之处，敬请广大读者和同行指正，以便进一步修改和完善。

编　者

目 录

任务一　认识电子商务 ……………………………………………………（ 1 ）

　任务目标 ………………………………………………………………（ 1 ）
　任务导入 ………………………………………………………………（ 1 ）
　相关知识 ………………………………………………………………（ 2 ）
　　一、电子商务的概念 ………………………………………………（ 4 ）
　　二、电子商务的内涵 ………………………………………………（ 6 ）
　　三、电子商务的功能与特点 ………………………………………（ 7 ）
　　四、电子商务的产生与发展 ………………………………………（ 8 ）
　　五、中国电子商务的发展现状 ……………………………………（ 11 ）
　　六、促进中国电子商务快速发展的驱动因素 ……………………（ 15 ）
　　七、电子商务对社会的影响与变革 ………………………………（ 18 ）
　　八、电子商务的分类 ………………………………………………（ 18 ）
　知识拓展 ………………………………………………………………（ 19 ）
　课后练习 ………………………………………………………………（ 22 ）

任务二　电子商务技术基础 ………………………………………………（ 23 ）

　任务目标 ………………………………………………………………（ 23 ）
　任务导入 ………………………………………………………………（ 23 ）
　相关知识 ………………………………………………………………（ 26 ）
　　一、互联网的产生与发展 …………………………………………（ 26 ）
　　二、Internet 协议 …………………………………………………（ 28 ）
　　三、Internet 的接入技术 …………………………………………（ 30 ）
　　四、IP 地址与域名 …………………………………………………（ 31 ）
　　五、电子数据交换（EDI）技术 ……………………………………（ 36 ）
　　六、电子商务的框架模型 …………………………………………（ 40 ）

知识拓展 ·· （42）
　　课后练习 ·· （43）

任务三　电子商务的模式 ··· （44）

　　任务目标 ·· （44）
　模式一　B2B 电子商务 ·· （44）
　　任务导入 ·· （44）
　　相关知识 ·· （46）
　　　一、B2B 电子商务概述 ·· （46）
　　　二、B2B 电子商务对企业的影响 ·· （49）
　　　三、B2B 电子商务的特点 ·· （49）
　　　四、B2B 电子商务涉及的环节 ·· （50）
　　　五、B2B 电子商务的模式 ·· （51）
　　　六、B2B 电子商务的利润来源 ·· （54）
　　　七、阻碍中国 B2B 电子商务发展的因素 ································ （54）
　　知识拓展 ·· （55）
　模式二　B2C 电子商务 ·· （56）
　　任务导入 ·· （56）
　　相关知识 ·· （59）
　　　一、B2C 电子商务概述 ·· （59）
　　　二、B2C 电子商务的基本业务流程 ······································ （61）
　　　三、B2C 电子商务模式的类型 ·· （64）
　　　四、我国 B2C 电子商务发展现状及行业特征 ···························· （67）
　模式三　C2C 电子商务 ·· （79）
　　任务导入 ·· （79）
　　相关知识 ·· （80）
　　　一、C2C 电子商务的含义 ·· （80）
　　　二、C2C 电子商务的特点 ·· （81）
　　　三、C2C 电子商务的盈利模式 ·· （82）
　　　四、C2C 电子商务发展中存在的问题 ···································· （82）
　　　五、C2C 电子商务交易平台的作用 ······································ （84）
　　　六、B2C 与 C2C 电子商务比较 ·· （85）
　　　七、中国网络零售市场发展状况 ·· （85）
　　知识拓展 ·· （90）
　模式四　G2B 电子商务 ·· （92）
　　任务导入 ·· （92）
　　相关知识 ·· （93）
　　　一、电子政务概述 ·· （94）
　　　二、政府和企业间的电子商务（G2B） ·································· （99）

知识拓展 ……………………………………………………………………………（103）
　　课后练习 ……………………………………………………………………………（107）

任务四　电子商务与网络营销 ……………………………………………………（108）

　　任务目标 ……………………………………………………………………………（108）
　　任务导入 ……………………………………………………………………………（108）
　　相关知识 ……………………………………………………………………………（111）
　　　　一、网络营销信息的特点 …………………………………………………………（111）
　　　　二、网络营销的概念与特点 ………………………………………………………（112）
　　　　三、网络营销环境分析 ……………………………………………………………（113）
　　　　四、网络营销策略 …………………………………………………………………（117）
　　　　五、网站建设的原则 ………………………………………………………………（120）
　　　　六、电子商务与服务业 ……………………………………………………………（122）
　　知识拓展 ……………………………………………………………………………（125）
　　课后练习 ……………………………………………………………………………（126）

任务五　电子商务与物流 …………………………………………………………（128）

　　任务目标 ……………………………………………………………………………（128）
　　任务导入 ……………………………………………………………………………（128）
　　相关知识 ……………………………………………………………………………（130）
　　　　一、电子商务物流概念 ……………………………………………………………（130）
　　　　二、电子商务与物流的关系 ………………………………………………………（134）
　　　　三、传统企业实施电子商务的要素（SCM、ERP、CRM、BPR） …………（137）
　　　　四、电子商务物流模式 ……………………………………………………………（145）
　　知识拓展 ……………………………………………………………………………（147）
　　课后练习 ……………………………………………………………………………（149）

任务六　电子商务与网络支付 ……………………………………………………（151）

　　任务目标 ……………………………………………………………………………（151）
　　任务导入 ……………………………………………………………………………（151）
　　相关知识 ……………………………………………………………………………（152）
　　　　一、网络支付概述 …………………………………………………………………（152）
　　　　二、网上银行 ………………………………………………………………………（155）
　　　　三、网络支付工具 …………………………………………………………………（159）
　　知识拓展 ……………………………………………………………………………（174）
　　课后练习 ……………………………………………………………………………（175）

任务七　电子商务安全技术 ………………………………………………………（177）

　　任务目标 ……………………………………………………………………………（177）

任务导入 …………………………………………………………………… (177)
　　相关知识 …………………………………………………………………… (178)
　　　一、电子商务安全概述 …………………………………………………… (178)
　　　二、电子商务安全技术 …………………………………………………… (181)
　　　三、电子商务安全协议 …………………………………………………… (188)
　　知识拓展 …………………………………………………………………… (190)
　　课后练习 …………………………………………………………………… (193)

任务八　电子商务法律 …………………………………………………… (194)

　　任务目标 …………………………………………………………………… (194)
　　任务导入 …………………………………………………………………… (194)
　　相关知识 …………………………………………………………………… (195)
　　　一、电子商务带来的新法律问题 ………………………………………… (195)
　　　二、电子商务法律、法规概述 …………………………………………… (203)
　　　三、电子商务参与各方的法律关系 ……………………………………… (205)
　　　四、国外、内电子商务立法概况 ………………………………………… (207)
　　知识拓展 …………………………………………………………………… (210)
　　课后练习 …………………………………………………………………… (212)

附录 …………………………………………………………………………… (213)

　　中华人民共和国电子商务法 ……………………………………………… (213)

参考文献 ……………………………………………………………………… (223)

任务一

认识电子商务

任务目标

知识目标：
1. 了解电子商务的发展过程；
2. 熟悉电子商务的内涵与特点；
3. 熟悉中国电子商务的发展现状。

能力目标：
1. 能够阐述电子商务的功能；
2. 能够对电子商务进行类型区分；
3. 能够分析电子商务对经济发展的影响。

素质目标：
1. 树立正确的电子商务理念；
2. 培养创新意识；
3. 培养追求卓越的精神。

任务导入

导入案例　　　　助力乡村振兴　电子商务大有可为

大集镇地处山东省菏泽市曹县东南部15公里处，辖25个行政村，4.7万人。《史记·殷本纪》记载："伊尹卒，既葬伊尹于亳。"在大集镇殷庙村西建有伊尹祠，就是商朝开国丞相伊尹墓所在地。近年来，农村电子商务如星火燎原般在该镇发展壮大，形成了由电子商务驱动地方特色产业发展的"大集模式"。大集镇的电商发展模式，就是在互联网时代，利用信息经济形成的落后地区的赶超之路、跨越之路，是利用电子商务激发农民活力，推动农业农村现代化和乡村全面发展的新探索。

淘宝村1.0模式：20世纪90年代初，大集镇南部偏僻的村庄里，村民们创作和制造影楼布景和摄影服装，肩挑人扛到城市设点推销，发展非常缓慢。2009年，淘宝网渗透到了鲁西南乡村。丁楼村村民开始在淘宝网上开店，并卖出了第一单影楼服饰。"叮咚"一声，使多年加工销售服装的丁楼村找到了新的发展方向。一批外出务工的年轻人回到家乡开始尝试利用淘宝网销售摄影服饰和表演服饰，开启了"草根创业"时代。2013年，在首届中国淘宝村高峰论坛上，丁楼村、张庄村被认定为中国"淘宝村"，成为"鲁西南淘宝双子星"，点燃了电商发展的火种。

淘宝村2.0模式：大集镇当地政府充分把握电子商务蓬勃发展的脉搏，引导、推动、支持电商产业发展，实施了一系列因地制宜、因势利导的举措：成立电商产业发展办公室、组织电商培训、注册公司、完善基础设施、建设淘宝辅料大市场、大集镇淘宝产业园等。2014年，全镇电商发展呈现出"网店""网店+加工厂""网店+公司""网店+公司+网络分销"等多种形式共存的形态，带动布匹、辅料、电脑绣花、印花、摄影、物流等配套产业发展，形成了完整的产业链条。2017年，成为全国最大的儿童表演服加工销售基地。

淘宝村3.0模式：注重加快推进农村电商提档升级，着力为电商企业营造良好的发展环境，打造了电商特色小镇"e裳小镇"，在淘宝村集群化发展的基础上，实现园区化、规模化、特色化发展，在发展电商和乡村旅游的同时促进三产融合。电子商务迅猛发展，全镇7 000余名外出务工青年、700余名大学生返乡创业，成为农村经济发展、乡村振兴的火种。大集镇党委、政府依托淘宝村的产业发展，进行人居环境的全面优化和乡村治理体系的现代化转型，促进乡村振兴。

经过多年不懈努力，2014年，大集镇被评为首批中国"淘宝镇"。2015年年底，被山东省中小企业局授予"山东中小企业创业'互联网+'特色产业强镇"。2016年，被菏泽市政府评为"菏泽市全民创业工作先进乡镇"。2017年，所有行政村全部被评为中国"淘宝村"，是山东省唯一一个淘宝村全覆盖的乡镇，全国最大的儿童表演服加工销售基地。2018年，大集镇被菏泽市委市政府授予"菏泽电子商务工作先进乡镇"。2018年年底，大集"e裳小镇"成功创建山东省首批电商小镇。2019年，大集镇丁楼村被山东省发改委评为"乡村振兴示范村"。2020年，大集镇被山东省工业和信息化厅授予"信息化扶贫示范镇"。2020年，丁楼村被评为"中国最美淘宝村"。目前，全镇拥有网店18 000余家，其中天猫店1 000余家。表演服饰有限公司3 000余家。

点评：乡村振兴战略是党的十九大作出的重大决策部署，是决战全面建成小康社会、全面建设社会主义现代化国家的重大历史任务，是新时代"三农"工作的总抓手。电子商务能够打破时空局限性，拓展商品销路，大集镇的丁楼村通过电子商务将自己生产的服装销往全国各地。为了适应时代发展，大集镇拓展布匹、辅料、物流等多种产业，电子商务迅猛发展，促进了千余名人员的返乡创业，成为农村经济发展和助力乡村振兴的一把利器。

（信息来源：菏泽电子商务网 2021-07-21）

相关知识

随着互联网的普及与发展，人们将从中得到更多有用资讯，如成立于1999年的携程旅行网为人们的出行和旅游提供了诸多便利。在携程旅行网，我们可以完成网上机票订购、酒店预订以及热门旅游景点路线与报价信息的查询等，如图1-1所示。

图1-1 携程旅行网

互联网的发展也为商业活动注入新的元素，电子商务就是互联网在商业领域的应用。电子商务在方便人们出行旅游的同时，还在乡村振兴的道路发挥了很大作用。如目前已经上线的中国蔬菜网、中国水果网、深圳南山荔枝网（如图1-2所示）等，在网站的帮助下，农民不仅可以及时了解市场供求信息，而且能将自产蔬菜水果的信息向外发布，提高知名度，扩大销量。

"县长直播带货"：带"新鲜"更要带"长远"

图1-2 深圳南山荔枝网

电子商务离我们并不遥远，它就在我们身边，随时随地影响和改变着我们的生活，我们有必要对其进行详细的了解。

一、电子商务的概念

20世纪90年代以来，伴随着互联网的迅速发展，电子商务的足迹已经遍布世界的每一个角落，不断改变着人们的生活方式和生活理念。作为一种新型交易方式，电子商务的出现为企业、政府、消费者等建立了一个网络经济环境，人们可以不受时间与空间的限制，以高速、快捷的方式完成各项繁杂的商务活动。

（一）国际组织对电子商务的定义

简单地讲，电子商务就是通过电子技术手段所进行的商业贸易活动。许多有影响的国际组织都有自己对电子商务的认识。

（1）联合国经济合作和发展组织（OECD）关于电子商务概念的理解。电子商务是发生在开放网络上的包含企业之间（B2B）、企业和消费者之间（B2C）的商业交易。

（2）国际标准化组织（ISO）关于电子商务概念的理解。电子商务是企业之间、企业与消费者之间信息内容与需求交换的一种通用术语。

（3）世界电子商务会议关于电子商务的概念。1997年11月6日至7日，国际商会在法国首都巴黎举行了世界电子商务会议。会上，国际商会给出了关于电子商务最权威的概念阐述：电子商务（Electronic Commerce），是指对整个贸易活动实现电子化。从涵盖范围方面可以定义为：交易各方以电子交易方式而不是通过当面交换或直接面谈方式进行的任何形式的商业交易；从技术方面可以定义为：电子商务是一种多技术的集合体，包括交换数据（电子数据交换、电子邮件）、获得数据（共享数据库、电子公告牌）以及自动捕获数据（条形码）等。

（4）欧洲议会给出的电子商务定义是：电子商务是通过电子方式进行的商务活动。它通过电子方式处理和传递数据，包括文本、声音和图像。它涉及许多方面的活动，包括货物电子贸易和服务、在线数据传递、电子资金划拨、电子证券交易、电子货运单证、商业拍卖、合作设计和工程、在线资料、公共产品获得等。它还包括产品（如消费品、专门设备）和服务（如信息服务、金融和法律服务）、传统活动（如健身、教育）和新型活动（如虚拟购物、虚拟训练）等。

（二）世界著名的从事电子商务的公司对电子商务的定义

1. IBM公司

IBM公司认为电子商务概念包括三部分：企业内部网（Intranet）、企业外部网（Extranet）、电子商务（E-Commerce）。它所强调的是在网络计算下的商业化应用，不仅仅是硬件和软件的结合，也不仅仅是我们通常所理解的狭义的电子商务，而是把买方、卖方、厂商及其合作伙伴在互联网、企业内部网和企业外部网结合起来的应用。它同时强调这三部分是有层次的：只有先建立良好的企业内部网、建立比较完善的标准和各种信息基础设施，才能顺利扩展到企业外部网，最后扩展到电子商务。

2. 通用电气公司（GE）

通用电气公司（GE）对电子商务的定义：电子商务是通过电子方式进行商业交易，包括企业之间的电子商务和企业与消费者之间的电子商务。企业与企业间的电子商务以EDI（电子数据交换）为核心技术，增值网（VAN）和互联网（Internet）为主要手段，实现企业间业务流程的电子化，配合企业内部的电子化生产管理系统，提高企业从生产、库存到流通（包括物资和资金）各个环节的效率。企业与消费者之间的电子商务，以互联网为主要服务提供手段，实现公众消费和服务提供方式以及相关的付款方式的电子化。

3. Intel公司

Intel公司关于电子商务的定义：电子商务是基于网络连接的不同计算机间建立的商业运作体系，是利用Internet/Intranet来使商务运作电子化。电子交易是电子商务的一部分，是企业与企业之间或企业与消费者之间使用互联网所进行的商业交易（如广告宣传、商品订购、付款、售后服务等）。

4. HP公司

HP公司分别提出电子商务（E-Commerce）、电子业务（E-Business）和电子消费（E-Consumer）的概念。它对电子商务的定义为：通过电子化手段来完成商业贸易活动的一种方式。电子商务使我们能够以电子交易为手段完成物品等交换，是商家和客户之间的联系纽带。它对电子业务的定义是：一种新型的业务开展手段，通过基本互联网的信息结构，使得公司、供应商、合作伙伴和客户之间，利用电子业务共享信息。电子商务不仅能够有效地增强现有业务进程的实施，而且能够对市场等动态因素做出快速响应并及时调整当前业务进程。

上述对电子商务的定义虽然各有不同，但总的来说，都认为电子商务是利用现有的计算机硬件设备、软件和网络基础设施，通过一定的协议连接起来的电子网络环境中进行各种各样的商务活动。

（三）电子商务的定义

电子商务是一个全新的学科，通过以上介绍可以看出，尽管电子商务没有一个较为全面、具有权威性的定义，但是人们已经实践并发展了电子商务，同时也在努力地表述和界定电子商务。

本教材将电子商务定义为：电子商务是指人们利用电子手段进行商业、贸易等的商务活动，是传统商务活动的电子化。电子手段是指电子技术、电子工具、电子设备及系统，包括电话、电报、传真、电子数据交换、通信网络、电子货币和互联网等。商务活动包括询盘、报价、磋商、签约、履约、支付等经济活动。

电子商务有狭义与广义之分。狭义的电子商务（Electronic Commerce，EC）是指人们利用电子手段进行的以商品交换为中心的各种商务活动，是包括公司、厂家、商业企业、工业企业与消费者个人双方或多方通过计算机网络，主要通过互联网进行的商务活动。广义的电子商务（Electronic Business，EB）是指各行各业（包括政府机构和企业、事业单位等）中各种业务的电子化，包括电子商务、电子政务、电子军务、电子医务、电子公务等。本教材所指的电子商务为广义的电子商务。

电子商务的构成如图1-3所示。

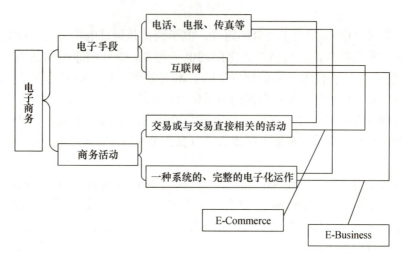

图1-3 电子商务的构成

二、电子商务的内涵

电子商务是人们使用电子工具从事的各种经济活动，是在技术和经济高度发达的现代社会，由掌握现代信息技术、商务理论和商务活动规则的人利用信息网络环境系统化地使用各类电子工具，高效率、低成本地实施的电子化运作。完整的电子商务内涵应包括以下几方面内容。

1. 电子商务的前提

电子信息技术的广泛应用已经渗透到人类社会的各个领域，以互联网和计算机为代表的现代电子信息技术可以帮助人们获取知识，延伸人类的智力，是对自然界信息、人类社会信息进行采集、加工、处理、储存、传输等的工具，是实现电子商务的前提条件。

2. 电子商务的核心

第一，电子商务是一个社会系统，既然是社会系统，它的中心必然是人；第二，商务系统实际上是由围绕商品贸易的各个方面、代表着各方面利益的人所组成的关系网；第三，在电子商务活动中，归根结底起关键作用的是人。因为工具的制造发明、工具的应用、效果的实现都是靠人来完成的，所以，人在电子商务中具有决定性作用。

3. 电子商务的本质

电子商务的目标是通过互联网这一先进的信息技术来进行商务活动，所以它要服务于商务，满足商务活动的要求，商务活动是电子商务永恒的主题。从另一个角度来看，商务活动是在不断发展变化的，电子商务的广泛应用将给商务本身带来巨大的影响，从根本上改变人类社会原有的商务方式，给商务活动注入全新的理念。

4. 电子商务的基础

我们研究的电子商务具有很强的时代烙印，是高效率、低成本、高效益的电子商务。因此，电子商务的基础是能跟上信息时代发展步伐的成系列、成系统的电子工具。从系列化讲，电子商务应该是从商品需求咨询、商品配送、商品订货、商品买卖、货款结算、商品售后服务等伴随商品生产、消费、甚至再生产的全过程的电子工具。如电视、电话、电报、电传、EDI（Electronic Data Interchange）、EOS（Electronic Ordering System）、POS（Point of Sale）、MIS（Management Information System）、DSS（Decision Support System）、电子货币、电子商品配送系统、售后服务系统等。从系统化讲，商品的需求、生产、交换要构成一个有机整体，构成一个大系统。同时，为防止"市场失灵"，还要将政府对商品生产、交换的调控引入该系统。而能达此目的的电子工具主要为：局域网（LAN）、城市网（MAN）和广域网（WAN）等。它们是纵横相连、宏微结合、反应灵敏、安全可靠的电子网络。

5. 电子商务的对象

从社会再生产发展的环节看，在生产、流通、分配、交换、消费这个链条中，发展变化最快、最活跃的就是中间环节的流通、分配和交换。这些中间环节又可以看成是以商品的贸易为中心展开的，即商品的生产主要是为了交换——用商品的使用价值去换取商品的价值，围绕交换必然产生流通、分配等活动，它连接了生产和消费等活动。通过电子商务，可以大幅度地减少不必要的商品流动、物资流动、人员流动和货币流动，减少商品经济的盲目性，减少有限物质资源、能源资源的消耗和浪费。

三、电子商务的功能与特点

（一）电子商务的功能

1. 广告宣传

企业可以利用电子商务通过自己的 Web 服务器、网络主页以及电子邮件在全球范围内进行广告宣传，在网上宣传企业形象和发布各种商品信息。客户也可以通过互联网迅速地找到所需的企业及商品信息。与其他各种广告形式相比，网上广告宣传成本较低，传递给用户的信息量最为丰富。

2. 咨询洽谈

电子商务可以使企业借助即时通信工具（如 QQ、MSN）、电子邮件、电子公告牌（BBS）等了解市场及商品信息、洽谈交易事务，如有需求还可以通过互联网进行交流。这种交流超越了时间与空间，减少了人与人面对面洽谈的限制，交流的形式多种多样。

3. 网上订购

对个人而言，电子商务最为直观和方便的功能就是网上购物。现代社会中紧张的工作和快速的生活节奏，使人们需要减少购物的时间和过程，因此，越来越多的人选择网上购物，如此不仅减少了人们排队等候的时间，而且可以浏览到更多的物品。

4. 网上支付

网上支付是电子商务交易过程中的重要环节。网络作为一种新的交易手段，势必会带动新型付款方式的形成。除了购物的支付外，人们在生活中还可以通过网络缴纳通信费、水电费、交通费等。对于网上支付的安全问题现在已有 SET 协议等来保证。

5. 电子账户

网上支付必须要有电子金融来支持，也就是银行或信用卡公司及保险公司等金融机构要为金融业务提供网上操作的服务，而电子账户管理是其基本的组成部分。信用卡号或银行账号都是电子账户的标志，其可信度需配以必要的技术措施来保证。

6. 服务传递

电子商务通过服务传递系统将客户订购的商品尽快地传递到已订货并付款的客户手中。对于有形商品，服务传递系统可以对本地和异地的仓库在网络中进行物流的调配，并通过物流完成商品的传递；无形商品如软件、电子读物、信息服务等则可以立即从电子仓库中通过网络直接传递给最终用户。

7. 意见征询

企业可以通过电子商务系统及时收集客户对商品和服务的反馈意见，这样可以使企业获得改进产品、发现市场的商业机会，提高企业的网上运作能力。

8. 交易管理

电子商务的交易管理系统可以对网上交易活动全过程中的人、财、物、客户及企业内部进行协调和管理。电子商务的上述功能，为网上交易提供了一个良好的交易环境，使电子商务的交易过程得以顺利和安全完成，使电子商务得到更广泛的应用。

（二）电子商务的特点

（1）交易虚拟化：通过互联网络进行的贸易，贸易双方从贸易磋商、签订合同到支付等，无须当面进行，均通过计算机互联网络完成，整个交易完全虚拟化。

（2）交易成本低：①距离越远，网络上进行信息传递的成本相对于信件、电话、传真的成本而言就越低；②买卖双方通过网络进行商务活动，无须中介者参与，减少了交易的有关环节；③电子商务实行"无纸贸易"，可减少90%的文件处理费用；④卖方可通过互联网络进行产品介绍、宣传，可以减少相关费用。

（3）交易效率高：电子商务克服了传统贸易方式费用高、易出错、处理速度慢等缺点，极大地缩短了交易时间，使整个交易快捷、方便。

（4）交易透明化：买卖双方从交易的洽谈、签约到货款的支付、交货通知等整个交易过程都在网络上进行。通畅、快捷的信息传输可以保证各种信息之间互相核对，防止伪造信息的流通。

四、电子商务的产生与发展

（一）电子商务的产生

电子商务最初起源于计算机的电子数据处理（EDP）技术。文字处理软件和电子表格（Spread Sheet）软件的出现，为标准格式商务单证的电子数据交换的开发应用提供了强有力的工具。这些软件大大加快了企业商业文件的处理，使之从手工书面文件的准备和传递，转变为电子文件的准备和传递。

随着网络技术的发展，电子数据资料的交换从磁带、软盘等物理载体的寄送转变为通过专用的通信网络的传送，近年来又转移到通过互联网进行传送。银行间的电子资金转账（Err）技术与企事业单位间电子数据交换技术相结合，产生了早期的电子商务。信用卡（Credit Card）、自动柜员机（ATM）、零售业销售终端（POS）和联机电子资金转账技术的发展，以及相应的网络通信技术和安全技术的发展，促使网上持卡购物与企业之间网上交易这两种模式的电子商务得到进一步发展。

（二）电子商务的发展

1. 电子商务的发展阶段

第一阶段：基于EDI的电子商务

电子数据交换（EDI）起源于20世纪60年代的美国。20世纪80年代发达国家的大型企业基本上都实现了EDI。当时的贸易商们在使用计算机处理各类商务文件的时候发现，由人工输入一台计算机中的数据的70%来源于另一台计算机输出的文件，过多的人为因素影响了数据的准确性和工作效率的提高，人们开始尝试在贸易伙伴之间的计算机上使数据能够自动交换，由此EDI应运而生。

EDI是将业务文件按一个公认的标准从一台计算机传输到另一台计算机上的电子传输方法。由于EDI大大减少了纸张票据，因此，人们也形象地称之为"无纸贸易"或"无纸交易"。

20世纪90年代之前，大多数EDI都不是通过互联网，而是通过租用的电话线在专用网络上实现的，这类专用的网络被称为增值网（VAN），这样做的目的主要是考虑到信息传递的安全问题。

第二阶段：基于互联网的电子商务

EDI的运用，使得单证制作和文件处理的劳动强度、出错率和费用都大为降低，效率大大提高，极大地推动了国际贸易的发展，显示出巨大的优势和强大的生命力。但是由于EDI通信系统的建立需要较大的投资，使用增值网的费用很高，因此，限制了基于EDI的电子商务应用范围的扩大，而且EDI对于信息共享的考虑也较少，比较适合大型跨国公司。随着大型跨国公司对信息共享的需求增加和中小企业对EDI的渴望，一种成本低廉、能够实现信息共享的电子信息交换系统迫切需要建立起来。20世纪90年代中期后，互联网迅速普及，逐步进入企业和普通百姓家庭中，其功能也从信息共享演变为一种大众化的信息传播工具。1991年以后，一直排斥在互联网之外的商业贸易活动正式进入这个王国，因而电子商务成为互联网应用的最大热点。全球普及的互联网克服了EDI应用网络环境不足的缺点，满足了中小企业对于电子数据交换的需要。互联网作为一种费用更低、覆盖面更广、服务更好的系统，已表现出替代增值网而成为EDI的硬件载体的趋势。在互联网基础上建立的电子信息交换系统，成本低廉并可实现信息共享，为在所有的企业中普及商务活动的电子化——电子商务提供了可能。

第三阶段：移动电子商务阶段

移动电子商务具有以下优势：

（1）通过个人移动设备来进行可靠的电子交易的能力被视为移动互联网业务最重要的方面。

（2）互联网与移动技术的结合为服务提供商创造了很多新的商机，使其能够提供更多种类的服务项目，并且能够根据客户的位置和个性提供服务，从而建立和加强其与客户的关系。

（3）由于移动电子商务本身固有的特点，移动电子商务非常适合大众化的应用。

（4）通过移动电子商务，用户可随时随地获取所需的服务、应用、信息和娱乐。

（5）服务付费可通过多种方式进行，以满足不同需求。

2. 电子商务的发展基础

在不长的时间内，电子商务几经更新换代，它的发展速度远远超出了人们对它的估计，其根本原因在于：

（1）各国政府的支持与推动。

自从1997年欧盟发布了欧洲电子商务协议，美国发布"全球电子商务纲要"以后，电子商务受到世界各国政府的重视。许多国家政府开始尝试"网络政府"，推广"网上采购"，这为电子商务的发展提供了有力的支持。

以美国为例，美国是互联网的发源地，也是网络设施最好的国家之一，美国电子商务的应用领域和规模都远远领先于其他国家，这与政府大力宣传以及注重网络的基础设施建设是分不开的。美国参议院在1991年9月通过的《高性能计算机法案》中，第一次提到了"信息高速公路"，不久，这个词就传遍了世界。1997年2月，克林顿政府提出"12岁以上的青年儿童必须会上互联网"。在1997年11月的世界电子商务大会上，美国提出将把电子商务作为推动全球经济的一个契机。据美国市场调查公司的报告显示，1999年12月，美国人在圣诞节期间利用互联网购物者甚众，克林顿总统也在互联网上购买圣诞礼物，感受世界上最新潮的购物送礼方式。据统计，美国有89%的被调查者对自己的网上购物感到非常满意。

（2）计算机的广泛应用。

20世纪80年代后，计算机走出科学实验室，进入了企业和机关的办公领域；90年代以后开始进入普通百姓家庭。计算机相关技术迭代速度越来越快，计算机的处理能力越来越强，价格越来越低，应用越来越广泛，这为电子商务的应用奠定了基础。

（3）网络的普及和成熟。

由于互联网技术的出现，网络逐渐成为全球通信与交易的重要媒体。20世纪90年代后期，全球上网用户的数量每年呈几何级数增长趋势，快捷、安全、低成本的特点为电子商务的发展创造了条件。

（4）完善的网络服务。

近年来，在互联网上建立了许多信息服务网站，几乎每一个网站都能开通电子商务信息和业务功能。这些优秀的信息搜索网站为电子商务的开展奠定了良好的基础。

（5）新的经济消费观念的形成。

随着信息技术的发展，人们新的消费观念正在形成，他们不仅希望买到最新的产品，而且希望节省购物时间，并且获得更完善、个性化的服务。电子商务正是适应这种需求而得到了迅猛的发展。

（6）信用卡的普及与应用。

信用卡以方便、快捷、安全等优点成为人们消费支付的重要手段，并由此形成了完善的全球性信用卡计算机网络支付与结算系统，为电子商务的网上支付提供了手段。

3. 中国电子商务的发展历程

与世界电子商务发展的历史一样，中国的电子商务发展也是从EDI应用开始的。1990年，当时的国家计委、外经贸部、中国海关等部门组成了联合小组，研究联合国推出的UN/EDIFACT标准在中国的应用，特别是在国际贸易以及与之相关领域的应用。国家计委、科委将EDI列入"八五"国家科技攻关项目，如外经贸部国家外贸许可证EDI系统、山东抽纱公司"EDI在出口贸易中的应用"等。从1993年起，我国政府相继实施了金桥、金卡、金关等一系列金字工程，为我国电子商务的发展奠定了良好的基础。

1994年4月20日，NCFC工程（中国国家计算机与网络设施，The National Computing and Networking Facility of China）连入互联网的64K国际专线开通，实现了与互联网的全功能连接，从此中国被国际上正式承认为真正拥有全功能互联网的第77个国家。1996年1月，中国公用计算机互联网（ChinaNet）全国骨干网建成并正式开通，全国范围的公用计算机互联网络开始提供服务。中国普通百姓开始了一种新的生活方式，中国正式进入互联网时代。

1998年开始，中国进入互联网电子商务发展阶段。1998年3月，我国第一笔互联网网上交易成功。

进入2021年，中国电子商务更是一片欣欣向荣的景象，淘宝、天猫、京东等传统电商一直活跃在人们日常生活中，社区团购、农村电商、跨境电商、直播电商等新型电子商务蓬勃发展。2020年，中国电子商务交易额达到37.21万亿元，连续多年稳居世界第一。

五、中国电子商务的发展现状

在网络强国战略指引下，我国数字产业化与产业数字化齐头并进，数字经济规模从2012年的11万亿元增长到现在的45.5万亿元，连续数年位居世界第二。电子商务交易额、移动支付交易规模居全球第一，数字经济正成为我国经济发展中创新最活跃、增长速度最快、影响最广泛的领域。

第49次《中国互联网络发展状况统计报告》

中国互联网络信息中心（CNNIC）2021年8月27日发布的第48次《中国互联网络发展状况统计报告》显示，截至2021年6月，我国网民规模达10.11亿，较2020年12月增长2 175万；互联网普及率达71.6%，较2020年12月提升1.2个百分点，如图1-4所示。我国手机网民规模达10.07亿，网民通过手机接入互联网的比例高达99.6%，如图1-5所示。

图1-4 中国网民规模和互联网普及率

互联网对个人生活方式的影响进一步深化，从基于信息获取和沟通、娱乐需求的个性化应用，发展到与医疗、教育、交通等公用服务深度融合的民生服务。未来，在云计算、物联网及大数据等应用的带动下，互联网将推动农业、现代制造业和生产服务业的转型升级。与此同时，随着"互联网+"行动计划的出台，互联网将带动传统产业的变革和创新。

图 1-5　中国手机网民规模及其占网民比例

十亿网民开启"十四五"数字经济发展新篇章。截至 2021 年 6 月，我国网民总体规模超过 10 亿，庞大的网民规模为推动我国经济高质量提供了强大内生动力，加速了我国数字新基建建设，打通了国内大循环，促进了数字政府服务水平提升。一是数字新基建加速建设，为网民增长夯实基础。2021 年上半年，我国 5G 网络建设及应用持续有序推进，主要城市 5G 覆盖不断加快。截至 2021 年 6 月，我国已建成全球规模最大 5G 独立组网网络，累计开通 5G 基站 96.1 万个，覆盖全国所有地级以上城市，5G 终端连接数达 3.65 亿户。二是数字消费有效稳定疫情冲击，推动国民经济持续稳定增长。一方面，以电商为代表的数字化服务向四五线城市及乡村下沉，带来城乡双向消费交流互动，在提升下沉市场数字化便利的同时，带来经济增长新引擎；另一方面，随着低龄及高龄网民群体规模不断增长、消费能力不断提升，拉动如医疗健康、二次元、电竞等特定领域消费需求，构成新消费格局。三是数字政府建设有力提升政务服务水平，不断增进人民福祉。政务服务"好差评"制度体系全面建设，进一步提升企业和群众办事的便利度和获得感、拓展服务途径，落实以人民为中心的服务理念。一方面，全国一体化政务服务平台在疫情期间推出返岗就业、在线招聘、网上办税等高频办事服务 700 余项，加大政务信息化建设统筹力度；另一方面，各省市推动政务服务向移动端延伸，不断加强地方政务信息化建设，提升地方政务信息系统的快速部署和弹性扩展能力。

2021 年上半年，我国个人互联网应用呈持续稳定增长态势。其中，网上外卖、在线医疗和在线办公的用户规模增长最为显著，增长率均在 10% 以上。基础应用类中，搜索引擎、网络新闻的用户规模较 2020 年 12 月分别增长 3.3%、2.3%；商务交易类应用中，在线旅行预订、网络购物的用户规模较 2020 年 12 月分别增长 7.0%、3.8%；网络娱乐类应用中，网络直播、网络音乐的用户规模较 2020 年 12 月均增长 3% 以上。见表 1-1。

表 1-1 2020.12—2021.6 网民各类互联网应用用户规模和网民使用率

应用	2020.12		2021.6		
	用户规模/万	网民使用率/%	用户规模/万	网民使用率/%	增长率/%
即时通信	98 111	99.2	98 330	97.3	0.2
网络视频（含短视频）	92 677	93.7	94 384	93.4	1.8
短视频	87 335	88.3	88 775	87.8	1.6
网络支付	85 434	86.4	87 221	86.3	2.1
网络购物	78 241	79.1	81 206	80.3	3.8
搜索引擎	76 977	77.8	79 544	78.7	3.3
网络新闻	74 274	75.1	75 987	75.2	2.3
网络音乐	65 825	66.6	68 098	67.4	3.5
网络直播	61 685	62.4	63 769	63.1	3.4
网络游戏	51 793	52.4	50 925	50.4	-1.7
网上外卖	41 883	42.3	46 859	46.4	11.9
网络文学	46 013	46.5	46 127	45.6	0.2
网约车	36 528	36.9	39 651	39.2	8.5
在线办公	34 560	34.9	38 065	37.7	10.1
在线旅行预订	34 244	34.6	36 655	36.3	7.0
在线教育	34 171	34.6	32 493	32.1	-4.9
在线医疗	21 480	21.7	23 933	23.7	11.4
互联网理财	16 988	17.2	16 623	16.4	-2.1

（信息来源：中国互联网络信息中心《第 48 次中国互联网络发展状况统计报告》）

我国电子商务产业发展状况

我国电子商务产业总体运行态势向好，市场规模逆势增长，产业转型持续推进，配套产业溢出效应明显，彰显出较强的抗冲击和抗风险能力。

1. 从产业规模来看，网络零售交易额稳定增长，持续释放消费新动能

数据显示，2013 至 2019 年间，我国电子商务交易额从 10.40 万亿元增至 34.81 万亿元，年均复合增长率为 22.3%，2020 年仍保持稳步增长态势。以网络零售市场为例，2020 年全国网上零售额 117 601 亿元，比 2019 年增长 10.9%。其中，实物商品网上零售额 97 590 亿元，比 2019 年增长 14.8%，占社会消费品零售总额的比重为 24.9%，比 2019 年提高 4.2 个百分点。

网络直播助农

2. 从产业发展来看，电子商务助力传统产业数字化转型，推动我国经济高质量发展

其主要体现在三个方面：一是电子商务推动农业创新链、价值链加速重构，助力数字乡村发展建设。如京东依托物联网、区块链、人工智能等科技手段，建立京东农场全程可视化溯源体系。拼多多采用"农货智能处理系统"和"山村直连小区"模式，整合出农货上行快速通道，重组农产品上行价值链。二是电子商务推动工业 C2M（Customer-to-Manufacturer，用户直连制造）模式快速发展，助力制造业转型升级。如苏宁联合家居清洁、美妆个护、纸品、日用百货等领域的工厂，通过大数据指导展开反向定制生产，并为厂家提供诸多供应链服务，帮助企业实现智能化制造。三是电子商务科技赋能重构服务业，助力传统零售业务改造升级。AR（Augmented Reality，增强现实）、人脸识别、无人零售、无人配送等新技术在零售领域普遍应用，大大提升零售业服务运营效率。如上海虹桥机场借助智能识别、无感支付等新技术推出无人便利店，收银效率较普通便利店提高 78%。

3. 从配套产业来看，移动支付和快递业务立足电子商务产生外部收益

一方面，移动支付在支撑电子商务服务的基础上产生溢出效应，衍生跨境电商支付、交通支付、医疗支付等众多应用场景，业务量增长显著。2020 年前三季度，移动支付业务 871.39 亿笔，金额 313.72 万亿元，同比分别增长 23.3% 和 24.4%。另一方面，随着电商业务的不断分化，快递服务呈现分层溢出，从快递向快运、大件重货、云仓、商业新零售、共享众包等多领域发展，业务能力显著提升。2020 年 11 月 1 日至 11 日，全国邮政、快递企业共处理快件 39.65 亿件，其中 11 月 11 日当天共处理快件 6.75 亿件，同比增长 26.16%，再创历史新高。2020 全年，快递服务企业业务量和业务收入累计分别完成 833.6 亿件和 8 795.4 亿元，同比分别增长 31.2% 和 17.3%。

电子商务行业快速发展原因分析

1. 政策加码，助力电子商务的发展

近年来，电子商务行业政策频出，促进行业健康发展。如：2018 年 8 月 31 日，第十三届全国人民代表大会常务委员会第五次会议通过了《中华人民共和国电子商务法》。电商法强化电商平台责任，规范电商经营者行为，加强消费者权益保护，对于刷单、删差评、"大数据杀熟""平台二选一"等不正当市场行为予以明令禁止，有利于保障电子商务各方主体的合法权益，维护市场秩序，促进电子商务持续健康发展。电商法的正式实施标志着电子商务进一步走向规范发展的开始。

2. 数字技术驱动电子商务产业创新

近年来，大数据、云计算、人工智能、虚拟现实等数字技术快速发展，为电子商务创造了丰富的应用场景，正在驱动新一轮电子商务产业创新。新技术应用催生营销模式不断创新。大数据和人工智能技术支持个性化场景，实现了针对不同消费者的定向导购和促销；虚拟现实和增强现实技术逐步成熟，缩短了消费者与商品的视觉感知距离，提升用户体验，辅助交易达成。新技术应用加快推动企业数字化转型。企业以互联网为依托，通过运用大数据、人工智能等先进技术手段，对商品的生产、流通与销售过程进行升级改造，进而重塑业态结构与生态圈，并对线上服务、线下体验以及现代物流进行深度融合，从无人便利店、零售体验店、智能门店、互联网门店、社交电子商务等方面积极搭建数字化电子商务新业态，推动电子商务向智能化、多场景化方向发展。

3. 网民规模的迅速增长奠定了良好的基础

电子商务的崛起得益于移动互联网及信息技术的不断发展，与此同时，智能手机的普及以及社交应用的广泛使用促使任何人都可以成为自媒体中心，以网状结构、社交化的形态，与他人产生交集。所以这时候出现了社群、社区、社交网络的平台，通过这些平台，大家得以通过社交工具去联系身边的亲朋好友，拓展自己的人脉关系发展电商业务。

4. 移动支付为电子商务的网上交易提供了便捷性与安全性

移动电子支付对电子商务的发展起着至关重要的地位。其优势是移动支付较传统支付手段有着明显的便捷性。传统的现金支付手段的使用场景为当面交易，而银行转账支付则比较适用于大额的商业结算，移动支付结合两者的优点，现金交易的便捷性和转账支付的安全性，同时在网络这种虚拟的交易环境中，移动支付更是起到了增信的作用。2020年中国移动支付业务数量1 232.2亿笔，占电子支付业务数量的52.38%。

5. 电商物流服务水平不断提高

为提高电商物流效率和服务满意度，京东、阿里巴巴、亚马逊等电商平台纷纷利用大数据、物联网、人工智能等技术对各自物流平台进行整合，无人机、无人仓、无人车等技术全面启动应用，联盟和智能化统筹的模式布局更加广泛。邮政智能分拣机器人批量上岗；京东武汉亚洲一号"无人仓"、华北物流中心AGV仓、昆山无人分拣中心相继投入使用，京东无人机飞行服务中心、全流程无人仓正式启用；菜鸟网络通过电子面单、智能分单超级机器人仓库、末端配送机器人完成物流网络的智能化与自动化搭建，并通过大数据和智能技术赋能中小商家和中小物流。近年来，新技术、新模式在电商物流领域的应用进一步扩大，使得物流快递效率和覆盖率得到加速提升，电商物流整体服务水平不断提高。

（信息来源：2019年中国电子商务行业的快速发展、促进行业发展多重因素及行业发展趋势分析预测［图］_产业信息网（chyxx.com）https://www.chyxx.com/industry/201910/798446.html、中国互联网络信息中心《第48次中国互联网络发展状况统计报告》）

六、促进中国电子商务快速发展的驱动因素

近几年，我国电子商务的发展取得了显著成就。从商品来看，从非主流商品拓展到了主流商品。从行业来看，从图书、3C等扩展到了服装、家居、机械等众多行业。从人群来看，从非主流人群扩展到了主流人群。从地区来看，从大城市延伸到了中小城市和农村，从沿海发达地区扩展到了中西部地区。从交易规模来看，2012年我国网络零售就突破了具有标志性意义的1万亿元。从模式和机制来看，诸如网络信用体系、大规模定制的商业模式等都取得了一定的突破。从社会经济影响来看，电子商务对于促进经济增长、扩大就业、推动传统产业转型升级、培育战略性新兴产业等的价值也逐渐发挥出来。从全球来看，中国电子商务的发展已经全面超越欧盟、日本等经济体，在部分领域已经比肩美国。

（一）消费升级、需求驱动、"巨国效应"培育了电子商务发展的沃土

2008年以来，部分发达国家出现了金融危机，直接影响到中国的外贸出口。推动消费升级、拉动内需增长，成为近年来中国经济增长的重要动力来源，同时也为电子商务提供了丰厚的沃土。

中国庞大的人口与网民数量，具有巨大的消费潜力，在电子商务领域已经显示出了一种显著的"巨国效应"。预计未来15~20年，中国网民人数将超过10亿，约为美国的4倍。

电子商务也反向释放并满足了大量没有被有效满足的消费需求。麦肯锡全球研究院《中国网络零售革命：线上购物助推经济增长》研究报告显示：约61%的线上消费取代了线下零售，剩余的39%则是如果没有网络零售就不会产生的新增消费，新增消费的比例在三四线城市甚至达到了57%，如图1-6所示。

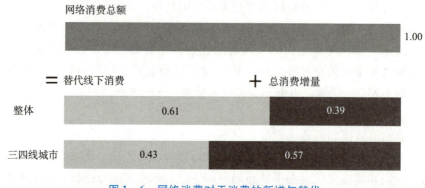

图1-6　网络消费对于消费的新增与替代

（资料来源：麦肯锡《中国网络零售革命：线上购物助推经济增长》2013）

（二）庞大、丰富的中国制造业资源，为电子商务发展提供了坚实的基础

1800年，中国在全球制造业中占比高达33%，1900年这一数字降至6%。一个多世纪后的2011年，中国在全球制造业中的比重又恢复到了19.8%，美国则在一个多世纪的时间里第一次失去了制造业全球第一的桂冠。中国各地大量存在的产业集群，相当数量的外贸出口加工企业，甚至于一些行业里存在的过剩产能，都为电子商务的发展提供了最为丰厚的沃土。很多制造企业或是直接到网上开店，打造自身品牌，拓展渠道体系，或是为在线零售商供货、代加工，显示出了勃勃生机与活力。

以服装业为例，在2012年很多大中型服装企业库存高、步履维艰的大环境下，服装网购却快速崛起，成为中国网络零售的第一大品类，一大批服装生产加工企业也已经从中受益。电子商务所汇聚的"小品种、多批量、快翻新"的个性化需求，也已经开始倒逼服装业生产方式的柔性化，对于服装业的转型升级起到了显著的推动作用。

（三）巨型互联网商业平台及其生态系统，是推动中国电子商务发展的直接驱动力

当今全球互联网10强企业中，美国占6家，中国占4家，这些企业绝大部分都是平台型企业。平台企业已经成为新经济增长的引擎，同时也是信息时代最为突出和重要的产业组织形态，并开始实质性地重塑当代市场经济的微观基础。与工业时代以线性、垂直的供应链为主要形态的产业组织方式不同，信息时代的平台模式，是一种以"大平台+小前端+富生态"为原型结构、网状的产业组织方式，今天已经成为现实的"云+端""共享平台+多元应用"或"大平台+小前端""基础平台+增值业务"等，即平台模式的典型代表。

从中国电子商务领域来看，阿里巴巴、支付宝等平台企业以及京东和当当等具有平台属性的企业，自身就是电子商务服务业的重要主体，它们同时还集成了IT、金融、物流、信

用体系、商品体系、咨询、营销等众多服务流程、模块与服务商，在过去10多年来它们已经成为推动电子商务发展最为重要的驱动力。

（四）传统商业体系不完善，是中国电子商务赶超式发展的背景

与发达国家相比，中国的互联网基础设施仍不完善，城乡及东西部经济发展仍不均衡，传统流通业、物流业等商业体系也很不发达。这些相对的不完善、不均衡、不发达，反而为互联网创造新商业价值，也为中国的一整套商业体系实现对发达国家的赶超，提供了绝好的机会。相比之下，美国现代零售业非常发达，美国企业在进入互联网时代之前就已经实现了较高水平的信息化，互联网要在此基础上创造新的价值，其空间反而相对较小。

从地区来看，尽管与城镇相比，农村互联网普及率依然较低，但中国广大农村地区和三四线城市里的网络购物反而显示出了巨大潜力。网络零售弥补了三四线城市和乡镇实体零售相对落后的局面，与一二线城市消费者的同等待遇和机会，实现"无差别消费"。

（五）宽松、灵活、市场化的政策环境，是电子商务发展的前提和保障

在政策的基本取向和政策环境营造方面，面对电子商务这一全新事物，过去10多年来的一个基本经验是，尊重互联网创业者的首创精神，相信和依靠电子商务市场的自我管理与净化能力，秉持"先发展、后管理，在发展中逐步规范"的思路，致力于营造一个较为宽松的政策环境。对于电子商务领域出现的一些纠纷和问题，更多地运用市场手段、行业自律去引导和规范，而不是全由政府部门进行行政裁决。同时，地方政府因地制宜地出台鼓励性政策。如2008年12月，浙江省工商局出台《关于大力推进网上市场快速健康发展的若干意见》，明确规定对于个人网上开店不强制办理执照。2012年，广东省工商局《关于鼓励支持我省网络商品交易及有关服务健康发展的若干意见》"鼓励自然人开办网店"，支持创业就业。

总体来看，这种开放、积极、灵活、创新的政策取向，是过去较长一段时间里电子商务领域的政策基调，一些地方政府和行业主管部门，甚至明确地提出了对于网络经济和电子商务要"高看一眼、网开一面"。正是这种务实、前瞻的取向和行动，对于中国电子商务的发展起到了至为重要的保障和引导作用。

（六）大众创业创新精神，是电子商务的重要精神力量

创业和创新水平是一个国家经济社会活跃程度的重要标志。互联网和电子商务为创业者们所带来的机会，可能是人类社会历史上门槛最低、最大众化、最没有歧视性的创业和经商机会。

过去10多年来，在互联网的促动下，继20世纪90年代初的下海热潮之后，一轮大规模的集体创业浪潮已经在电子商务领域出现，"到网上开店"成了今天最为普遍化的创业形态之一。千千万万个求发展的中小企业，千千万万个求发展的个人，在电子商务这个全新的领域，用他们的勇气和智慧，展现出了电子商务的无限想象力。在电子商务领域发生的这种海量化的创业创新，是中国经济活力的重要来源之一，值得高度肯定和鼓励。

七、电子商务对社会的影响与变革

1. 电子商务改变商务活动的方式

传统商业把生产者与消费者在时间和空间上分割开来，充当生产者与消费者的中介。生产者生产的产品需要通过商场的沟通才能到达消费者手中。商场是信息流、物质流汇集的中枢，离开了传统商业这一中介，生产和消费就会既不方便又缺乏效率。

互联网给我们的生活带来什么影响

电子商务使商场存在的主要理由动摇了。厂家在自己的网页上展示产品的形象，提供产品的信息，不需要商家在中间传递信息和销售商品，而消费者也不需要花费大量的时间去逛商场，就可以在网络上挑选自己喜欢的商品。

2. 电子商务改变人们的消费方式

通过互联网，消费者可以足不出户、货比多家选购商品，在商品价格、支付方式、取货模式等方面拥有更大的主动权。

3. 电子商务改变企业的生产方式

由于受到互联网的影响，企业传统的生产方式受到越来越多的挑战，企业必须想方设法调整自己，以适应这种新的环境。因此，企业已将原来的生产什么、推销什么、消费者购买什么改为企业根据客户需求进行产品的设计与生产，以适应目前市场竞争及消费者的个性化选择。出现上述变化的主要原因是，过去信息传递速度慢，企业获得信息的渠道与途径较少，缺乏对市场的了解，因此只能采用"推"的模式；而随着互联网的普及与应用，企业获取信息的途径与速度已大为改观，企业能够充分了解消费者的需求，并通过努力向市场提供具有个性化的产品，以提高市场竞争能力，即采用了"拉"的模式。

4. 电子商务给传统行业带来一场革命

互联网普及、应用之前，企业无法第一时间了解市场变化，无法准确把握消费者的喜好，因此，绝大多数企业为了满足更多消费者需求，必须保有大量库存，并且要进行多个层次的市场营销活动，当时，企业的生产特点为"大批量、少品种"。在电子商务条件下，企业可以借助各种信息工具，特别是互联网及时了解消费者需求的变化，做到"多品种、小批量、零库存"生产，大大降低了库存成本，提高了资金使用效率。

5. 电子商务带来一个全新的金融业

电子商务应用中的一个关键环节是电子支付。为了保证电子支付的顺利进行，网上银行、信用卡、电子支付系统以及网上金融服务等将传统的商业银行带入了一个全新的领域。1995年10月，全球第一家纯粹的网上银行——美国安全第一网络银行诞生，改变了人们对银行的基本认识与看法，标志着一种全新金融运行模式的产生。

6. 电子商务改变政府行为

在电子商务时代，企业应用电子商务进行生产经营、银行实现金融业务电子化、消费者实现网上消费的同时，电子政府或网上政府将随着电子商务的发展成为社会运行中一个重要角色，它也将借助互联网提供给社会各行各业更加广泛、更加便利、更加快捷的服务。

八、电子商务的分类

按照不同的标准，可以把电子商务分为不同的类型，但主要的还是按照交易主体和交易客体来进行区分。

（一）按交易主体分类

1. 企业对企业的电子商务

企业对企业（Business to Business，B2B）的电子商务，是指企业利用互联网向其他企业提供产品、服务或信息的在线订购、票据传递或货款结算等的一种商务模式。

2. 企业对消费者的电子商务

企业对消费者（Business to Consumer，B2C）的电子商务，是以互联网为主要手段，由商家或企业通过各种网站向消费者提供商品和服务的一种商务模式。目前，在互联网上遍布了各种类型的 B2C 网站，提供从鲜花、书籍到计算机、汽车等各种消费品和服务。

3. 消费者对消费者的电子商务

消费者对消费者（Consumer to Consumer，C2C）的电子商务，是指消费者作为卖方，通过互联网平台提供商品或服务给其他消费者的一种商务模式。C2C 电子商务的典型形式是网上拍卖。

4. 政府对企业的电子商务

政府对企业（Government to Business，G2B）的电子商务，是指政府通过互联网精简管理业务流程，迅速为企业提供各种信息服务的一种商务模式，包括电子税务、电子证照办理以及信息咨询等服务。

（二）按交易客体分类

1. 有形商品交易电子商务

有形商品交易过程包含的信息流和资金流可以完全实现网上传输，但仍需要利用传统的物流渠道完成商品的传递，这种类型的电子商务也被称为非完全电子商务。

2. 无形商品交易电子商务

无形商品包括软件、电影、音乐、电子读物、信息服务等可以数字化的商品。无形商品由于其自身特点，交易过程可以完全通过互联网实现，因此，这种类型的电子商务也被称为完全电子商务。

知识拓展

中国电子商务发展史

自 1995 年萌芽至今，在 20 年的时间里，中国电子商务经历了从"工具"（点）、"渠道"（线）到"基础设施"（面）三个不断扩展和深化的发展过程。2013 年，电子商务在"基础设施"上进一步催生出新的商业生态和新的商业景观，进一步影响和加速传统产业的"电子商务化"，进一步扩展其经济和社会影响，"电子商务经济体"开始兴起。

中美成为全球互联网经济体中最耀眼的"双子星座"。据标普资本的数据显示，当今全球互联网 10 强企业中，美国占 6 家，中国占 4 家。在全球 25 大互联网公司中，美国和中国互联网公司所占席位比例是 14∶6（数据来自 KPCB）。美国的互联网公司如苹果、谷歌、亚马逊和 Facebook 仍然是领导者，但中国互联网公司如腾讯、百度、阿里巴巴、京东商城、唯品会等势头颇猛,正在迎头赶上,如图 1-7 所示。

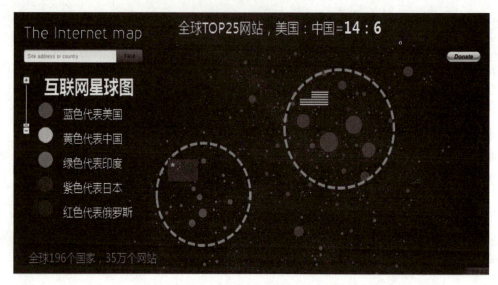

图 1-7 全球互联网星球图

(来源:internet-map.net,2014 年 8 月)

电子商务发展的四个阶段

电子商务从工具、渠道、基础设施到经济体的演进,不是简单的新旧替代的过程,而是不断进化、扩展和丰富的生态演进过程,如图 1-8 所示。

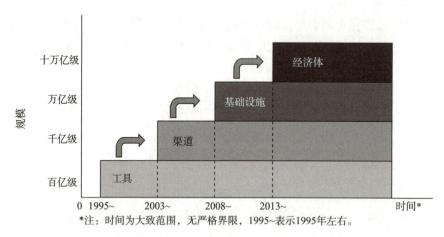

图 1-8 中国电子商务演进示意:从工具、渠道、基础设施到经济体

(来源:阿里研究院,2013 年 4 月)

(1) 工具阶段(1995—2003 年)

这个阶段是互联网进入中国的探索期和启蒙期。中国电子商务以企业间电子商务模式的探索和发展为主。早期,应用电子商务的企业和个人主要把电子商务作为优化业务活动或商业流程的工具,如信息发布、信息搜寻和邮件沟通等,其应用仅局限于某个业务"点"。

1995年5月9日中国黄页的创办，成为最早为企业提供网页创建服务的互联网公司，到1997年垂直网站中国化工网的成立，再到1999年8848、携程网、易趣网、阿里巴巴、当当网等一批电子商务网站先后创立。1999年年底，正是互联网高潮来临的时候，国内诞生了370多家从事B2C的网络公司，到2000年，发展到700多家，但随着2000年互联网泡沫的破灭，纳斯达克急剧下挫，8848等一批电子商务企业倒闭。2001年，人们还有印象的只剩下三四家。随后电子商务经历了一个比较漫长的"冰河时期"。

（2）渠道阶段（2003—2008年）

这个阶段，电子商务应用由企业向个人延伸。2003年，"非典"的肆虐令许多行业在春天里感受到寒冬的冷意，但却让电子商务时来运转。电子商务界经历了一系列的重大事件，如2003年5月，阿里巴巴集团成立淘宝网，进军C2C市场。2003年12月，慧聪网香港创业板上市，成为国内B2B电子商务首家上市公司。2004年1月，京东涉足电子商务领域。2007年11月，阿里巴巴网络有限公司成功在香港主板上市。国家也出台了一系列重大文件，为电子商务发展带来深远影响。2004年3月，国务院常务会议审议通过《中华人民共和国电子签名法（草案）》；2005年1月，国务院办公厅下发《关于加快电子商务发展的若干意见》（国办发〔2005〕2号）（简称"二号文件"）。2007年6月，国家发改委、国务院信息化工作办公室联合发布我国首部电子商务发展规划——《电子商务发展"十一五"规划》，我国首次提出发展电子商务服务业的战略任务。2007年，商务部先后发布了《关于网上交易的指导意见（暂行）》《商务部关于促进电子商务规范发展的意见》，构筑了电子商务发展的政策生态。

同时，随着网民和电子商务交易的迅速增长，电子商务成为众多企业和个人的新的交易渠道，如传统商店的网上商店、传统企业的电子商务部门以及传统银行的网络银行等，越来越多的企业在线下渠道之外开辟了线上渠道。2007年，我国网络零售交易规模561亿元。网商随之崛起，并逐步将电子商务延伸至供应链环节，促进了物流快递和网上支付等电子商务支撑服务的兴起。

（3）基础设施阶段（2008—2013年）

电子商务引发的经济变革使信息这一核心生产要素日益广泛运用于经济活动，加快了信息在商业、工业和农业中的渗透速度，极大地改变了消费行为、企业形态和社会创造价值的方式，有效地降低了社会交易成本，促进了社会分工协作，引爆了社会创新，提高了社会资源的配置效率，深刻地影响着零售业、制造业和物流业等传统行业，成为信息经济重要的基础设施或新的商业基础设施。越来越多的企业和个人基于或通过以电子商务平台为核心的新商业基础设施降低交易成本、共享商业资源、创新商业服务，也极大地促进了电子商务的迅猛发展。

2008年7月，中国成为全球"互联网人口"第一大国。据中国互联网络信息中心（CNNIC）统计，截至2008年6月底，我国网民数量达到了2.53亿，互联网用户首次超过美国，跃居世界第一位。2010年《政府工作报告》中，明确提出要加强商贸流通体系等基础设施建设，积极发展电子商务，这也是首次在全国两会的政府工作报告中明确提出大力扶持电子商务。2010年10月，麦考林登陆纳斯达克，成为中国内地首家B2C电子商务概念股，同年12月，当当网在美国纽约证券交易所挂牌上市。2011年，团购网站迅猛发展，上演千团大战局面，中国团购用户数超4 220万。2012年，淘宝商城更名"天猫"独立运营，品牌折扣网站唯品会在纽交所挂牌交易。2012年度淘宝和天猫的交易额突破10 000亿元,"双11"当天交易规模362亿元。2013年,阿里巴巴和银泰集团、复星集团、富春集团、顺丰速运等物流企业组建了"菜鸟",计划在8~10年内建立一张能支撑日均300亿网络零售额的智能物流骨干网络,让全中国任何一个地区做到24小时内送货必达。

（4）经济体阶段（2013年至今）

2013年,中国超越美国,成为全球第一大网络零售市场。2013年,我国电子商务交易规模突破10万亿元大关,网络零售交易规模1.85万亿元,相当于社会消费品零售总额的7.8%。2014年2月,中国就业促进会发布的《网络创业就业统计和社保研究项目报告》显示,全国网店直接就业总计962万人,间接就业超120万人,成为创业就业新的增长点。2014年6月,我国网络购物用户规模达到3.32亿,我国网民使用网络购物的比例为52.5%。2014年4月,聚美优品在纽交所挂牌上市,5月京东集团在美国纳斯达克正式挂牌上市。2014年9月,阿里巴巴正式在纽交所挂牌交易,发行价每股68美元,成为美国历史上融资额规模最大的IPO。2014年,我国快递业务量接近140亿件,跃居世界第一。我国快递业务量已经连续44个月同比增长、累计增长平均增幅均超过50%。2015年5月,国务院印发了《关于大力发展电子商务加快培育经济新动力的意见》（国发〔2015〕24号）,将会进一步促进电子商务在中国的创新发展。

网络零售的蓬勃发展促进了宽带、云计算、IT外包、网络第三方支付、网络营销、网店运营、物流快递、咨询服务等生产性服务业的发展,形成庞大的电子商务生态系统。电子商务基础设施日益完善,电子商务对经济和社会的影响日益强劲,电子商务在"基础设施"之上进一步催生出新的商业生态和新的商业景观,进一步影响和加速传统产业的"电子商务化",促进和带动经济整体转型升级,电子商务经济体开始兴起。

（以上信息来自阿里商业评论）

课后练习

1. 什么是电子商务？
2. 从我国电子商务发展现状分析我国电子商务的发展趋势。
3. 电子商务的功能有哪些？
4. 电子商务对社会的影响表现在哪些方面？

任务二

电子商务技术基础

任务目标

知识目标：
1. 了解计算机网络的产生与发展；
2. 熟悉互联网的基本协议；
3. 掌握互联网的接入技术；
4. 理解 IP 地址的表示与分类；
5. 理解域名的含义；
6. 了解 EDI 技术；
7. 熟悉电子商务的框架模型。

能力目标：
1. 能够判断给定 IP 地址的类型；
2. 能够识别互联网接入技术；
3. 能够判定给定的域名是否合法。

素质目标：
1. 培养创新意识；
2. 提升网络安全意识；
3. 培养良好的职业道德。

任务导入

导入案例 天猫 3D 家装城上线，开启场景化购物

2021 年 4 月 8 日，天猫 3D 家装城正式上线，将 3D 购物体验常态化，消费者躺在家也可体验实景逛街。目前，在天猫家装城消费者可以体验 10 000 余套 3D 空间，其中包括"三里屯最美家具店"Cabana、北欧表情 Norhor 家居集合店等实景复刻的线下家居卖场，和顾

家、全友、林氏木业等品牌以及业内设计师、买手搭建的3D样板间。

从100套到10 000套,打造沉浸式购物体验

打开淘宝App,搜索"天猫家装城"即可进入3D世界,从北京最美家具店,到上海家居设计师的复古小站,一秒切换,看遍家装。进入3D房间后,消费者可以全屋漫游,感受商品搭配在一起的效果,也可"站在"任意位置,360度查看商品款式、细节、价格,如若看中可加入购物车一键买齐。

首先,样板间的数量有了明显提升,从100套升级到了10 000套,汇集了不同主题、品牌,包括不少国际品牌,如图2-1所示。

图2-1 天猫家装城

其次,"云逛店"升级。2021年的天猫家装城不仅有来自线上商家的虚拟样板间,还有海量线下的实体样板间,通过3D技术上翻到了线上,其中还专门搭建了一层设计师工作室以及获得国内外奖项的中青年设计师设计的专属楼层。

再者,优质的产品也越来越丰富,时尚感越来越突出。2021年,天猫家装城特意精选了一批"天猫鲁班之星"产品。这些产品不仅有设计感、有品质保证,而且来头都不小,有的出自知名设计师的手笔,有的获得过德国红点设计大奖,都代表了当下家装行业最前沿的潮流趋势,是官方背书的放心选、闭眼买的靠谱商品,如图2-2所示。

图 2-2 "天猫鲁班之星"产品

3D 购:释放家装行业价值的关键

天猫家装城借助 3D 技术升级背后,是一场家装行业的数字化革命。2020 年在疫情的影响下,家装行业陷入了前所未有的困境,经销商受到的冲击最为猛烈。一筹莫展的线下商户们意识到数字化的重要性,开始尝试数字化。

数字化成了家装行业的必然趋势。但线上线下的运作逻辑有很大不同。线下门店的真正价值在于场景,数以万计的导购们也有专业知识积累,对产品的每一个卖点都更熟悉。线上销售应该将场景还给消费者,由单品销售转向场景销售。3D 技术成了释放家装行业价值的真正关键。

新技术在激发消费端购买热情的同时,也激发了商家们的潜力和活力,在家装行业掀起一波小高潮。3D 购上线不久,天猫上就开出 2 000 多间样板间。线上线下的商家们开始接触直播、短视频等内容媒介,研究 3D 购技术的应用。

打造年轻人装修第一站

如今,天猫家装城正在成为最全、最潮装修案例的集合地,也是平台精选好货场景化推荐的入口。数据显示,家居家装市场规模依然在持续增长,预计到 2023 年将突破 3 万亿大关。因此,未来家装行业的增量来自对客户价值的挖掘和转化率的提升。例如轻店的发布,让线下商家借助线上渠道触达了原本难以企及的消费者。例如3D技术，让每一套样板间背后都是一套家装解决方案的输出，在提供产品的同时，也将激发更多的潜在需求。

同时，这也对线下门店提出了更高的运营要求。店长每天不仅要打开线下门店，还要同时运营线上轻店，他们必须具有更多的运营和经营理念。简而言之，要借助新的媒介、技术，让消费者逛得更久、更满意。

目前，天猫家装城已落地为独立轻应用，这意味一个新的流量入口已经诞生。除了3D样板间装修案例，天猫家装城未来将基于全景视频技术，引入更丰富的商品和内容，还将基于技术，让个性搭配与用户实际的房屋户型进行高度匹配，为消费者提供一站式服务。

（信息来源："电商最难"行业终迎爆发！网购新玩法在天猫上线（baidu.com），天下网商，发布时间：2021-04-12 20：57）

相关知识

一、互联网的产生与发展

计算机网络涉及的通信与计算机两个领域，是随着社会对信息共享和信息传递的要求而发展起来的。简单地说，计算机网络是指利用各种通信线路和通信设备，将地理位置分散的多个具有独立工作能力的计算机系统互相连接起来，在网络软件的支持下实现彼此之间的数据通信和资源共享的系统。它被称为Internet，即国际互联网。互联网的产生，将全世界的计算机连在一起，实现了全球各地的人通过网络进行通信，空间的距离已不再成为人们交流沟通的障碍。

（一）互联网的产生

现代计算机网络实际上是20世纪美苏冷战时期的产物。20世纪50年代末，苏联发射了第一颗人造地球卫星。当时，美国国防部认为，如果仅有一个集中的军事指挥中枢，万一这个中枢被苏联的核武器摧毁，那么全国的军事指挥将处于瘫痪状态，其后果不堪设想。因此，有必要设计这样一个分散的指挥系统：它由一个个分散的指挥点组成，当部分指挥点被摧毁后，其他点仍能正常工作，而这些分散的点又能通过某种形式的通信网络取得联系。为了对这一构思进行验证，从20世纪60年代末至70年代初，由美国国防部出资，美国国防部领导的高级研究计划署（Advanced Research Project Agency）承建，通过一种名为ARPANET的网络把美国的几个主要军事及研究用计算机连接起来，这就是Internet的最早状态。这种新型的网络具备以下基本要求：

（1）这种新型网络的作用是在计算机之间进行数据的传送。

（2）新型的网络能够连接不同类型的计算机，即不局限于单一类型的计算机。

（3）新型的网络节点都同等重要，网络必须经受得住敌人的核打击，网络中避免设计某些特别重要的节点，以防止敌人对其进行破坏。将所有的节点都设计成同等重要的，就可以大大提高网络的生存性。

（4）计算机在进行通信时，必须有冗余的路由。当网络中的某一个节点或链路被破坏时，冗余的路由能够使正在进行的通信自动找到合适的路由，使通信维持畅通。

（5）网络的结构应当尽可能地简单，但能够非常可靠地传送数据。

在 Internet 面世之初，没有人能想到它能进入千家万户，也没有人能想到它会用于商业用途。当时，由于参加试验的人全是熟悉计算机的操作人员，个个都熟悉复杂的计算机命令，因此，没有人在界面以及操作系统方面花费太多心思。

Internet 的第一次快速发展出现在 20 世纪 80 年代中期。当时，美国国家科学基金会（National Science Foundation）为鼓励大学生与研究机构共享他们非常昂贵的 4 台计算机主机，希望通过计算机网络把各大学、各研究所的计算机与这 4 台巨型计算机连接起来。开始，他们想用现成的 ARPAnet，但是由于与美国军方打交道非常困难，于是，他们决定利用 ARPAnet 发展出来的 TCP/IP 通信协议，自己出资建立名为 NSFnet 的广域网。由于美国国家科学基金会的鼓励和资助，很多大学和政府资助的研究机构甚至私营的研究机构纷纷把自己的局域网并入 NSFnet 中，从 1986 年至 1991 年，并入这个网络的计算机子网从 100 个增加到 3 000 多个。

Internet 的第二次飞跃归功于其商业化。在 20 世纪 90 年代以前，Internet 的使用一直局限于研究与学术领域，商业机构进入 Internet 一直受到法规或传统问题的困扰。事实上，美国国家科学基金会等曾经出资建造 Internet 的政府机构，对 Internet 上的商业活动不感兴趣。他们制订了一系列使用指引，限制人们把政府机构用纳税人的钱建造起来的网络用于商业用途。但是对于这一规定，首先提出异议的是 General Atomics、Performance Systems International、UUNET Technologies 这三家公司，这三家公司分别经营着自己的 CERFnet、PSInet、Alternet 网络，可以一定程度上绕开美国国家科学基金会的主干网络而向用户提供互联服务。1991 年，它们成立商用 Internet 协会，宣布用户可以把它们的子网用于任何商业用途。商业机构一踏入 Internet 这一陌生世界，很快就发现了它在通信、资料检索、客户服务等方面的巨大潜力，世界各地的企业和个人纷纷涌入这一网络，带来了 Internet 发展史上的一个新的飞跃。到 1994 年年底，Internet 已经通往全世界 150 个国家和地区，用户超过 3 500 万，成为世界最大的计算机网络。1995 年 4 月，NSFNET 正式宣布停止运作，代替它的是由美国政府指定的三家私营企业，至此，Internet 的商业化动作彻底完成。

Internet 的产生、发展和应用都反映了现代信息技术发展的新特点。无论是从管理角度还是从商业角度，Internet 都可以带来无限生机，其中最主要的就是它的开放性。它连接的地区、集体乃至个人，超越种种自然或人为的限制，达到了一种"统一的和谐"。

（二）互联网的发展阶段

互联网从产生到发展总体来说可以分为以下五个阶段：

第一阶段：20 世纪 60 年代末到 20 世纪 70 年代初，为计算机网络发展的萌芽阶段。其主要特征是：为了增加系统的计算能力和资源共享能力，把小型计算机联成实验性的网络。ARPAnet 是这一阶段的典型代表。

第二阶段：20 世纪 70 年代中后期是局域网络（LAN）发展的重要阶段。其主要特征是：局域网络作为一种新型的计算机体系结构开始进入产业部门。1974 年，英国剑桥大学计算机研究所开发了著名的剑桥环局域网（Cambridge Ring）。1976 年，美国 Xerox 公司的 Palo Alto 研究中心推出以太网，它成功地采用了夏威夷大学 ALOHA 无线电网络系统的基本原理，使之发展成为第一个总线竞争式局域网络。这些网络的形成，一方面标志着局域网络的产生，另一方面它们形成的以太网及环网对以后局域网络的发展起到了导航的作用。

第三阶段：20 世纪 80 年代是计算机局域网络的发展时期。其主要特征是：局域网络完全从硬件上具备了 ISO 的开发系统互联通信模式协议的能力。综合业务数据通信网络（ISDN）和智能化网络（IN）的发展，标志着局域网络的飞速发展。1980 年 2 月，IEEE（美国电气和电子工程师学会）下属的 802 局域网络标准委员会宣告成立，并相继提出 IEEE801.5～802.6 等局域网络标准草案，其中的绝大部分内容已被国际标准化组织（ISO）正式认可。作为局域网络的国际标准，它标志着局域网协议及其标准化的确定，为局域网的进一步发展奠定了基础。

第四阶段：20 世纪 90 年代初至今是计算机网络飞速发展的阶段。其主要特征是：计算机网络化，协同计算能力发展以及全球互联网络的盛行。计算机的发展已经与网络融为一体。目前，计算机网络已经真正进入社会各行各业，为社会各行各业所采用。另外，虚拟网络 FDDI 及 ATM 技术的应用，使网络技术蓬勃发展并迅速走向市场，走进平民百姓的生活。

第五阶段：未来 10 年云计算时代的来临。其主要特征是：数据的处理分布在云计算而非本地计算机或远程服务器。云计算（Cloud Computing）是分布式处理（Distributed Computing）、并行处理（Parallel Computing）和网格计算（Grid Computing）的进一步发展，或者说是这些计算机科学概念的商业实现。从最根本的意义上来说，云计算就是利用互联网上的软件和数据的能力。云计算意味着用户无须再购买单机应用软件，无须担心数据存储的安全，这一切都交给互联网上的"云"来完成。云计算将带来一种全新的工作理念，有着巨大的商业价值。

二、Internet 协议

（一）TCP/IP 协议

在计算机网络中有许多互相连接的节点，这些节点间需要不断地进行数据交换。要做到有条不紊地完成数据交换，每个节点间就必须遵守一些事先约定的规则，这些规则规定了数据交换的格式及同步问题。为进行网络中的数据交换而建立的规则、标准或约定称为网络协议。

TCP/IP（Transmission Control Protocol/Internet Protocol）协议是 Internet 所使用的协议，也是事实上的工业标准。TCP/IP 协议规范了网络上的所有通信设备，尤其是一个主机与另一个主机之间的数据往来格式以及传送方式，是 Internet 的基础协议，也是一种电脑数据打包和寻址的标准方法。TCP/IP 协议由 TCP 协议和 IP 协议组成。

TCP 协议是传输控制协议，规定一种可靠的数据信息传递服务。TCP 协议能够自动适应网络上的各种变化，即使在 Internet 暂时出现堵塞的情况下，也能保证通信的可靠性。TCP 协议规定了为防止传输过程中数据包丢失的检错方法，用以确保最终信息的正确性。接入

Internet 中的任何一台计算机必须有一个地址，而且地址不允许重复，以便区分网络上的各台计算机，在 Internet 上传送任何数据的开始部分都要附上发送方和接收方的地址。其基本工作过程为：TCP 协议给要传送的每一个字节的数据进行编号；接收端在收到数据后必须向发送端发送确认信息，若发送端在规定的时间内没有收到对方的确认信息，就重新传送这部分数据。当网络中的通信量过大时，TCP 协议会通知发送端放慢发送数据，即进行流量控制。

IP 协议又称为互联网协议，提供网间连接的完善功能。它能适应各种各样的网络硬件，对底层网络硬件几乎没有任何要求。任何一个网络只要可以从一个地点向另一个地点传送二进制数据，就可以使用 IP 协议。

TCP 协议和 IP 协议是互补的，二者结合保证了 Internet 在复杂环境下能够正常运行。TCP/IP 协议的运行效率很高，虽然计算机的速度比 TCP/IP 协议刚刚诞生时提高了几千倍，连接 Internet 的计算机数量大幅度增加，数据传输量也飞速增长，但 TCP/IP 协议仍能满足 Internet 的需要。尽管这两个协议可以分开使用，能够完成各自的功能，但由于它们是在同一个时期为一个系统设计的，并且功能上也是相互配合、相互补充的，计算机必须同时使用这两个协议，因此，常把这两个协议称为 TCP/IP 协议。

（二）TCP/IP 协议体系结构

TCP/IP 协议是一个四层协议体系结构，如图 2－3 所示。

图 2－3　TCP/IP 协议的层次结构

1. 链路层

链路层，也称为数据链路层或网络接口层，是 TCP/IP 协议的最底层，通常包括操作系统中的设备驱动程序和计算机中对应的网络接口卡。链路层主要负责接收和发送 IP 数据包。

2. 网络层

网络层也称为互联网层，由于该层的主要协议是 IP 协议，因而也可简称为 IP 层。它是 TCP/IP 协议栈中最重要的一层，主要功能是可以把源主机上的分组发送到互联网中的任何一台目的主机上。可以想象，由于在源主机和目的主机之间可能有多条通路相连，因而网络层就要在这些通路中作出选择，即进行路由选择。在 TCP/IP 协议族中，网络层协议包括 IP 协议（网际协议）、ICMP 协议（Internet 互联网控制报文协议）以及 IGMP 协议（Internet 组管理协议）。

3. 传输层

通常所说的两台主机之间的通信，其实是两台主机上对应应用程序之间的通信，传输层提供的就是应用程序之间的通信，也叫端到端（End to End）的通信。在不同的情况下，应用程序之间对通信质量的要求是不一样的，因此，在 TCP/IP 协议族中传输层包含两个不同的传输协议：一个是 TCP（传输控制协议），另一个是 UDP（用户数据报协议）。TCP 为两台主机提供高可靠性的数据通信。当有数据要发送时，它对应用程序送来的数据进行分片，以适合网络层进行传输；当接收到网络层传来的分组时，它对收到的分组要进行确认；它还要对丢失的分组设置超时重发等。由于 TCP 提供了高可靠性的端到端通信，因此应用层可以忽略所有这些细节，以简化应用程序的设计。而 UDP 则为应用层提供一种非常简单的服务，它只是把称作数据报的分组从一台主机发送到另一台主机，但并不保证该数据报能正确到达目的端，通信的可靠性必须由应用程序来提供。用户在自己开发应用程序时可以根据实际情况，使用系统提供的有关接口函数，方便地选择是使用 TCP 还是 UDP 进行数据传输。

4. 应用层

应用层向使用网络的用户提供特定的、常用的应用程序，如使用最广泛的远程登录（Telnet）、文件传输协议（FTP）、超文本传输协议（HTTP）、域名系统（DNS）、简单网络管理协议（SNMP）和简单邮件传输协议（SMTP）等。要注意有些应用层协议是基于 TCP 协议的（如 FTP 和 HTTP 等），有些应用层协议是基于 UDP 协议的（如 SNMP 等）。

三、Internet 的接入技术

Internet 接入技术的目的在于将用户的局域网或计算机与公用网络连接在一起。Internet 的接入方式主要有以下几种。

1. 电话线拨号方式（PSTN + Modem）

这种方式是通过普通电话线和一台接入的专用设备调制解调器，利用当地运营商提供的接入号码，拨号接入互联网，理论上的传输速率为 56kbps。它的特点是使用方便，只需有效的电话线及带有调制解调器的计算机就可完成接入，主要运用在一些低速率的网络应用（如网页浏览查询、聊天、E-mail 等），适合于临时性接入或无其他宽带接入场所的使用。它的最大缺点是速率低，独占电话线，传输数据的可靠性差，无法实现一些高速率要求的网络服务，并且费用较高，用户需同时支付电话通信费和网络使用费。

2. ISDN

ISDN（Integrated Service Digital Network）的中文名称为综合业务数字网，俗称"一线通"。它采用数字传输和数字交换技术，将电话、传真、数据、图像等多种业务综合在一个统一的数字网络中进行传输和处理。用户利用一条 ISDN 用户线路，可以在上网的同时拨打电话、收发传真，就像两条电话线一样。ISDN 基本速率接口有两条 64kbps 的信息通路和一条 16kbps 的信息通路，简称 2B + D，当有电话拨入时，它会自动释放一个 B 信道来进行电话接听。

ISDN 的速度比普通调制解调器快很多，尤其是在下载大的文档时优势更加明显，另外，由于 ISDN 使用的是数码线路，可以保证上传和下载都是同样速度。

3. xDSL

xDSL 是当前性能比较高的一种接入技术，它是以铜质电话线为传输介质的传输技术的总称。

ADSL 作为 xDSL 技术的一种，可直接利用现有的电话线路，通过 ADSL Modem 进行数字信息传输，理论速率可达到 8Mbps 的下行和 1Mbps 的上行，传输距离可达 4～5km。它的

特点是速率稳定、带宽独享、语音数据不干扰等，适用于家庭、个人等用户的大多数网络应用需求，可满足一些宽带业务，包括 IPTV、视频点播（VOD）、远程教学、可视电话、多媒体检索、LAN 互联、Internet 接入等。

4. Cable Modem

Cable Modem 是一种基于有线电视网络铜线资源的接入方式，具有专线上网的连接特点，允许用户通过有线电视网实现高速接入互联网。它适用于拥有有线电视网的家庭、个人或中小团体。其特点是速率较高，接入方式方便（通过有线电缆传输数据，不需要布线），可实现各类视频服务、高速下载等。缺点在于基于有线电视网络的架构是属于网络资源分享型的，当用户激增时，速率就会下降且不稳定，扩展性不够。

5. 光纤宽带接入

这种接入方式是通过光纤接入到小区节点或楼道，再由网线连接到各个共享点上（一般不超过 100 米），提供一定区域的高速互联接入。它的特点是速率高，抗干扰能力强，适用于家庭、个人或各类企事业团体，可以实现各类高速率的互联网应用（视频服务、高速数据传输、远程交互等），缺点是一次性布线成本较高。

6. 无源光网络（PON）

PON（无源光网络）技术是一种点对多点的光纤传输和接入技术，局端到用户端的最大距离为 20km，接入系统总的传输容量为上行和下行各 155Mbps/622M/1Gbps，由各用户共享，每个用户使用的带宽可以以 64kbps 步进划分。优点是接入速率高，可以实现各类高速率的互联网应用，如视频服务、高速数据传输、远程交互等，缺点是一次性投入较大。

7. 无线接入

无线接入是一种有线接入的延伸技术，使用无线射频（RF）技术越空收发数据，减少使用电线连接，因此，无线网络系统既可达到建设计算机网络系统的目的，又可让设备自由安排和搬动。在公共开放的场所或者企业内部，无线网络一般会作为已存在有线网络的一个补充方式，装有无线网卡的计算机通过无线手段方便地接入互联网。目前，常用的无线接入技术包括微波接入技术、GSM 技术、CDMA 技术、GPRS 技术、蓝牙技术等。

四、IP 地址与域名

（一）IP 地址

在 Internet 中，有成千上万台服务器和主机设备，用户间能够通信的前提是必须知道对方的地址。Internet 为接入网络的用户和网络上的所有设备（路由器、网关和服务器等）都分配了一个全球唯一的地址，这一地址就是 IP 地址。

IP 地址的作用是标识上网计算机、服务器或者网络中的其他设备，是互联网中的基础资源，只有获得 IP 地址（无论以何种形式存在），才能和互联网连接。

IP 地址是标识 TCP/IP 主机的唯一地址，因此，TCP/IP 网络上的每一台计算机都必须被赋予一个 IP 地址。IP 地址由两部分组成：网络标识（Network ID）和主机标识（Host ID）。Network ID 是网络标识符，每个网络区段都有一个网络标识符；Host ID 是主机标识符，每个网络区段中的每台计算机都被赋予一个主机标识符。

1. IP 地址的表示

目前，Internet 的 IP 地址使用的是 IPv4 版本。它规定，对于 Internet 上的每一台主机，都必须指定一个唯一的 32 位地址，用 32 位二进制数字表示，如 11001010011011001111100111001110。为了方便阅读和从键盘上输入，可把每 8 位二进制数字转换成一个十进制数字，并用小数点隔开：202.108.249.206，这就是"点分十进制"记法。我们从键盘上输入点分十进制的 IP 地址，计算机就把它转换为 32 位的二进制数字。

2. IP 地址的分类

为了充分利用 IP 地址空间，Internet 委员会定义了五种 IP 地址类型以适合不同容量的网络，即 A 类至 E 类，其中 A、B、C 三类在全球范围内统一分配，D、E 类为特殊地址。IP 地址的格式如图 2-4 所示。

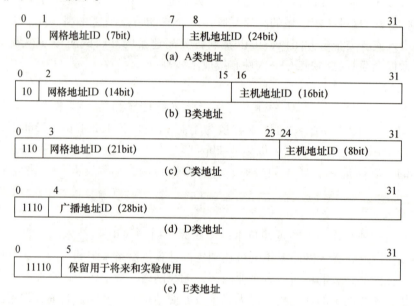

图 2-4 IP 地址的格式

（1）A 类地址。

从图 2-4（a）中可以看出，在 A 类地址中，用第一个字节来表示网络类型和网络标识号，后面三个字节用来表示主机号码，其中第一个字节的最高位设为 0，用来与其他 IP 地址类型相区分。第一个字节剩余的 7 位用来表示网络地址，最多可提供 $2^7-2=126$ 个网络标识号。这种 IP 地址的后 3 个字节用来表示主机号码，每个网络最多可提供大约 1 678 万（$2^{24}-2$）个主机地址。这类地址网络支持的主机数量非常大，只有大型网络才需要 A 类地址，由于 Internet 发展的历史原因，A 类地址早已被分配完毕。

（2）B 类地址。

从图 2-4（b）中可以看出，在 B 类地址中，用前两个字节来表示网络类型和网络标识号，后面两个字节标识主机号码，其中第一个字节的最高两位设为 10，用来与其他 IP 地址区分开，第一个字节剩余的 6 位和第二个字节（共 14 位）用来表示网络地址，最多可提供 $2^{14}-2=16\ 384$ 个网络标识号。这种 IP 地址的后两个字节用来表示主机号码，每个网络最多可提供大约 65 534（$2^{16}-2$）个主机地址。这类地址网络支持的主机数量较大，适用于中型网络，通常将此类地址分配给规模较大的单位。

（3）C 类地址。

从图 2-4（c）中可以看出，在 C 类地址中，用前三个字节来表示网络类型和网络标识号，最后一个字节用来表示主机号码，其中第一个字节的最高位设为 110，用来与其他 IP 地址区分开，第一个字节剩余的 5 位和后面两个字节（共 21 位）用来表示网络地址，最多可提供约 200 万（$2^{21}-2$）个网络标识号。最后一个字节用来表示主机号码，每个网络最多可提供 254（2^8-2）个主机地址。这类地址网络支持的主机数量较少，适用于小型网络，通常将此类地址分配给规模较小的单位，如公司、院校等单位。由于我国接入 Internet 较晚，所以，较多采用 C 类 IP 地址。

（4）D 类地址。

D 类地址是广播地址，主要是留给 Internet 体系结构委员会 IAB（Internet Architecture Board）使用。

（5）E 类地址。

E 类地址保留在今后使用。目前大量使用的 IP 地址仅有 A、B 和 C 类三种 IP 地址。A、B、C 三类 IP 地址各个字节的取值范围见表 2-1。

表 2-1 A、B、C 三类 IP 地址各个字节的取值范围

类别	1	2	3	4
A	1~126	0~255	0~255	1~254
B	128~191	0~255	0~255	1~254
C	192~223	0~255	0~255	1~254

（6）特殊的 IP 地址。

① 如果网络 ID 为 127，主机地址任意，那么这种地址是用来做循环测试用的，不可用作其他用途。例如，127.0.0.1 是用来将消息传给自己的。

② 在 IP 地址中，如果某一类网络的主机地址全为 1，则该 IP 地址表示为一个网络或子网的广播地址。例如，192.168.101.255，分析可知它是 C 类网络地址，其主机地址为最后一个字节，即 255，二进制为 11111111B，表示将信息发送给该网络上的每个主机。

③ 在 IP 地址中，如果某一类网络的主机地址全为 0，则该 IP 地址表示为网络地址或子网地址。例如，192.168.101.0，分析可知它是 C 类网络地址，其主机地址为最后一个字节，即 0，二进制为 00000000B，表示一个网络地址。

说明：正是由于地址不允许全为 0（表示网络或子网地址）或全为 1（表示广播地址），所以其网络数目和主机数目都要减 2。例如，C 类网络只能支持$2^8-2=254$个主机地址。

另外，如果要使网络直接连入 Internet，应使用由 InterNIC 分配的合法 IP 地址。如果通过代理服务器连入 Internet，也不应随便选择 IP 地址，应使用由 IANA（互联网地址分配管理局）保留的私有 IP 地址，以避免与 Internet 上合法的 IP 地址相冲突。

（二）域名

IP 地址是一组数字型网络标识符，它对计算机网络来讲是最有效的，但是对于使用网络的人来说，既难记忆，又很难从键盘输入。为了解决这一问题，人们研究出一种字符型标

识，即为每一个接入 Internet 的主机起一个用字母表示的名字作为主机地址，这个名字就是域名。

所谓域名，是互联网上标识和定位计算机的层次结构式的字符标识，与该计算机的互联网协议地址相对应。

1. 域名的命名规则

域名是分层次的，Internet 上的各级域名分别由不同的机构来管理，各个机构管理域名的方式以及域名命名的规则也有所不同，但其中有一些相同的规则。

（1）域名中只能包含的字符为：26 个英文字母、0~9 十个数字、"-"（英文中的连接符）。

（2）域名中字符的组合规则。在域名中，不区分英文字母的大小写；对于一个域名的长度是有限制的。

（3）cn 顶级域名下三级域名的长度不能超过 20 个字符。

（4）域名在整个互联网中必须是唯一的，当高级域名相同时，低级域名不允许重复。

（5）不得使用被限制使用的名称，如 china、chinese 等公众知晓的国家或地区名称、外国地名、国际组织的名称，行业名称或商品的通用名，他人已经在中国注册过的企业名称或者商标；对社会、国家或者公共利益有损害的名称等。

2. 域名的表示方法

域名基本的表示方法为：站点服务类型名．公司或机构名．网络性质名．最高层域名。

最高层域名又被称为顶级域名，往往是国家或地区代码，如中国的代码为 cn；二级域名，即网络性质名，往往表示主机所属的网络性质，如商业机构的代码为 com；三级域名是公司或机构名，如中央电视台为 cctv、清华大学为 tsinghua；四级域名是站点服务类型名，或称为计算机主机名，如万维网 www。

例如，中央电视台的域名是：www.cctv.com，该域名结构如图 2-5 所示。

清华大学的域名是：www.tsinghua.edu.cn，该域名结构如图 2-6 所示。

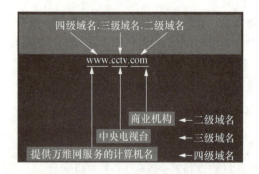

图 2-5 中国中央电视台域名

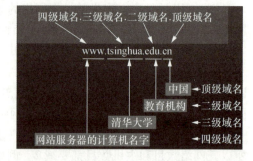

图 2-6 清华大学域名

域名的使用虽然方便了人类，但是对于计算机而言，唯一能够识别的却是 IP 地址，因此，互联网中必须有一种能将 IP 地址与域名进行互换的系统，这一系统被称为域名管理系统（Domain Name System，DNS），如图 2-7 所示。

常见国际性组织顶级域名及国家或地区顶级域名见表 2-2 和表 2-3。

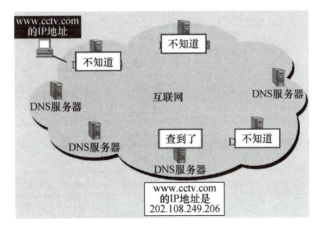

图 2-7 分布在互联网中的 DNS 服务器可将名字转换为 IP 地址

表 2-2 常见 Internet 国际性组织顶级域名

域名	意义	域名	意义
com	商业组织	org	非营利性组织
edu	教育单位	int	国际组织
net	网络支持中心	mil	军事部门
gov	政府部门		

表 2-3 常见 Internet 国家或地区顶级域名

域名	国家或地区	域名	国家或地区	域名	国家或地区
cn	中国	se	瑞典	jp	日本
au	澳大利亚	tw	中国台湾	us	美国
de	德国	ca	加拿大	th	泰国
lr	韩国	fr	法国	uk	英国
my	马来西亚	it	意大利	yu	南斯拉夫
su	俄罗斯	sg	新加坡	hk	中国香港

截至 2021 年 6 月，我国域名总数为 3 136 万个。其中，".CN" 域名数量为 1 509 万个，占我国域名总数的 48.1%；".COM" 域名数量为 1 134 万个，占我国域名总数的 36.2%；".中国" 域名数量为 21 万个，占我国域名总数的 0.7%；新通用顶级域名（New gTLD）数量为 361 万个，占我国域名总数的 11.5%。分类域名数见表 2-4。分类 ".CN" 域名见表 2-5。

表 2-4 分类域名数

域名	数量/个	占域名总数比例
.CN	15 087 000	48.1%
.COM	11 338 587	36.2%
.NET	879 201	2.8%
.中国	210 398	0.7%

续表

域名	数量/个	占域名总数比例
.ORG	127 650	0.4%
.INFO	26 702	0.1%
.BIZ	18 644	0.1%
New gTLD	3 607 385	11.5%
其他	66 876	0.2%
合计	31 362 443	100.0%

表2-5 分类".CN"域名数

域名	数量/个	占".CN"域名总数比例
.CN	11 985 873	79.4%
.COM.CN	2 559 547	17.0%
.NET.CN	268 449	1.8%
.ORG.CN	187 771	1.2%
.ADM.CN	52 502	0.3%
.GOV.CN	16 867	0.1%
.AC.CN	9 377	0.1%
.EDU.CN	6 423	0.0%
其他	191	0.0%
合计	15 087 000	100.0%

(信息来源：中国互联网络信息中心《第48次中国互联网络发展状况统计报告》。)

五、电子数据交换（EDI）技术

20世纪六七十年代，以微电子技术、通信技术、计算机技术为核心的高新技术得到迅速发展，信息技术逐渐在各个领域得到普及应用。工业、交通与通信的发展和生产社会化促进了经济全球化；产业结构调整、资本的大量转移、跨国公司的涌现，推动了国际贸易的发展。全球贸易额的上升带来了各种贸易单证与纸面文件的激增。虽然计算机及其他办公自动化设备的出现可以在一定范围内减轻人工处理纸面单证的劳动强度，但由于各种型号的计算机不能完全兼容，实际上又增加了对纸张的需求。美国森林及纸张协会曾经做过统计，得出了用纸量超速增长的规律，即年国民生产总值每增加10亿美元，用纸量就会增加8万吨，纸面贸易文件成了影响贸易发展的一个比较突出的因素。另外，市场竞争也出现了新的特征，价格因素在竞争中所占的比重逐渐减少，而服务性因素所占比重增大。销售商为了减少风险，要求小批量、多品种、供货快，以适应瞬息万变的市场行情。在整个贸易链中，绝大多数的企业既是供货商又是销售商，因此，提高商业文件传递速度和处理速度成了所有贸易链中成员的共同需求。同时，现代计算机的大量普及和应用以及功能的不断提高，已使计算机应用从单机应用走向系统应用,加之通信条件和技术的完善、网络的普及又为 EDI 的应用提供了坚实的基础。正是在这样的背景下,以计算机应用、通信网络和数据标准化为基础的 EDI 应运而生。EDI 一经出现便显示出了强大的生命力,迅速在世界各主要工业发达国家和地区得到广泛的应用。正如中国香港 TRADELINK 公司的宣传资料所指出的:"当 EDI 于 20 世纪 60 年代末期在美国首次被采用时,只属于当时经商的途径之一。时至今日,不但美国和欧洲大部分国家,以至越来越多的亚太地区国家,均已认定 EDI 是经商的唯一途径。"由于 EDI 具有高速、精确、远程和巨量的技术性能,因此,EDI 的兴起标志着一场全新的、全球性的商业革命的开始。国外专家深刻地指出:"能否开发和推动 EDI 计划,将决定对外贸易方面的兴衰和存亡。"正是在这种背景下,以计算机网络通信和数据标准化为基础的 EDI 应运而生。20 世纪 60 年代末,在美国和欧洲几乎同时出现了电子数据交换,并显示出强大的生命力。

(一) EDI 系统概述

电子数据交换(Electronic Data Interchange,EDI)是随着计算机及网络开始在商业领域中的应用而诞生的。EDI 是指按照统一规定的一套通用标准格式,将标准的经济信息通过通信网络传输,在贸易伙伴的电子计算机系统之间进行数据交换和自动处理。由于 EDI 的使用可以完全代替传统的纸张文件,因此,有人称它为"无纸贸易"或"电子贸易"。

联合国国际贸易法律委员会(United Nations Commission on International Trade Law)对 EDI 的定义为:"EDI 是利用符合标准的结构化的信息从计算机到计算机之间的电子传输。"

国际标准化组织(ISO)对 EDI 的定义为:"为商业或行政事务处理,按照一个公认的标准,形成结构化的事务处理或消息报文格式,从计算机到计算机的数据传输方法。"

(二) EDI 的要求与特点

EDI 是电子贸易活动的一种工具,将贸易文件如订单、发票、报关单、进出口许可证等,按照统一的标准制成计算机能够识别和处理的数据格式,在计算机之间进行传输。由此,EDI 具有以下几个要求。

(1) EDI 是在企业之间传输商业文件数据。
(2) 传输的文件数据必须采用共同的标准并具有固定格式。
(3) 传输数据的通信网络一般是增值网络或专用网。
(4) 数据是从计算机到计算机的自动传输,不需要人工操作。

与普通文件的传输相比,使用 EDI 的主要优点有以下几点。

(1) 降低了纸张文件的消费。根据联合国组织的一次调查显示,进行一次进出口贸易,双方约需交换近 200 份文件和表格,其纸张、行文、打印差错可能引起的总开销大约为货物价格的 7%。美国通用汽车公司采用 EDI 后,每生产一辆汽车可节约成本 250 美元,按每年生产 500 万辆计算,可以产生 12.5 亿美元的经济效益。

(2) 减少了重复劳动及差错率。如果没有 EDI 系统,即使是高度计算机化的公司,也需要经常将外来的资料重新输入本公司的电脑。调查表明,从一部电脑输出的资料有多达 70% 的数据需要再输入其他电脑,既费时又容易出错。EDI 的使用大大降低了出错率。

(3) 提高工作效率。EDI 的使用使贸易双方能够以更迅速、有效的方式进行贸易,大大简化了订货过程或存货过程，使双方能及时地充分利用各自的人力和物力资源。美国 DEC 公司应用了 EDI 后，存货期由 5 天缩短为 3 天，每笔订单费用从 125 美元降到 32 美元。新加坡采用 EDI 贸易网络之后，海关手续从原来的 3~4 天缩短到 10~15 分钟。

（4）改善贸易关系。使用 EDI 后企业可以准确地估计日后商品的需求量，货运代理商可以简化大量的出口文书工作，商业用户可以提高存货的效率，提高他们的竞争能力。

（三）EDI 系统的组成与实现

要想实现 EDI 必须具备三个基本要素，即数据标准化、EDI 软件及硬件和通信网络。下面主要介绍数据标准化和 EDI 软件及硬件。

1. 数据标准化

EDI 标准是由各企业、各地区代表共同讨论、制订的电子数据交换共同标准，可以使各组织之间的不同文件格式通过共同的标准，达到彼此之间文件交换的目的。

EDI 标准是实现 EDI 的关键，目前有国际标准、国家标准和行业标准。

2. EDI 软件及硬件

EDI 的相关软件包括转换软件、翻译软件和通信软件。

（1）转换软件，可以帮助客户将原有计算机系统的文件转换成翻译软件能够解读的平面文件，或将翻译软件接收的平面文件转换成计算机系统中的文件。

（2）翻译软件，可以将平面文件翻译成 EDI 标准格式，或将接收到的 EDI 标准格式文件翻译成平面文件。

（3）通信软件，可以将 EDI 标准格式的文件外层加上通信信封，再送到 EDI 系统交换中心的邮箱，或由 EDI 系统交换中心将接收到的文件取回。

EDI 的实现过程：

（1）将要发送的数据从信息系统数据库调出，转换成平面文件。
（2）将文件翻译成标准的 EDI 报文。
（3）发送 EDI 信件。
（4）从 EDI 信箱收取信件。
（5）拆开信件并翻译成平面文件。
（6）转换文件并送到接收方信息系统中进行处理，如图 2-8 所示。

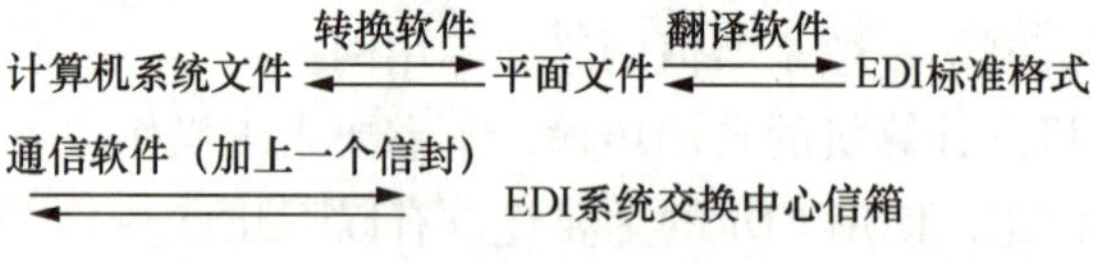

```
                    转换软件            翻译软件
计算机系统文件  ←————→  平面文件  ←————→  EDI标准格式
                通信软件（加上一个信封）
                        ←————→
                              EDI系统交换中心信箱
```

图 2-8 EDI 的实现过程

如果我们要看文件，则是一个相反的过程。

EDI 所需的硬件设备包括计算机、调制解调器及通信网络。

（四）EDI 的应用

从企业的角度来看，EDI 的实施涉及企业的计划、采购、生产、经营和销售等全过程；从社会的角度看，EDI 的应用与订货方、供货方、海关、银行、保险、港口、运输等环节密切相关。它既包括技术的应用，又必须有各业务部门的参与和配合。随着互联网技术的发展,Internet 为 EDI 应用提供更便利的网络平台,其应用范围不断扩展,主要体现在以下几个方面。

1. 商业贸易领域

通过采用 EDI 技术,可以将不同制造商、供应商、批发商和零售商之间各自的生产管理、物料需求、销售管理、仓库管理、商业 POS 系统有机地结合起来,从而使这些企业大幅度提高经营效率。

2. 运输业

通过采用集装箱运输电子数据交换业务,可以将船运、空运、陆运、外轮代理公司、港口码头、仓库、保险公司等企业各自的应用系统联系在一起,提高货物运输能力,实现物流控制电子化及国际集装箱联运。

3. 通关自动化

通过采用 EDI 技术,可以将海关、商检、卫检等口岸监管部门与外贸公司、来料加工企业、报关公司等相关部门和企业紧密地联系起来,从而简化进出口贸易程序,提高货物通关的速度。

4. 其他领域

在税务、银行、保险等贸易链路环节中,EDI 技术同样具有广阔的应用前景。通过 EDI 技术还可以实现电子报税、电子资金划拨(EFT)等多种用途。

中国大陆较早的 EDI 系统的使用者——中远集团

中国远洋运输(集团)总公司是国内最早实施 EDI 的企业之一,它的前身是成立于 1961 年 4 月 27 日的中国远洋运输公司。

中远集团真正运作 EDI 系统是从 1988 年开始的,20 世纪 90 年代初,中远集团与国际著名的 GEIS 公司合作开始了 EDI 中心的建设,由该公司为中远集团提供报文传输服务。1996—1997 年,完成了中远集团 EDI 中心和 EDI 网络的建设,该 EDI 网络基本覆盖了国内 50 多家网点,实现了对海关和港口的 EDI 报文交换,并通过北京 EDI 中心实现了与 GEIS 公司 EDI 中心的互联,连通了中远集团海外各区域公司。1997 年 1 月,中远集团正式开通公司网站。1998 年 9 月,中远集团在网站上率先推出网上船期公告和订舱业务,通过 EDI 实现了对舱单、船图、箱管等数据的 EDI 传送。

在标准化工作方面,中远集团重点开发了基于 EDIFACT 标准、符合中国国情、适用于行业内部的"货物跟踪信息 EDI 报文标准""船期表 EDI 报文标准""货运单证 EDI 报文标准(3.1 版)"等。

为了适应国内港口对 EDI 的需求,中远集团和东南大学、南京航空航天大学合作开发了"货运单证交换服务系统"。它是按照 ISO/OSI 开放系统互联标准开发的软件包,通信网络是电话网和分组交换网。中心服务系统由单证邮箱管理功能和进一步开发 EDI 应用的应用编程接口(API)两部分组成;用户端软件由入网通信功能和用户应用程序编程接口(API)两部分组成。目前,中心服务系统所有模块均在北京总公司 AS/400 机的操作系统下运行,并且能够移植在 IBM 大型机上运行,成为中远集团在国内各远洋公司、代理公司、汽车运输公司及其他所属企业间的 EDI 服务网络系统。自 1988 年在微机上试验的中美航线舱单传输系统开始,中远集团已经开发和正在开发、测试的多套应用系统都取得了很大进展,如"出口理货单证数据 EDI 应用系统""代理公司进口货运单证 EDI 应用系统""代理公司出口货运单证 EDI 应用系统""远洋船舶运费舱单 EDI 应用系统"等。

1990 年,中远从国内到日本的集装箱一般有 5 000 个标准箱位,而仅按其中的 1 000 个标准箱位计算,大约需要 150 大张仓单,用传真需要 2 个小时才能传过去,而采用 EDI 后仅需几分钟即可传完。节省的不只是时间,以当年的业务量计算,中远集团光传真费就节省了 70 万美元。而现在,中远集团的业务量比 1990 年增长了许多倍,可想而知,EDI 的应用为中远集团节省了不少费用和时间。

为了充分利用专网促进日常办公效率和业务处理速度,中远集团成立了电子邮件中心和 EDI 中心,利用报文系统进行费用结算、仓单处理等业务。中远集团每年的仓单数以吨计,以往有 100 多人专职整理,也无法整理清楚,而采用 EDI 报文系统后,只有几个人工作,每天的仓单就能处理得当。

六、电子商务的框架模型

电子商务是个市场环境,由交易主体、电子市场、交易事务和信息流、资金流、物流等基本要素构成。

(一)电子商务的基本要素

1. 交易主体

电子商务的交易主体是指以营利为目的,借助计算机技术、互联网技术与信息技术实施商事行为并因此而享有权利和承担义务的法人、自然人和其他组织。简而言之,电子商务的交易主体是指电子商务的参与者。广义的交易主体既包括商事主体,也包括消费者、政府采购人等非商事主体;狭义的交易主体只包括商事主体,即电子商务企业。

2. 电子市场

电子市场是指电子商务实体从事商品和服务交换的场所,它由各种各样的商务活动参与者,利用各种通信装置,通过网络连接成一个统一的经济整体。电子市场强调的是电子化。

3. 交易事务

交易事务是指电子商务主体之间所从事的具体的商务活动的内容,例如,询价、报价、转账支付、广告宣传、商品运输等。

(二)电子商务的总框架

经济活动离不开"四流",即信息流、资金流、物流和商流。电子商务的发展也是围绕着"四流"展开的。众多对策和措施是为了顺利实现"四流"的运转而设计实施的。因此,从"四流"的角度,我们可以得出一个大的电子商务框架,如图 2-9 所示。

(1) 信息流:既包括商品信息的提供、促销营销、技术支持、售后服务等内容,也包括诸如询价单、报价单、付款通知单、转账通知单等商业贸易单证,还包括交易双方的支付能力、支付信誉、中介信誉等。

(2) 资金流:资金的转移过程,包括付款、转账、兑换等过程。

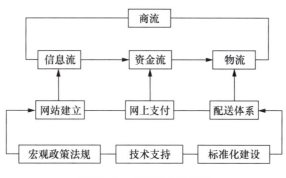

图 2-9　电子商务总框架

（3）物流：主要是指商品实体的流动过程，具体指运输、储存、配送、装卸、保管及物流信息管理等活动。对于大多数商品和服务来说，物流可能仍然经由传统的渠道，然而对有些商品和服务来说，可以直接以网络传输的方式进行配送，如各种电子出版物、信息咨询服务等。

以上"三流"的关系是：以信息流为依据，通过资金流来实现商品的价值，通过物流实现商品的使用价值。

（4）商流：指商品所有权的转移。当以上"三流"实现后，商品所有权也就发生了转移。

（三）电子商务的发展框架

电子商务发展框架从宏观角度上指出要实现电子商务体系的各应用层和众多支持条件。这些支持条件是电子商务发展的基础，离开了支持条件，电子商务就是空中楼阁。

电子商务的框架整体上可分为三个层次和两个支柱。从基础的技术层到电子商务的应用层依次为：网络层、多媒体消息/信息发布传输层和一般业务服务层；两个支柱是国家的公共政策、法规和安全、技术标准。三个层次依次代表电子商务顺利实施的各级应用层次，两边的支柱是电子商务顺利应用的坚实基础。

1. 网络层

网络层是电子商务的硬件基础设施，是信息传输系统，主要包括远程通信网、有线电视网、无线通信网和互联网。

2. 多媒体消息/信息发布传输层

网络层提供了信息传输的线路，线路上最复杂的信息就是多媒体信息，它是文本、声音和图像的综合。

3. 一般业务服务层

这一层实现标准的网上商务活动服务，以方便交易，如标准的商品目录/价目表的建立、电子支付工具的开发、保证商业信息安全传送的方法、认证买卖双方的合法性方法等。

4. 公共政策、法规和安全、技术标准

（1）公共政策。公共政策主要包括围绕电子商务的税收、信息定价、信息访问的收费等需要政府制定的政策。其中税收制度如何制定是一个至关重要的问题。

（2）法规。法规维系着商务活动的正常运作，违规活动必须受到法律的制裁。法规制定的成功与否直接关系到电子商务活动能否顺利开展。

（3）安全标准。如何保障电子商务活动的安全一直是电子商务能否正常开展的核心问题。作为一个安全的电子商务系统，首先必须具有一个安全、可靠的通信网络，以保证交易安全、迅速地传递；其次必须保证数据库服务器的安全，防止网络黑客盗取信息。

（4）技术标准。技术标准是信息发布和传递的基础，是网络信息一致性的保证。如果没有统一的技术标准就会限制许多产品在世界范围内使用。

5. 电子商务应用

到了电子商务的全面应用阶段，参与者们就可以摆脱技术的问题，顺应各行业的流程，直接进行简单的技术操作，实现全面电子商务的应用。此时的电子商务的全面应用可以实现商务的电子化操作，业务流程也完成重组。

知识拓展

中文域名

中文域名，是含有中文字符的域名，与英文域名一样，是互联网上的门牌号。中文域名在技术上符合多语种域名国际标准。作为互联网上的基础资源服务，中文域名支持www、E-mail、FTP等应用服务。

2009年10月30日，在韩国闭幕的ICANN第三十六届会议上，国际互联网名称与数字地址分配机构（ICANN）表决通过了《".中国"等非英文域名后缀快速通道实施计划》。2009年11月4日，中国互联网络信息中心宣布，我国将正式申请注册".中国"为世界顶级域名。".中国"有可能成为世界首个纯中文顶级域名，而这意味着今后网民在世界各地都可以在电脑地址栏内输入全中文的域名来登录网站。

中文域名成为世界顶级域名的意义包括以下几点：

（1）促进域名主机行业的发展以及互联网整体水平的提高。中文域名的发展一方面会增加域名的保有量，另一方面也将拉动其他相关产业的发展。中文域名的普及与应用，降低了互联网使用的门槛，能够带动互联网的整体发展。

（2）改变中国网民上网行为习惯，提高互联网渗透率。首先，中国网民并没有形成在互联网上使用英文的习惯，而接入互联网时英文域名给不懂英语的国民带来很大不便。中文域名就为这些潜在的网民提供了便利的上网通道。

（3）为中小企业提供更多的营销机会。中小企业建立网站，发展电子商务的比例相对较低。而中文域名具备简便易记、符合中国文化、更容易被消费者接受等有利因素，能够吸引更多的中小企业把目光转向互联网，展开网络推广和电子商务营销计划。

（4）符合网民输入习惯。即使像阿里巴巴、新浪、盛大等门户网站，不少网民在访问时，仍然先在搜索引擎中输入中文，然后再在其中点击进入，这种使用习惯间接造成了百度的空前发达。然而使用中文国际域名，只要网民记住企业的中文名，就可以在地址栏直接输入中文进行访问，中文国际域名将成为今后网站推广和网民上网的首选，极大地降低网站对百度等搜索引擎的依赖性。

（5）全球唯一性和稀缺性。域名是互联网上一个服务器或一个网络系统的名字，世界上的每一个域名都是全球唯一的。域名的这种排他性，是由域名技术的全球统一管理产生的，不像其他知识产权需要靠法律、法规来维护其唯一性。正因为域名这种与生俱来的特性，使得域名日益成为一种不可再生的稀缺资源。

（6）可以和原有域名同时使用。企业可以在不摒弃原有域名的基础上，同时将中文国际域名和原有英文域名绑定在同一个网站上，使相当一部分不懂英文的用户上网更加便利，提高企业的宣传效率。

中国域名特指以".中国"为域名后缀的中文域名，是中文域名的一种，与以".cn"结尾的英文域名一样，同为我国域名体系和全球互联网域名体系的组成部分。".中国"是全球互联网上代表中国的中文顶级域名。目前，CNNIC负责管理维护的中文域名体系中包含以".cn"".中国"".公司"".网络"结尾的四种形式。

课后练习

1. 互联网的基本协议有哪些？
2. 接入互联网的方法有哪些？
3. IP地址是如何表示的？192.168.2.10是哪类IP地址？
4. 电子数据交换的作用是什么？

任务三

电子商务的模式

任务目标

知识目标：
1. 了解不同模式电子商务的发展趋势；
2. 熟悉不同模式电子商务的特点；
3. 熟悉不同电子商务模式的代表网站。

能力目标：
1. 能够分析不同电子商务模式的业务流程；
2. 能够根据企业实际选择合适的电子商务模式及平台；
3. 能够正确选择适合网上销售的产品种类。

素质目标：
1. 培养团队合作能力；
2. 培养分工协作能力；
3. 培养严谨细致的职业精神。

模式一 B2B 电子商务

任务导入

导入案例　　　　　　　　　宝钢在线

随着经济全球化进程的加快，企业间日趋激烈的竞争逐步转化为供应链之间的竞争，钢铁行业下游用户的小批量、多品种、短交货期、高品质的要求日益严格，上游战略物资供应日益紧张。宝钢作为国家特大型钢铁联合企业，经过近几年在企业信息化方面的建设，已经建成较完善的企业内部信息系统。

但是，宝钢所拥有的信息优势却不能方便地与供应商和客户共享。供应商不能及时方便地了解宝钢的采购动向；客户无法直接在网上订货，订货后不能及时了解合同的执行情况。宝钢充分认识到，在提供具有竞争力产品的同时，必须以最快的响应速度、最安全便捷的手段向客户提供所需的信息服务，缩短钢厂与最终用户之间的距离，提高整个供应链的竞争力。为此，宝钢建立了具有自主知识产权的、以"宝钢在线"为代表的电子商务平台，在线开展采购、销售、物流以及客户服务等网上业务。

宝钢在线和宝钢采购电子商务平台，如图3-1和图3-2所示。

图3-1 宝钢在线

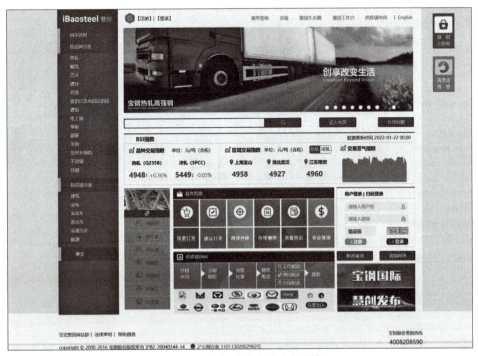

图3-2 宝钢采购电子商务平台

作为宝钢信息化战略的一部分，宝钢电子商务平台以围绕钢铁主业、整合供应商及第三方资源、服务下游客户、全面提升信息系统的技术内涵，支持宝钢实现以产品为中心向以客户为中心的战略转移，提高了宝钢的核心竞争力和企业形象，实现了对外充分适应、快速响应，对内高效沟通、快速决策。

相关知识

一、B2B 电子商务概述

（一）B2B 电子商务的定义

B2B（Business to Business）电子商务，是指商家（泛指企业）对商家的电子商务，即企业与企业之间通过互联网进行产品、服务及信息的交换。通俗的说法是指进行电子商务交易的供需双方都是商家（或企业、公司），它们使用互联网技术或利用各种商务网络平台，完成商务交易的过程。这些过程包括：发布供求信息，订货及确认订货，支付过程及票据的签发、传送和接收，确定配送方案并监控配送过程等。B2B 的典型代表是阿里巴巴、中国制造网等，如图 3-3 和图 3-4 所示。

阿里巴巴 B2B 模式

图 3-3　阿里巴巴网

（二）我国 B2B 电子商务发展现状

1. 交易规模

据统计，2020 年我国电子商务 B2B 市场规模为 31.2 万亿元，同比增长 20.46%。如图 3-5 所示。

任务三　电子商务的模式

图 3-4　中国制造网

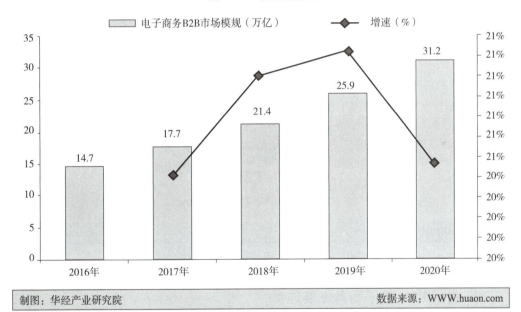

（信息来源：华经产业研究院发布的《2021—2026 年中国电子商务行业市场供需格局及行业前景展望报告》）

图 3-5　2016—2020 年中国 B2B 电子商务发展交易规模及增长率

2. 市场营收

据网经社电子商务研究中心监测数据显示，2018 年中国 B2B 电子商务市场营收规模达 600 亿元，同比增长 71.4%，如图 3-6 所示。

3. 市场份额

据网经社电子商务研究中心监测数据显示，按净额确认营收的方法统计，2018 年中国 B2B 电子商务平台市场份额中，前三名分别为：阿里巴巴 28.4%、慧聪集团 17.6%、科通芯城 9.2%，接下去的分别为：上海钢联 6.5%、国联股份 6.1%、焦点科技 1.4%、生意宝

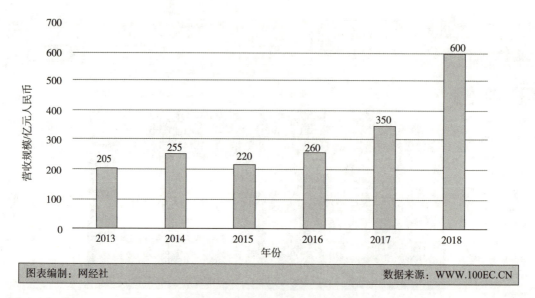

图3-6 2013—2018年中国B2B电子商务市场营收规模

0.7%，其他为30.1%，如图3-7所示。

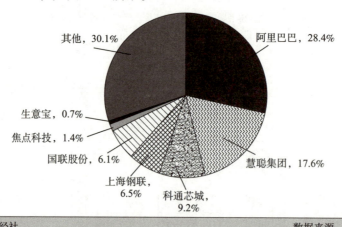

图3-7 2018年中国B2B电子商务平台市场份额占比情况

（三）我国B2B电子商务发展趋势

当前中国经济正处于转型升级的重要时期，创新正在成为经济发展的新引擎。近年来，"互联网+"快速渗透发展，以钢铁、化工、建材、农业、物流等领域为代表的B2B电子商务频繁获得融资，让B2B行业重新回到舞台的聚光灯下。传统产业通过"互联网+"和供给侧改革实现转型升级，已成不可逆趋势，产业互联网和B2B电子商务迎来了春天和战略机遇期，并且呈现如下发展趋势。

1. 垂直产业链平台快速发展

垂直产业链平台相比综合类平台，具有更加专业和专注的特点，能专注于某个细分行业进行深入拓展，在产业链的上下游不断延伸，降低行业供应链的成本，提升产品和服务的质量。借助于互联网的高效率以及用户对行业产业链的深度需求，垂直产业链平台将得到更加快速的发展。

2. 向供应链管理深化服务

未来 B2B 平台将更快速向供应链深度服务延伸，通过在线交易切入，将信息流、订单流、物流、资金流通过 B2B 平台整合实现；并以此为基础从在线交易延伸扩展到上下游用户的生产采购、物流仓储、支付结算、营销推广、信息化建设等供应链管理的不同层面，B2B 平台同时将成为高效的供应链管理服务体系。

3. 技术驱动向工业互联网演进

B2B 电子商务属于产业互联网范畴，随着垂直产业链平台的快速发展和供应链管理的不断深化，特别是移动互联网、大数据、云计算、物联网、人工智能等新技术的不断发展和应用，未来 20 年将成为产业互联网爆发的黄金时代。产业互联网不仅把企业和企业、把产业的上下游连接起来，更重要的是能够连接企业内部的生产运营数据，将智能制造、工业互联网进行共构连接。因此，未来 B2B 平台将依托技术驱动，向产业互联网全面演进。

二、B2B 电子商务对企业的影响

在当前环境下，以下问题困扰着大部分企业。
（1）传统的市场已经日趋成熟，企业应如何进一步扩展市场。
（2）经营风险不断提高，如何进一步降低业务运作本身和业务发生前后的成本。
（3）市场竞争日趋激烈，如何抓牢现有客户。

电子商务也许可以帮助企业从上述困境中走出来。互联网环境将成为企业经营的基本环境，发展电子商务对多数企业来说是适应新环境下生存的需要。电子商务为企业扩展市场份额和提高销售额提供了新视角，例如，企业不必耗费巨大资金就可以将业务扩展到全球；电子商务 24 小时在线业务可以令企业以更快的速度进入市场，吸引更多的业务伙伴，帮助企业卖出更多的产品。通过电子商务，企业降低了促销成本、采购成本和库存，提高了经营效率。在这种环境下，电子商务对企业竞争方式的影响主要体现在以下几个方面。
（1）电子商务提供大量准确及时的信息，增加了企业合同的稳定性。
（2）电子商务提供的消费平台给企业提供了开拓市场的机会。
（3）电子商务提供的个性化服务促进了企业开发新产品和提供新型服务能力的提高。
（4）电子商务提供的交易平台扩大了企业的竞争领域。
（5）电子商务提供的电子集市消除了企业竞争的无形壁垒。

电子商务是以信息为基础的，信息化程度的高低决定了企业的市场竞争力。由于电子商务消除了时空限制，所以企业必须随时做好准备，为客户提供即时服务，提高自己的竞争优势。此外，电子商务还为企业提供了一种全新展示自己的产品和服务的虚拟空间，制定良好的网络广告方案，将有利于提高企业的知名度和商业信誉，达到提高企业形象的目的。

三、B2B 电子商务的特点

B2B 电子商务是电子商务中历史最长、发展最完善的电子商务，它能迅速地带来利润和回报。除了具有高效率、低成本和安全透明等电子商务的一般特点外，B2B 电子商务同时还具有自身的显著特点。

1. 市场潜能大

相对于其他类型的电子商务模式，B2B 电子商务大多为企业之间的中间产品的大批量交易，交易规模和潜在价值巨大。

2. 交易效率高、成本低

企业借助 B2B 电子商务平台可以在线提供关于产品、技术支持和订单状况的信息，从而节省了资金，并通过与其他客户建立网络信息联系后，企业可以减少以书面形式而导致的时间浪费。与供应商、客户的电子联系也使企业维持较低的存储费用，大大降低了企业在这方面的费用。

3. 买方和卖方双赢

通过 B2B 电子商务提供个性化的服务，买方可以在众多的供应商中进行挑选，同时产品价格更加透明，可以清楚地了解原材料的市场供应情况；卖方可以了解市场需求，减少了产品推广的成本和由于对买方的不了解造成的错误。同时，对于中小企业则有机会平等地参与到产品销售的竞争中去，降低了进入市场的门槛。

4. 供应链管理大大改善

供应链是企业得以生存的重要商业循环系统，降低供应链的运营成本对于企业提高利润有重要的影响。B2B 电子商务技术通过互联网，动态维持企业的供货、合同制造、分销、运输和其他贸易合作伙伴，真正建立高效的全球供应链系统。

5. 行业化突出、专业性强

B2B 涉及的交易主体都是企业，呈现出明显的行业特点。一般平台运营商都具有较深的行业背景，能够为交易各方提供专业性服务，能重构买卖双方的销售渠道和进货渠道，整合企业供应链，降低销售和采购成本，大幅度节省中间费用，提高工作效率。

6. 配送和结算相对容易

B2B 电子商务大多为企业之间的大批量交易，可以利用企业现有的配送网络或第三方物流实现大批量的集中配送。此外，企业间电子商务的交易额也较大，信用容易控制，大多数银行都能为企业提供便利的网上银行服务。

四、B2B 电子商务涉及的环节

（1）销售商。电子商务模式下（在线）进行营销行为的企业。

（2）采购商。从采购管理的角度看，买方向潜在的供应商发出报价单请求以获取竞争优势。

（3）电子商务平台（电子中介）。电子商务平台即发布产品信息并且接受订单的站点，既要保证用户的私人信息不会泄露、用户的订单信息在传输时不被窃取，还要验证用户身份以及提供可靠的支付方式等。

（4）网上银行。在电子商务中，网上银行应发挥以下作用：第一，在互联网上实现一些传统的银行业务；第二，与信用卡公司合作，发放电子钱包，提供网上支付手段，为电子商务交易中的用户和商家服务；第三，确保内部网络和数据的安全。

（5）认证中心。认证中心是经法律承认的权威机构，不直接从电子商务交易中获利，而是负责发放和管理电子证书，完成网上交易的身份确认。

（6）物流配送中心。其主要任务是负责接受商家的送货请求，完成商品的运送，并跟踪商品流向。

（7）电子证书。电子证书是一个数字文件，由证书持有人个人信息、证书持有人公开密钥、证书序号及有效期、发证单位电子签名四部分组成。这种证书由特定的授权机构——CA认证中心发放，具有法律效力，是电子商务交易中个人或单位身份的有效证明。

（8）与后端信息系统的集成。后端信息系统可以运行在局域网工作流、数据库管理系统、应用包和ERP（企业资源计划）上。

五、B2B 电子商务的模式

企业要开展电子商务可以单独建立网站（如海尔、DELL、SONY等）或加入一个联盟（如网络花店、汽车服务等），或加入行业B2B（如阿里巴巴、中国化工网、中国五金网等）。

中国鲜花礼品网如图3-8所示。

图3-8 中国鲜花礼品网

（一）行业 B2B 电子商务模式

目前，企业采用的行业B2B电子商务可以分为以下两种模式。

1. 面向制造业或面向商业的行业垂直类B2B

行业垂直类B2B一般专注于某一个行业，如IT、化工、钢铁或农业，并将其做深做透，其专业水平非常高。行业垂直类B2B可以分为两个方向，即上游和下游。生产商或商业零售商可以与上游的供应商之间形成供货关系，比如Dell电脑公司与上游的芯片和主板制造商就是通过这种方式进行合作的。生产商与下游的经销商可以形成销货关系，比如Cisco与其分销商之间进行的交易。

垂直类B2B模式追求的是"专"，其网站吸引的是针对性较强的客户，它们是网站最具价值的财富，是真正的潜在商家。这种市场一旦形成，就具有极大的竞争优势。因此，垂直网站更有聚集性、定向性，易于建立起忠实的用户群体，吸引固定的回头客。但是，由于运作垂直网站需要较深的专门技能，专业化程度越高的网站，越需要投入昂贵的人力资本来处理很狭窄的、专门性的业务，才能发挥该虚拟市场的商业潜能。

2. 面向中间交易市场的行业水平类 B2B（也称为综合式的 B2B）

行业水平类 B2B 是将各个行业中相近的交易过程集中到一个场所，为商品的采购方和供应方提供交易机会，双方可以在此分享信息、发布广告、竞拍投标，如阿里巴巴、慧聪网、环球资源网等。

行业水平类的 B2B 模式追求的是"全"，这种类型的网站涵盖了不同的行业和领域，服务于不同行业的从业者。这一模式能够使企业获得更多的收益机会，其潜在用户数量也比较多，因此，它能够迅速地获得收益。这类网站的风险主要体现在用户群不稳定，被模仿的风险也很大。

（二）新一代 B2B 电子商务模式

根据电子商务的发展态势，无论是哪一种类型的 B2B 电子商务都将集合信息流、资金流和物流，以"三流"协同为目标的供应链必将成为 B2B 电子商务服务的首要对象。因此，从业务服务目标来看，新一代 B2B 电子商务模式可以分为以下三类。

1. 交易平台服务模式

企业搭建的 B2B 网站最基本的功能是提供商务平台。目前，B2B 电子商务正从单纯的信息平台逐渐演变成真正的交易平台。平台的会员企业会被买家和卖家认为是优先交易的标准，具有 B2B 平台参与的交易过程被认为是风险较低的选择。B2B 电子商务交易平台的代表公司是阿里巴巴。

2. 信息资讯服务模式

信息服务是互联网最重要的功能。网络使信息交流变得更加便捷，更多企业与个人上网是想获得更完备的信息资讯。通过信息资讯服务来聚集人气，以资讯平台来带动商务平台，这种模式即为信息资讯服务模式。国内信息资讯服务模式的代表公司是慧聪网。慧聪网利用其资讯采集优势，按照企业交易行为的要求，打破了原有的工商业目录，将行业进行重组，形成了慧聪网资讯频道。用户通过该平台，可以直接发布及搜集信息，极大地节省了搜集成本，如图 3-9 所示。

图 3-9 慧聪网

3. 行业专业服务模式

除了上述两种模式外，目前国内还有很大一部分 B2B 网站从事行业专业的网站，如中国化工网、全球五金网等。行业水平类 B2B 网站与行业垂直类 B2B 网站的区别就像综合市场与专业市场的区分一样。

行业专业 B2B 更关注于服务的整合，如"全球五金网"是五金类 B2B 网站的代表（如图 3-10 所示），它关注于向五金企业提供上网咨询服务，从而带动商务平台的形成。

图 3-10　全球五金网

中国化工网，如图 3-11 所示，是网盛生意宝依托研究团队和丰富行业信息资源，向客户提供专业、准确的数据调研及咨询服务的平台，旨在服务化工行业用户，以石化、化工企业、产品、市场的资讯、行情、数据为主导内容，并为客户量身定做、深度提供个性化服务的专业权威资讯。

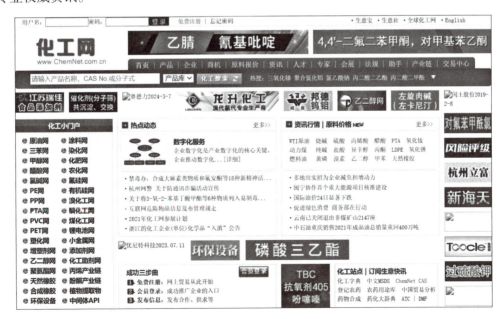

图 3-11　中国化工网

六、B2B 电子商务的利润来源

1. 会员费

企业通过第三方电子商务平台参与电子商务交易，必须注册为 B2B 网站的会员，每年要缴纳一定的会员费，才能享受网站提供的各种服务。目前，会员费已成为我国 B2B 网站最主要的收入来源。比如，阿里巴巴网站收取中国供应商、诚信通两种会员费；中国化工网、全球五金网等网站也会根据不同的会员类型收取金额不等的会员费。

2. 广告费

网络广告是门户网站的主要盈利来源，同时也是 B2B 电子商务网站的主要收入来源。阿里巴巴网站的广告根据其在首页的位置及广告类型来收费。中国化工网有弹出广告、漂浮广告、文字广告等多种表现形式可供用户选择。

3. 竞价排名

企业为了促进产品的销售，都希望在 B2B 网站的信息搜索中将自己的排名靠前，而网站在确保信息准确的基础上，会根据会员交费的不同对排名顺序作相应的调整。阿里巴巴的竞价排名是诚信通会员专享的搜索排名服务；中国化工网的化工搜索是建立在全球最大的化工网站上的化工专业搜索平台，同时采用搜索竞价排名方式，确定企业排名顺序。

4. 增值服务

B2B 网站通常除了为企业提供贸易供求信息以外，还会提供一些独特的增值服务，包括企业认证、独立域名、行业数据分析报告、搜索引擎优化等。例如，现货认证就是针对电子这个行业提供的一个特殊的增值服务，因为通常电子采购商比较重视库存这一块。

5. 商务合作

商务合作，包括广告联盟，政府、行业协会合作，传统媒体的合作等。广告联盟通常是网络广告联盟，亚马逊通过这种方式已经取得了不错的成效。但在我国，联盟营销还处于萌芽阶段，大部分网站对于联盟营销还比较陌生。国内做得比较成熟的几家广告联盟有百度联盟、谷歌联盟、淘宝联盟等。

七、阻碍中国 B2B 电子商务发展的因素

1. 基础设施有待进一步提升

中国电子商务发展已经进入世界先进行列，电子商务的各项基础设施，如信息技术、移动支付、通信、网络、物流等都有了较大改善，但与网络新零售的要求还有一定差距，如智慧物流设备的提升普及、农产品的低温保存运输、5G 通信技术的普及等。

2. 网上支付体系不完善

目前，中国缺乏统一的在线支付体系，虽然各家银行都推出了自己的网上支付方案，但相互之间难以互联互通。此外，由于传统的支付习惯及网络安全性的影响，一些企业拒绝网上支付，仍然采用传统的线下支付。

3. 信息匮乏

在中国，信息匮乏是一个普遍存在的问题，目前，缺少能为企业提供第三方信用等级信息的机构。由于相互之间不了解，会增加买卖双方以匿名方式进行 B2B 交易的风险性。

4. 各行业发展不均衡

（1）中国的大多数公司属于制造业，产品多为某个业务过程的中间产物，这些产品通过网络进行交易难度较大。

（2）中国的第三产业不发达，这就意味着第三产业的企业，如航空公司、银行等建立的以卖方主导的 B2B 电子商务网站发展潜力不大，难以单独从电子商务中获益。

知识拓展

从家电到智能交通全球化、海信 B2B 样本或是新契机

2021 年，海信集团与山东高速集团组成的联合体成功中标埃塞俄比亚首都亚智能交通系统改善项目。在未来近两年的时间内将助力亚的斯亚贝巴建设便捷高效的公共交通智能管理系统，提升交通基础设施建设水平，为当地市民带来更方便快捷的交通出行体验。

这是海信首个落地海外的智能交通项目。从连续 10 年中国第一到如今大踏步走出国门，一个立体全方位的科技海信正在深刻诠释着中国自信和中国力量。

海信智能交通全球化迎开门红，无疑成为其 B 端业务全球化重要的砝码之一。海信 B 端业务全球化并非是突然提速，而是基于海信集团"大头在海外"一盘棋的整体考量和具体举措，是海信以 C 端和 B 端双轮驱动，打通全球化深度和广度的利器。

大众熟悉的海信，主要是 C 端业务，包括国内市场占有率连续 17 年排名第一的海信电视，以及冰箱和空调等家电。而在看不见的 B2B 业务领域，海信智慧交通的市场占有率连续多年国内第一、海信是全球领先的光通信器件供应商、商用空调稳居国内多联机市场第一位。

目前，海信在精准医疗、光通信、商用多联机、汽车空调系统等 B2B 产业板块完成布局，形成了从以家电为代表的 B2C 产业为主到 B2C、B2B 并重的产业布局。

"二十年前海信就布局 B2B 的产业，今天 B2B 的产业利润占到海信集团总体利润的 40%，B2C 产业的利润 60%。"海信网络科技公司总裁如是说。

海信智能交通有哪些优势？

一是成为国家三大智能交通工程中心之一，海信是唯一入选的企业。目前全国从事智能交通的国家工程中心只有三个：交通运输部的科学院，公安部无锡所，被科技部批准的企业代表只有海信网络科技公司。

二是确定"大头在海外"战略中，智能交通及其他 B 端业务全球化提速是必然。自 1998 年切入智能交通领域以来，海信一直被认为是行业内具有软硬件产品基因、重视产品研发、技术投入的"优等生"代表。在国内的智能交通市场份额连续十年第一，技术和产品解决方案应用于全国 169 个城市。

三是海信智能交通在国内 36 个重要城市运行使用。包括港澳台在内的 39 个地区，直辖市或者是副省会级以上城市，其中 36 个城市都是使用海信智能交通业务。

此外，2020 年，中国交通健康指数同比变好的 10 大城市中，海信智能交通方案助力了

其中 5 个城市，占据了半壁江山。在赛文研究院发布的《2020 年中国道路交通信号机市场研究》报告中，其对 83 座城市最认可的交通信号机品牌进行调研发现，海信被 67 座城市用户选择，占总城市样本的 81%，位列第一。

四是参与设立国家标准。过去 32 项与智能交通有关的国标，是由海信智能交通牵头或者主导；公安交通指挥的 7 项标准，海信智能交通做了 4 项。海信成为中国首个 AI 联盟智能交通推进组组长，拥有我国唯一设立在企业中的国家级智能交通研究实验室。

五是多次参与国家重大项目。多次参与国家重大项目的交通保障。曾参与北京奥运会、青岛上合峰会、西安第十四届全运会交通保障等国家级项目，海信快速公交（BRT）智能系统在国内市场占有率高达 70%。

B 端业务是海信打开世界的另一扇大门

中国智能交通全球化，与家电产品的全球化有本质的不同。首先，家电属于直接面对用户的产品，而且中国家电的全球化更早，已经逐渐进入红利期，欧美市场更容易接受。

其次，中国智能交通全球化并没有样本可循，需要在前期做大量的市场培育和铺垫。

如果说，2006 年海信 C 端产品全球化是一次历史的转折，从此海信以自有品牌打开了世界的大门，那么海信智能交通则是以智慧城市敲开了通往世界的另一扇窗。

"我们现在提供的是解决方案。这些解决方案包括人工智能、大数据等新技术催生的技术变革，新的解决方案和新技术要走向市场，所以软技术会比较多。软件比较好，这也是利润增长的一个因素。"海信网络科技公司总裁说。

智能交通是全球化的下一步

近年来，中国智能交通行业头部企业加快走出去步伐，多以产品外贸或者随国家项目系统集成"借船出海"的方式。海信等以整体系统出海输出技术和模式可以说是出海 3.0 时代，在国外企业出售全球智能交通业务的背景下，折射出中国从交通大国向交通强国迈进的时代变迁，标志着世界智能交通进入"中国时代"。

客观地说，中国智能交通虽然有显著增长，但在过去二十多年时间受限于技术能力、人才储备等原因，中国交通管控技术和系统的研发、推广、应用总体上处于模仿、探索、蓄势阶段。

经过 20 余年的发展，中国智能交通由曾经全面引进国外企业技术，到现在向世界输出技术，这是中国从交通大国向交通强国迈进的体现，是中国智能交通行业发展的一个标志性事件。

（信息来源：从家电到智能交通全球化 海信 B2B 样本或是新契机 https://column.iresearch.cn/b/202112/926922.shtml）

模式二　B2C 电子商务

任务导入

引入案例 1　　电子商务给 DELL 带来了什么？

DELL 公司网站如图 3-12 和图 3-13 所示。

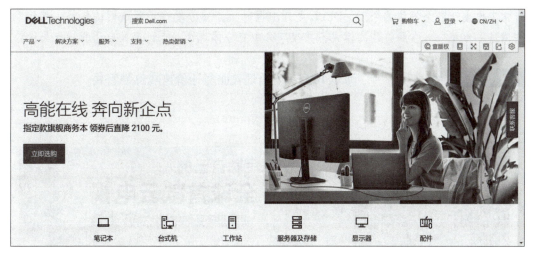

图 3-12　DELL 公司网站首页

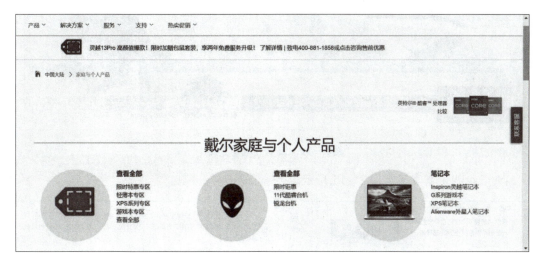

图 3-13　DELL 公司网站家庭与个人办公首页

总部设在美国得克萨斯州奥斯汀的 DELL 公司是全球领先的 IT 产品及服务提供商。DELL 电脑在全世界都有着惊人的销售额,在中国的 IT 市场上,它也是近几年来增长最快的电脑品牌之一。企业各个方面在电子商务上的应用,已经成为 DELL 重要的发展战略所在。在这方面 DELL 公司投入大,实践早,曾经提出了"向网络要生意"的口号,DELL 电脑在全球市场占有率力拔头筹。总之,电子商务方面的战略选择及应用使得 DELL 走向成功,并不断发展壮大。

DELL 的营销理念非常简单:他们按照客户要求制造计算机,直接发货给客户。DELL 公司重视准确高效地了解客户需求和迅速为客户做出回应。这种模式被其他一些企业称为"DELL 的销售模式",它摒弃了中间商和多级代理的分销渠道,采用"直销"的方式,减少了大量的中间成本、资源消耗与时间的浪费。

在世界范围内,DELL 的电子商务实践活动开展得非常早。1994 年,DELL 已经推出了 www.DELL.com 网站,并在 1996 年加入了电子商务功能,可以说是一个成功的 B2C 模式下的商务网站。1997 年,他们实现了在线销售额达到 100 万美元。在互联网概念铺天盖地地渗入人们日常工作生活各个领域的今天，DELL更是把握时机，充分发挥了互联网的优势。他们利用互联网进一步推广其在线订购的模式，并在广告中充分体现这一点，突显自己的特点与优势。

引入案例2　　海尔B2C——个性化服务让价格战偃旗收兵

海尔云电视页面如图3-14所示。

图3-14　海尔云电视页面

海尔云电视定制页面如图3-15所示。

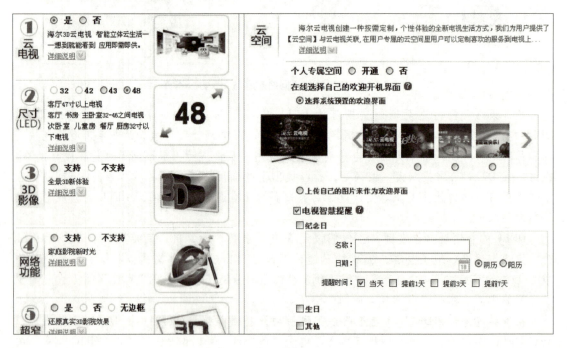

图3-15　海尔云电视定制页面

作为家电行业的骄子，海尔以其卓越的技术、优良的品质、遍及全球的服务网点，创造了中国家电业的一个时代。然而，市场是不断变化的，近几年来，价格战似乎成了国内许多行业自救的最后一根稻草。这种饮鸩止渴的做法不但不能救活企业，而且最终带来的是整个行业的亏损和质量的下降，最终导致的只能是行业的衰落。

在这场战争中不乏冷静之人，海尔就走出了一条 B2C 个性化服务之路，在中国家电业再次掀起"海尔旋风"。这种 B2C 式的个性化服务体现了以消费者为核心的思想，这也是海尔多年"以人为本"的思想在网络时代重放光彩。通过强大的 B2C 商务网络，海尔把自己与商家和消费者之间的距离大大缩短，千千万万梦想着有自己喜欢的家用电器的消费者能够参与设计，从而让海尔通过网络带给消费者一颗火热的心。

电子商务最核心的经营思想之一就是个性化服务，是把消费者从群演变为主角。这种理念不仅对网络企业如此，对传统企业仍然能带来滚滚财源，海尔的案例也正印证了这一点。从国际国内的电子商务实践分析，B2C 电子商务的真正前途在于传统企业的介入，海尔选择 B2C 也正是顺应了这一时代要求。

相关知识

一、B2C 电子商务概述

（一）B2C 电子商务的定义

B2C（Business to Customer）电子商务，是以互联网为主要手段，由商家或企业通过网站向消费者提供商品和服务的一种商务模式。消费者在家中通过与互联网相连的计算机，便可以在网上选购自己需要的商品，而不必亲自到商场去购买。B2C 电子商务由三个基本部分组成：为顾客提供在线购物场所的网上商场；负责为顾客所购商品进行商品配送的物流配送系统；负责顾客身份确认、货款结算的银行及认证系统。

（二）B2C 电子商务的形式

B2C 电子商务的基本业务形式主要有商家通过自建网站进行商品销售和通过网上电子交易市场进行交易两种。

通过自建网站完成商品销售又被称为网上商品直销，采用这一方式的代表性企业有海尔公司、DELL 公司。海尔公司通过在公司主页设置"海尔商城"完成网上商品销售，如图 3-16 所示；DELL 公司被称为"网上直销先锋"，通过公司网站向消费者提供电脑产品的个性化定制服务。

在我国，网上电子商务市场的典型代表为当当网（如图 3-17 所示）、京东商城（如图 3-18 所示）等。

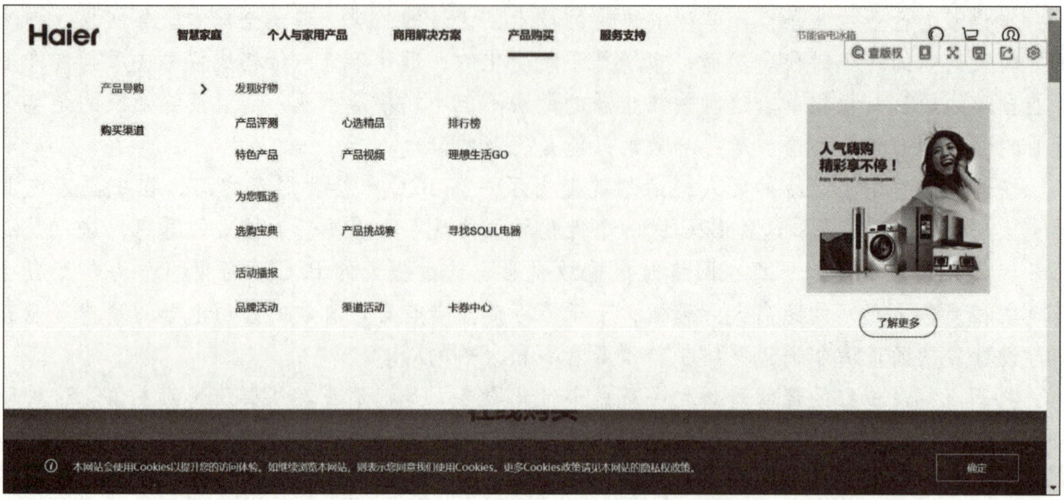

图 3-16　海尔网上商城

图 3-17　当当网主页

图 3-18　京东商城主页

我国知名 B2C 电子商务网站信息见表 3-1。

表 3-1　我国知名 B2C 电子商务网站信息

网站名称	服务范围
京东商城	图书、汽车家电、手机数码、电脑办公、家居、服装鞋帽、箱包首饰、化妆品、运动健康、母婴玩具、食品饮料、机票票务等
凡客诚品	男女服装、鞋、箱包首饰、生活百货等
1号店	食品饮料、化妆护理、母婴用品、家居、手机数码、家电、电脑办公、图书玩具、服装鞋帽、运动器械、机票票务等
当当网	图书、美妆个护、数码家电、母婴用品、家居家纺、服装鞋帽、百货等
D1 优尚网	男女服装、化妆品、首饰手表、女包、饰品
麦考林	男女服装、童装母婴、鞋包、配饰、内衣、家居、美容、运动保健等
银泰网上商城	服装、美妆、鞋帽、箱包、运动、配饰等
天猫商城	服装、鞋帽箱包、珠宝饰品、手表眼镜、化妆品、运动装备、手机数码、家电家居、家居建材、食品保健、母婴玩具、汽车配件、娱乐、文化、手机充值、网游点卡充值等
QQ 商城	美容美妆、男女服装、运动健身、家电数码、鞋包、配饰、家居、食品保健、母婴用品、文化、娱乐等
鹏程万里商城	鞋、服装、箱包首饰、汽车家电、手机数码、电脑办公、家居等
名牌特卖会	男女服装、家居、旅行

二、B2C 电子商务的基本业务流程

（一）网上商品直销的业务流程

网上商品直销是消费者和生产者或商家，直接利用网络这种形式所开展的买卖活动。其最大的特点是：供需直接见面、环节少、速度快、费用低。其直销过程可分为以下六个步骤。

（1）消费者进入互联网，查看网上商城或企业的主页。
（2）消费者通过购物对话框填写个人及商品信息。
（3）消费者选择支付方式。
（4）在线商店或企业的客户服务器确认汇款额是否被认可。
（5）在线商店或企业的客户服务器确认消费者付款后通知销售部门送货上门。
（6）消费者的开户银行将支付款项传递到消费者的信用卡公司，信用卡公司负责发给消费者收费清单。

以上过程中为了保证交易的安全，需要有一个认证机构对在互联网上交易的买卖双方进行认证，以确定其真实身份。

网上商品直销的不足之处：

（1）购买者只能从网络广告上判断商品的型号、性能、样式和质量，对实物没有直接的感知，在很多情况下可能产生错误的判断；有的生产者也可能用虚假广告来欺骗消费者。

（2）购买者用信用卡消费时，其个人信息可能会被盗取。

（二）通过网上电子交易市场进行交易的业务流程

这种交易是通过网上电子交易市场，建立起产品生产厂商与消费者之间的购物平台，再从产品的生产厂商处进货后销售给最终消费者，这种模式一般也称为亚马逊电子商务模式。其业务流程为：

（1）买卖双方将各自的供求信息通过网络发送到网络商品交易中心。
（2）买卖双方根据网络商品交易中心提供的信息，选择自己的贸易伙伴。
（3）网络商品交易中心从中撮合，促使买卖双方成交。
（4）买方在网络商品交易中心按市场支持的支付方式办理支付手续。
（5）指定银行通知网络商品交易中心买方货款到账。
（6）网络商品交易中心通知卖方将货物发送到设在离买方最近的配送部门。
（7）配送部门送货给买方。
（8）买方验证货物后通知网络商品交易中心货物收到。
（9）网络商品交易中心通知银行买方收到货物。
（10）银行将买方货款转交给卖方。
（11）卖方将回执转交给银行。

总的来讲，B2C 电子商务交易流程如图 3-19 所示。

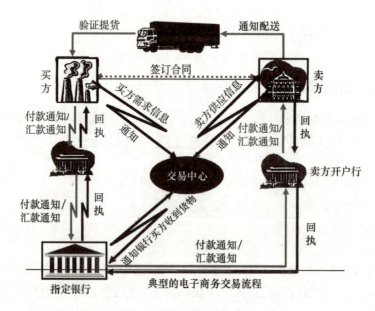

图 3-19　B2C 电子商务交易流程

（三）B2C 交易商品类型分析

随着 B2C 电子商务的发展，消费者对这一新型购物方式的接受程度日益提高，同时，越来越多的企业也希望通过自建网站或电子商务交易市场增加商品销售渠道，满足更多消费者的需求。但是由于受到网络及商品本身特点等因素限制，并非所有商品都适合这一销售模式。适合在线销售的商品的类型主要有以下几种。

淘宝直播推出"云发布会"，小米手机纯直播发布

1. 知识型产品

知识型产品即属于智力密集型产品，如电脑软件、图书等，这类产品目前在网络销售中占有一定份额。这是因为，知识型产品具有投入资本的有机构成高、利润率高的特点。目前，网络经济的市场环境发育尚不成熟，电子商务网站要保证其营销活动的顺利进行与发展，知识型产品也会成为首选的销售对象。

2. 受众范围较为广泛的产品

如果某一企业生产销售的是属于市场容量小、受众单一的产品，那么通过网上销售很难给企业带来盈利，反而会增加营销成本。因为，网络的特征之一就是要打破时空限制，让更多的人在较短的时间内获取对自己有用的信息和产品。如果企业产品的信息受众范围狭小，在网上只会受到极少量用户的关注，就会形成资源浪费，反而得不偿失。

3. 能被普遍接受的标准化产品

这类产品的特点在于，产品质量、性能易于鉴别，具有较高的可靠性，即使发生产品质量纠纷也易于解决。此外，此类商品的售后服务工作也易于开展，对厂家和消费者都较为有利。

数据显示，2021 年"双 11"全网交易额为 9 651.2 亿元，同比增长 12.22%。图 3-20 为 2016—2021 年"双 11"成交总额及增速统计。

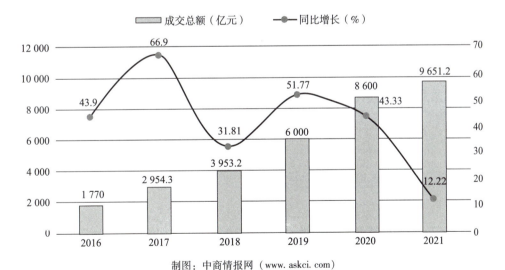

制图：中商情报网（www.askci.com）

图 3-20　2016-2021 年"双 11"成交总额及增速统计

从交易份额来看，2021 年"双 11"交易份额前三平台为阿里巴巴、京东、拼多多，交易份额占比分别为 57.8%、27.1%、6.4%。

截至 2021 年 11 月 11 日 23 时 59 分，京东"双 11"累计下单金额突破 3 491 亿元，超过

2020年同期。11月10日20时,在京东平台,家电成交额5分钟破20亿元,娱乐电视、分区洗洗衣机、新风空调、洗地机同比增长均超5倍,高端笔记本电脑成交额同比增长260%,婴幼儿食用油和调味品成交额同比增长了30倍。2021年"双11"销售排名TOP10如图3-21所示。

截至2021年11月11日24时,天猫"双11"总交易额达5 403亿元。在天猫,一批中小品牌销量实现跨越式增长。11月1日0时起,至11月11日23时,已有698个2020年成交额过百万元的中小品牌,2021年销售额突破千万元。

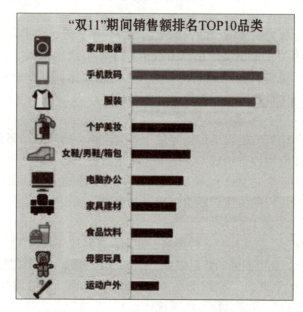

图3-21 2021年"双11"销售排名TOP10

2021年11月12日,中国人民银行发布数据显示,"双11"期间(11月1日至11月11日)网联、银联共处理支付交易270.48亿笔,金额22.32万亿元,分别同比增长17.96%和14.98%。11日网联、银联合计最高业务峰值9.65万笔/秒。"双11"期间,支付服务安全、高效、便捷,支付业务规模和居民消费稳步增长。

(信息来源:星图数据发布时间:2021-11-24 13:13,https://baijiahao.baidu.com/s? id=1717285156471379679&wfr=spider&for=pc 人民日报2021-11-12 10:02 http://www.mnw.cn/)

三、B2C电子商务模式的类型

(一)按企业和消费者买卖关系分类

按企业和消费者买卖关系分类,B2C电子商务的模式可分为卖方企业—买方个人的电子商务和买方企业—卖方个人的电子商务。

1. 卖方企业—买方个人的电子商务

这是商家出售商品和服务给消费者个人的电子商务模式。在这种模式中,商家首先在网站上开设网上商店,公布商品的品种、规格、价格、性能等,或者提供服务种类、价格和方式，由消费者个人选购，下订单，在线或离线付款，商家负责送货上门。这种网上购物方式可以使消费者获得更多的商品信息，虽足不出户却可货比千家，买到价格较低的商品，节省购物的时间。当然，这种电子商务模式的发展需要高效率和低成本的物流体系的配合。这种方式中比较典型的代表就是天猫商城，如图3-22所示。

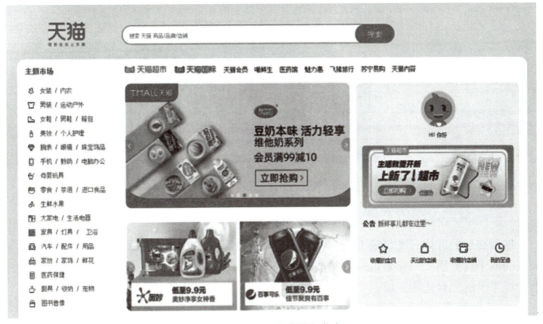

图3-22　亚马逊网上书店

2. 买方企业——卖方个人的电子商务

这是企业在网上向个人求购商品或服务的一种电子商务模式。这种模式应用最多的就是企业用于网上招聘人才，如智联招聘网、河北搜才网等，如图3-23、图3-24所示。在这种模式中，企业首先在网上发布需求信息，后由个人上网洽谈。这种方式在当今人才流动量大的社会中极为流行，因为它建立起了企业与个人之间的联系平台，使得人力资源得以充分利用。

图3-23　智联招聘网

图3-24 河北搜才网

（二）按照交易的客体分类

按照交易的客体分类可把 B2C 电子商务分为无形商品和服务的电子商务模式以及有形商品的电子商务模式。前者可以完整地通过网络进行，后者则不能完全在网上实现，需要借助传统手段的配合才能完成。

1. 无形商品和服务的电子商务

计算机网络本身具有信息传输和信息处理功能，无形商品和服务（如电子信息、计算机软件、数字化视听娱乐产品等）一般可以通过网络直接提供给消费者。无形商品和服务的电子商务模式主要有网上订阅模式、广告支持模式和网上赠予模式。

（1）网上订阅模式。消费者通过网络订阅企业提供的无形商品和服务，并在网上直接浏览或消费。这种模式主要被一些商业在线企业用来销售报刊、有线电视节目等。网上订阅模式主要包括以下三种。

① 在线出版（Online Publications）。出版商通过互联网向消费者提供除传统印刷出版物之外的电子刊物。在线出版一般不提供互联网的接入服务，只在网上发布电子刊物，消费者通过订阅可下载有关的刊物。这种模式并不是一种理想的信息销售模式。在当今信息大爆炸的时代，普通用户获取信息的渠道很多，因而对本来已经很廉价的收费信息服务敬而远之。因此，有些在线出版商采用免费赠送和收费订阅相结合的双轨制，从而吸引了一定数量的消费者，并保持了一定的营业收入。

② 在线服务（Online Services）。在线服务商通过每月收取固定的费用向消费者提供各种形式的在线信息服务。在线服务商一般都有自己特定的客户群体。例如美国在线（AOL）的主要客户群体是家庭用户，微软网络（Microsoft Network）的主要客户群体是 Windows 的使用者，订阅者每月支付固定的费用，从而享受多种信息服务。在线服务一般是针对一定的社会群体提供的，以培养消费者的忠诚度。在美国，几乎每台出售的电脑都预装了免费试用软件。在线服务商的强大营销攻势，使他们的用户数量稳步上升。

③ 在线娱乐（Online Entertainment）。在线娱乐商通过网站向消费者提供在线游戏，并收取一定的订阅费，这是无形商品和服务在线销售中令人关注的一个领域，也取得了一定的

成功。当前，网络游戏已成为网络会战的焦点之一，Microsoft、Excite、Infoseek等纷纷在网络游戏方面强势出击。事实上，网络经营者们已将眼光放得更远，通过一些免费或价格低廉的网上娱乐换取消费者的访问率和忠诚度。

（2）广告支持模式。在线服务商免费向消费者提供在线信息服务，其营业收入完全靠网站上的广告来获得。这种模式虽然不直接向消费者收费，但却是目前最成功的电子商务模式之一。雅虎等在线搜索服务网站就是依靠广告收入来维持经营活动的。对于上网者来说，信息搜索是其在互联网的信息海洋中寻找所需信息最基础的服务。因此，企业也最愿意在信息搜索网站上设置广告，通过点击广告即可直接到达该企业的网站。采用广告支持模式的在线服务商能否成功的关键是其网页能否吸引大量的广告，能否吸引广大消费者的注意。

（3）网上赠予模式。这种模式经常被软件公司用来赠送软件产品，以扩大其知名度和市场份额。一些软件公司将测试版软件通过互联网向用户免费发送，用户自行下载试用，也可以将意见或建议反馈给软件公司。用户对测试软件试用一段时间后，如果满意，则有可能购买正式版本的软件。采用这种模式，软件公司不仅可以降低成本，还可以扩大测试群体，改善测试效果，提高市场占有率。美国的网景公司（Netscape）在其浏览器最初推广阶段采用的就是这种方法，从而使其浏览器软件迅速占领市场，效果十分明显。

2. 有形商品的电子商务

有形商品是指传统的实物商品。采用这种模式，有形商品的查询、订购、付款等活动在网上进行，但最终的交付不能通过网络实现，还是用传统的方法完成。这种电子商务模式也称为在线销售。目前，企业实现在线销售主要有两种方式：一种是在网上开设独立的虚拟商店；另一种是参与并成为网上购物中心的一部分。有形商品的在线销售使企业扩大了销售渠道，增加了市场机会。与传统的店铺销售相比，即使企业的规模很小，网上销售也可将业务伸展到世界的各个角落。网上商店不需要像一般的实物商店那样保持很多的库存，如果是纯粹的虚拟商店，则可以直接向厂家或批发商订货，省去了商品存储的阶段，从而大大节省了库存成本。

四、我国B2C电子商务发展现状及行业特征

（一）我国B2C电子商务发展现状

物资保障不间断

1. 交易规模

根据易观分析发布的《中国网络零售B2C市场季度监测报告2021年第3季度》数据显示，2021年第3季度，中国网络零售B2C市场交易规模为21 128.7亿元人民币，同比增长13.0%，如图3-25所示。

2. 市场份额

2021年第3季度，天猫成交总额较2020年同期增长12.9%，占据市场份额64.2%，排名第一。京东成交总额较去年同期增长24.7%，其市场份额为28.5%，排名第二。唯品会排名第三，其市场份额为3.2%。苏宁易购和小米有品分别以1.9%和0.4%的市场份额位列第四和第五。2021年第3季度中国网络零售B2C市场交易份额如图3-26所示。

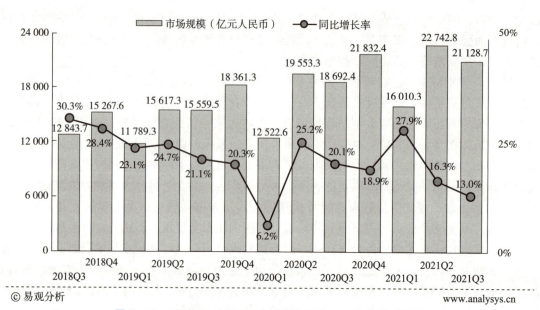

图 3-25 2018Q3—2021Q3 中国网络零售 B2C 市场交易规模

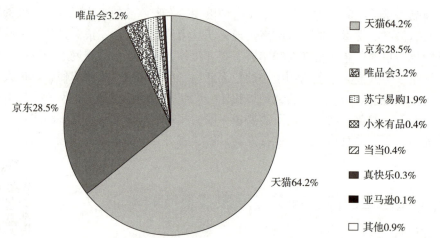

数据说明：①由于四舍五入的关系，份额加总可能不等于100%。②数据来源基于对行业内的专家深访、厂商征询以及相关公司财报，再由易观自有模型推算得出。③网络零售B2C市场仅包含了以B2C模式经营的独立品牌电商平台，未包含以C2C和B2C模式混合经营的电商平台。

图 3-26 2021 年第 3 季度中国网络零售 B2C 市场交易份额

（信息来源：易观国际 https://baijiahao.baidu.com/s? id = 1716593242022968055&wfr = spider&for = pc）

3. 我国 B2C 电商市场现状分析

（1）平台合作加强：唯品会、京东、腾讯三方合作深化

自从 2017 年年末腾讯、京东联合投资唯品会后，三方在 2018 年的合作进一步加强：3月4日，唯品会旗舰店进驻京东，腾讯在其微信钱包界面给予唯品会入口，京东也在其手机App 主界面和微信购物一级入口的主界面接入唯品会；4月17日，腾讯与京东共同发布京腾计划 3.0 营销解决方案及升级产品京腾魔方＋，助力品牌商实现更精准、智能且可持续的

一体化营销升级，为消费者提供一致性的消费体验；"4.19 唯品会全球特卖狂欢节"中，京东 App 端入口为活动全面开放，京东秒杀、闪购两个特色栏目引入了唯品会部分优质品牌，通过京东领券中心可领取优惠券、红包等福利。

（2）物流配送布局：京东、苏宁发力高效配送，唯品会扩大仓储布局

2018 年 4 月，京东物流正式推出"闪电送"时效产品体系，京东可以根据顾客收货地址进行自动识别，并匹配附近供货网点仓库发货，带有"闪电送"配送标识的商品可实现数分钟到几十分钟不等的送货上门；6 月，唯品会东北物流中心正式开仓，在中国境内已设立六大物流仓储中心；7 月，苏宁易购 818 物流发布会上，苏宁发布"百川计划""苏宁秒达""苏宁帮客家"三款产品，用仓储网串联起新场景，专注为消费零售提供高效基础设施服务；10 月，京东宣布在北上广三个城市全面开启个人快递服务，该业务采取全自营揽收团队。

（3）新零售业务发展：苏宁加速线下零售发展，天猫、京东布局家装新零售

2018 年，苏宁继续坚持线上线下融合的智慧零售模式，发展"一大、两小、多专"的店面业态产品族群。其财报显示，截至 6 月 30 日，苏宁已合计拥有各类自营门店超 4 800 家。9 月，京东与曲美联合打造的曲美京东之家北五环旗舰店开业，该店是京东曲美－时尚生活体验馆在供应链、智能体验、时尚生活等全方位、多维度的整体升级，探索无界零售可能性。10 月，居然之家与天猫联合召开新零售战略发布会暨"双 11"启动仪式，双方计划在 2018 年天猫"双 11"之前，完成对 27 个城市、41 家居然之家门店的数字化改造。

（4）各平台战略调整：天猫、唯品会确定核心战略，京东国际化合作加强

2018 年，唯品会回归"特卖 + 好货"战略。7 月其站内频道"唯品快抢"全新改版，以大牌好货和限时低价为特色，以服饰穿戴为核心，精选一二线城市的大牌爆品，同时向消费者提供深度折扣。8 月，在主站推出"最后疯抢"频道，主推深度折扣。2018 年 3 月，天猫宣布以新零售战略为核心，以品牌数字化转型和消费升级为驱动，天猫组织架构进一步升级。2018 年 6 月，京东表示集团正式和全球科技巨头谷歌签订了战略投资和合作协议，未来京东将与谷歌一起围绕零售创新展开全方位的深度合作，共同开拓国际零售市场。

（二）我国 B2C 电商行业发展趋势分析

1. B2C 仍是电商行业主流，品牌背书重要性将更突出

目前，电商行业发展进入成熟期，电商平台综合服务能力愈加突出。B2C 电商能从平台品控、物流配送等方面更好服务用户，未来其作为电商行业主流的情况仍将持续。而消费者对品质的追求越发明显。B2C 电商平台自身以及平台商品的品牌背书能力更受用户看重，品牌背书能力的提升也成为平台重要发展方向。

小米的微信营销

2. B2C 电商运营模式多样化发展，紧抓消费主流，特卖模式发展空间大

随着线上获客成本不断提高，B2C 电商平台纷纷创新运营模式，多种方法以及针对不同类型人群的运营模式出现。而针对主流消费者消费需求变化，特卖等能满足用户对优质、高性价比商品消费需求的运营模式未来将有较大发展市场，能否针对主流消费者进一步提升服务质量以及商品品控也成为平台竞争重点。

3. 平台发展渗透垂直领域，产品细分化趋势愈加明显

物流配送服务的提升使 B2C 电商平台有能力渗透到更多细分领域，而对不同垂直领域

商品的覆盖也使用户的个性化需求得到更好的满足。未来 B2C 电商行业产品细分化的趋势会更加明显，更多垂直电商平台会出现，而综合 B2C 电商平台也会利用自身资源优势渗透至各领域。

4. 线下场景成争夺重点，各平台继续加强布局新零售

无论是阿里对"饿了么"的收购，还是各 B2C 电商平台纷纷推出线下门店和提高配送效率，都显示出新零售业务的竞争趋向激烈，线下场景也成为竞争重点。新零售业务的发展是电商平台拓展线下流量，降低获客成本的关键，同时也是提升消费者体验的关键一环，未来各平台围绕新零售的布局将不断加强。

5. 结合本地化仓储提升物流效率，B2C 电商发展将更进一步

在各平台解决最后三公里配送问题后，其对于仓储物流布局继续加强，未来结合本地化仓储的模式将会更加明显。通过本地化配送服务支撑，远程物流的效率也将得到很大程度提升。随着物流配送效率的提高，未来 B2C 电商行业仍会有巨大的发展空间。

6. 提高高净值用户体验，平台会员服务打造升级

现阶段，B2C 电商平台纷纷推出会员服务。通过会员制度，平台能有效筛选高净值用户，针对该部分人群的各项会员权益能有效提升其体验，进一步增强平台高净值用户的黏性。同时随着人们付费观念普及，未来平台或更多针对不同人群推出分级会员服务，以进一步提升用户体验。

（三）我国 B2C 电子商务发展面临的挑战

第一，快捷、方便的服务特色不突出。B2C 电子商务的主要特点就是为消费者提供快捷、方便的网上购物环境，但目前 B2C 电子商务缺乏完善的后台传统服务的支撑，比如物流、配送等，商品不能及时配送到消费者手中，这往往是阻碍人们网上购物的重要原因。如果 B2C 电子商务不能在服务上比传统商务做得更好，不能为消费者节约交易时间，就根本没有任何和传统商务相比的优势。

第二，资金周转困难。除了专门化的网上商店外，消费者普遍希望网上商店的商品越丰富越好，为了满足消费者的需要，B2C 电子商务企业不得不花大量的资金去充实货源。而绝大多数 B2C 电子商务企业都是由风险投资支撑起来的，往往把电子商务运营的环境建立起来后，账户上的钱已所剩无几。这也是整个电子商务行业经营艰难的主要原因。

第三，定位不准。一是商品定位不准，许多 B2C 企业一开始就把网上商店建成一个网上超市，网上商品大而全，但由于没有比较完善的物流配送体系的支撑而受到严重的制约。二是客户群定位不准，虽然访问量较高，但交易额小。三是价格定位偏高。网上商店追求的是零库存，有了订单再拿货，由于订货的批量小，造成商品单位成本较高。

第四，网上支付体系尚待完善。网上购物的突出特点是实现资金的网上流动。从目前来看，我国电子商务在线支付仍有较大发展空间，在线支付依然存在某些安全隐患。第三方支付平台由于可直接支配交易款项，所以越权调用交易资金的风险始终存在。这种不完善的网上支付体系在一定程度上制约着 B2C 电子商务企业的发展。

第五，物流配送体系不完善。B2C 电子商务的又一特点是消费者足不出户，轻击鼠标，就可获得满意的商品。而这一过程的实现必须要有完善的物流配送体系的支撑。在这种形势下，许多 B2C 企业只好建立起自己的物流配送系统，但 B2C 企业要建立起自身的物流体系

必定要投入大量的资金和人力资源成本，这对资金周转本来就困难的 B2C 电子商务企业来说更是雪上加霜。目前，许多 B2C 电子商务企业在物流配送上只能将企业自己配送与借助第三方物流相结合，如卓越网、中国民生医药电子商务网等。

第六，信用机制和电子商务立法不健全。有的商家出于成本和政策风险等方面的考虑，将信用风险转嫁给交易双方，有的商家为了追求利益最大化发布虚假信息、扣押来往款项、泄露用户资料，有的买家提交订单后无故取消，有的卖家以次充好等现象常常发生。这些现象就是导致消费者对网上购物心存疑虑的根本原因。

近年来，B2C 电子商务网站的快捷、方便、低价，受到越来越多消费者的青睐。但是，由于网购时消费者往往不能见到实物，因此只能通过卖家的宣传及其他买家对产品的评价来选购商品。这就使得网上购物存在一些不确定性和风险，所以它也成为消费者投诉较多的消费方式之一。

（四）消费者对电子商务的投诉

1. 投诉数量分布

据"电诉宝"数据显示，2019—2020 年，受理的投诉案件数呈现负增长，2019 年同比下降 0.72%；2020 年同比下降 45.59%。这得益于国家不断出台相关法规政策，改善网络交易环境，倒逼新兴企业加强平台规范，强化消费者权益保护，同时，与我国监管部门加强互联网行业监管力度也有关系。

2013—2018 年全国电子商务投诉数量增长趋势，其中 2013 年同比增长 4%；2014 年同比增长 3.32%；2015 年同比增长 3.27%；2016 年同比增长 14.78%；2017 年同比增长 48.02%；2018 年同比增长 38.36%。2013—2020 年网络消费投诉数量增长趋势分布如图 3-27 所示。

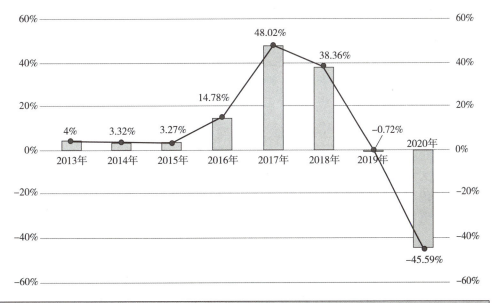

图 3-27　2013—2020 年网络消费投诉数量增长趋势分布

2. 投诉数量月度分布

据"电诉宝"数据显示,2020年1—12月受理的投诉案件数量占全年受理投诉总量分别为:1月(7.89%)、2月(10.70%)、3月(17.03%)、4月(10.99%)、5月(7.65%)、6月(8.96%)、7月(7.17%)、8月(6.69%)、9月(4.55%)、10月(5.44%)、11月(8.21%)、12月(4.71%)。其中,位于前五的月份依次为3月、4月、2月、6月、11月。

数据表明,2月和3月投诉明显增多,主要是受疫情影响,2020年年初线上消费迎来爆发式增长,尤其是防疫物品、生活用品等采购。6月和11月用户消费投诉明显增多的原因,是受电商造节营销活动的影响,"双11""618"等电商购物节带动消费的同时,数据"注水"、促销"套路"、刷单之嫌、售后不佳等声音"不绝于耳"。2020年全国网络消费投诉数量分布如图3-28所示。

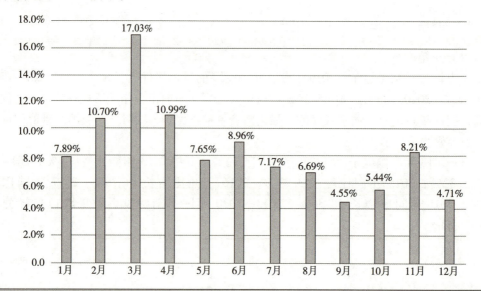

图3-28 2020年全国网络消费投诉数量分布

3. 投诉领域分布

据"电诉宝"数据显示,2020全年,国内网购投诉占全部投诉59.97%,比例最高;商家和平台间纠纷其次,占比12.04%;跨境网购投诉占比为7.57%;在线差旅投诉占比为4.70%;网络支付投诉占比为2.75%;物流快递投诉占比为2.29%;网络订餐投诉占比为1.18%;网络传销投诉占比为0.83%;分期消费投诉占比为0.71%;网贷投诉占比为0.45%;银行电商投诉占比为0.43%;网络用车投诉占比为0.19%;其他类投诉占比为7.57%。

2020年全年共计受理580家互联网平台用户投诉。其中,零售电商有350家,生活服务为135家,金融科技平台为36家,电商物流企业为28家,其他为31家。

从这组数据中了解到,国内网购占据互联网行业主导地位,体量大投诉也较为集中。跨境网购因其特殊性在物流配送、商品质量等问题上也屡遭消费者投诉。此外,在线差旅因疫情原因衍生出退票难等难题。2020年网络消费投诉领域分布如图3-29所示。

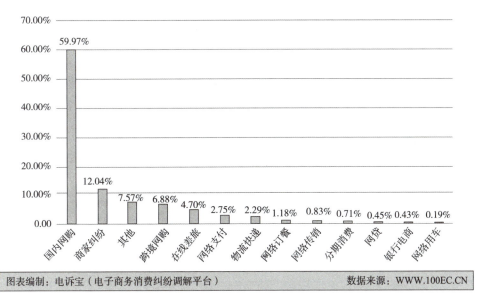

图 3-29 2020 年网络消费投诉领域分布

4. 投诉领域年度分布

据"电诉宝"监测数据显示，2020 年零售电商类投诉占全部投诉 64.05%，比例最高；生活服务电商紧随其后，占据 20.59%；跨境电商占比为 8.45%，为第三大用户投诉领域；金融科技占比 3.61%，物流快递占比 1.85%，其他（如 B2B/网络贸易等）占 1.45%。

2020 年全年零售电商类投诉占投诉总量的一半以上，依旧是网络消费最热门投诉领域；其次，生活服务电商类较往年曾上升趋势，尤其是在线旅游、在线教育以及在线外卖这三个行业乱象较为显著；跨境网购随着消费升级火热程度上升，数据表明消费投诉一定程度上与消费活跃度成正比。2016—2020 年网络消费投诉领域分布如图 3-30 所示。

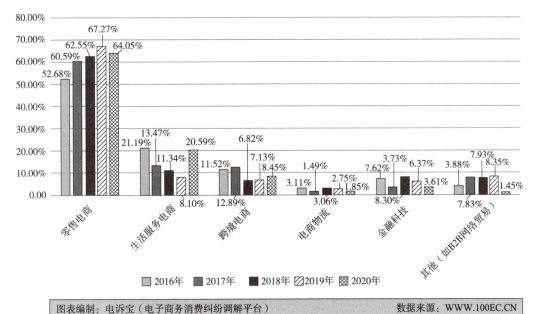

图 3-30 2016—2020 年网络消费投诉领域分布

5. 投诉地区分布

据"电诉宝"数据显示，2020 年全年，来自以下地区的用户投诉最为密集，分别是：广东省（14.04%）、江苏省（7.63%）、浙江省（7.24%）、山东省（6.69%）、上海市（6.31%）、北京市（6.17%）、四川省（4.59%）、河南省（3.99%）、湖北省（3.86%）、福建省（3.70%）为"全国十大热点网络消费投诉地区"，辽宁省、河北省、湖南省、陕西省、安徽省、江西省、山西省、广西壮族自治区、重庆市、黑龙江省依次排名。2020 年全国 TOP20 网络消费投诉热点地区如图 3-31 所示。

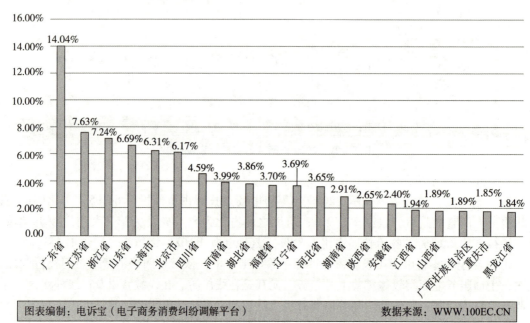

图 3-31　2020 年全国 TOP20 网络消费投诉热点地区

网络消费投诉主要集中地区为江浙、北上广地区，与当地的网络购物热度有直接关联，占比达 41.39%。可以看出，受经济实力、文化教育水平和社会文化的影响，各地的网络消费维权也不尽相同。

6. 投诉金额区间分布

据"电诉宝"数据显示，2020 年全年，网络消费纠纷涉及金额 100～500 元的占比为 25.02%；其次为 1 000～5 000 元，占比为 21.94%；0～100 元占比为 17.84%；500～1 000 元占比为 10.85%；10 000 元以上为 7.45%；5 000～10 000 元占比为 6.59%；未选择金额占比为 10.31%。

多数用户网络消费纠纷涉及金额在 100～500 元，表明网络消费单笔订单在该区间的占多数，集中在小件物品、衣服饰品等客单价相对平衡的品类上。5 000～10 000 元区间的投诉多为购买 3C 数码、大家电类消费纠纷。2020 年网络消费投诉金额分布如图 3-32 所示。

7. 投诉用户性别比例分布

据"电诉宝"数据显示，2020 年女性用户投诉比例为 53.65%，男性用户投诉比例为 46.35%。

2012—2019 年，男性用户投诉占比均超过女性用户投诉占比，其中 2012 年，男女投诉

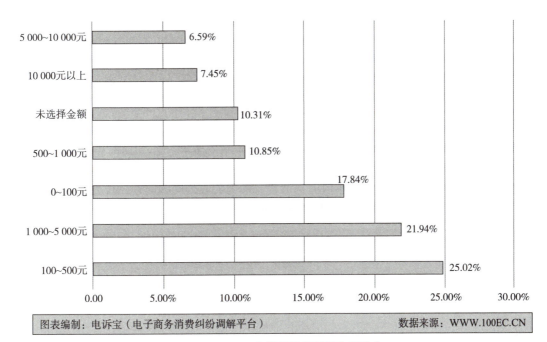

图 3－32　2020 年网络消费投诉金额分布

占比相差最大，为 37%，2016 年男女投诉占比相差最小，为 0.73%。2012—2020 年网络消费投诉用户男女对比如图 3－33 所示。

近年来，男性用户的网购频次、规模越来越大，而男性的维权意识更强，出现消费纠纷时维权更积极。

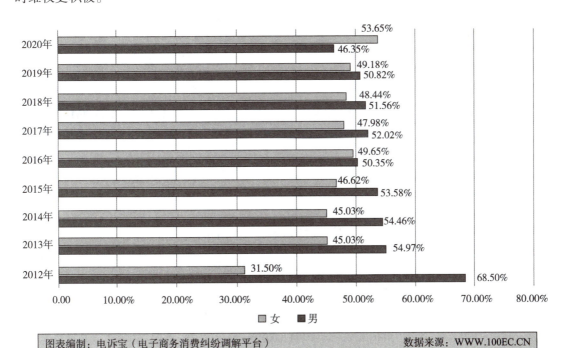

图 3－33　2012—2020 年网络消费投诉用户男女对比

8. TOP20 热点投诉问题

据"电诉宝"数据显示，2020 年，全国网络消费 TOP20 热点投诉问题为退款问题（28.26%）、商品质量（9.95%）、发货问题（9.83%）、网络欺诈（8.30%）、售后服务（6.13%）、网络售假（5.82%）、霸王条款（5.46%）、虚假促销（4.51%）、退换货难（4.27%）、订单问题（3.57%）、货不对板（2.72%）、物流问题（2.04%）、客服问题（1.62%）、冻结商家资金（1.17%）、退店保证金不退还（1.05%）、恶意罚款（0.85%）、发票问题（0.56%）、信息泄露（0.44%）、高额退票费（0.29%）、其他（2.95%），如图 3-34 所示。

退款问题、商品质量、发货问题依旧是消费者最为关心的网购问题，位列热点投诉问题前三；商品质量从 2020 年同期的第三大热点投诉问题上升为第二，表明电商商品质量依旧难保障。

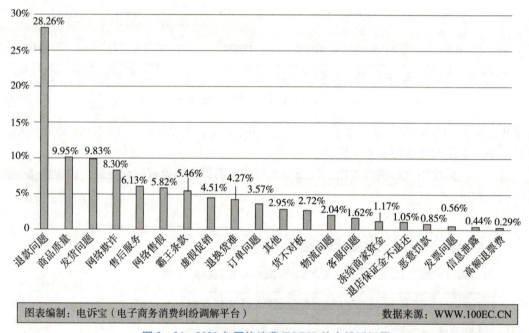

图 3-34　2020 年网络消费 TOP20 热点投诉问题

（信息来源：网经社 2020 年度中国电子商务用户体验与投诉监测报告，http://www.100ec.cn/zt/2021yhtsbg/）

9. 2020 年全国零售电商 TOP50 消费评级榜

2020 年全国零售电商 TOP50 消费评级榜如图 3-35 所示。

2020 年全国零售电商 TOP50 消费评级榜					
排名	平台名称	平台反馈率	回复时效性	用户满意度	综合指数	评级
1	海狐海淘	100.00%	0.860	10.000	0.958	建议下单
2	途虎养车	100.00%	1.000	7.400	0.952	建议下单
3	小红书	100.00%	1.000	6.870	0.945	建议下单

图 3-35　2020 年全国零售电商 TOP50 消费评级榜

| 2020年全国零售电商TOP50消费评级榜 |||||||
排名	平台名称	平台反馈率	回复时效性	用户满意度	综合指数	评级
4	苏宁易购	100.00%	0.985	7.037	0.943	建议下单
5	蘑菇街	100.00%	0.911	8.000	0.933	建议下单
6	达令家	100.00%	1.000	6.000	0.930	建议下单
7	有赞	97.87%	0.961	6.000	0.912	建议下单
8	唯品会	100.00%	0.980	3.818	0.885	建议下单
9	i百联	100.00%	1.000	3.333	0.880	建议下单
10	当当	100.00%	0.968	3.600	0.879	建议下单
11	微拍堂	100.00%	0.986	2.857	0.870	建议下单
12	绿森商城	100.00%	0.966	2.831	0.864	建议下单
13	Bonpont	100.00%	1.000	2.000	0.860	建议下单
13	海淘1号	100.00%	1.000	2.000	0.860	建议下单
15	京东	100.00%	0.905	3.225	0.852	建议下单
16	小米有品	100.00%	0.750	5.333	0.842	建议下单
17	洋码头	99.20%	0.893	2.727	0.837	建议下单
18	红布林	100.00%	0.890	2.000	0.827	建议下单
19	华为商城	91.30%	0.748	6.000	0.809	建议下单
20	拼多多	98.05%	0.695	4.098	0.796	建议下单
21	Feelunique	86.36%	0.864	3.333	0.774	建议下单
22	丰趣海淘	100.00%	0.520	4.667	0.763	建议下单
23	网易严选	84.21%	0.642	6.667	0.754	建议下单
24	本来生活	76.47%	0.718	4.800	0.706	谨慎下单
25	孩子王	87.50%	0.650	2.000	0.693	谨慎下单
26	亚马逊	78.57%	0.757	2.000	0.680	谨慎下单
27	寺库	95.92%	0.245	5.500	0.673	谨慎下单
28	一品威客	100.00%	0.250	2.000	0.635	谨慎下单
29	店宝宝	73.33%	0.660	2.000	0.625	谨慎下单
30	熊猫生活	70.00%	0.620	3.500	0.621	谨慎下单
31	华硕商城	62.50%	0.625	2.000	0.560	谨慎下单
32	有货	85.71%	0.143	2.000	0.531	谨慎下单

图3-35 2020年全国零售电商TOP50消费评级榜（续）

2020年全国零售电商TOP50消费评级榜					
排名	平台名称	平台反馈率	回复时效性	用户满意度	综合指数	评级
33	花礼网	60.00%	0.600	0.000	0.480	谨慎下单
34	海豚家	91.43%	0.029	0.000	0.479	谨慎下单
35	贝贝（贝店）	80.00%	0.200	0.000	0.460	谨慎下单
36	抖音	34.48%	0.179	10.000	0.426	谨慎下单
37	找靓机	62.50%	0.250	0.000	0.388	不建议下单
38	微盟	38.89%	0.311	2.000	0.348	不建议下单
39	优购	21.43%	0.114	10.000	0.341	不建议下单
40	德国w家	40.00%	0.100	0.000	0.230	不建议下单
41	每日优鲜	10.34%	0.103	6.000	0.203	不建议下单
42	好乐买	25.00%	0.167	0.000	0.175	不建议下单
43	国美	23.08%	0.177	0.000	0.168	不建议下单
44	屈臣氏	14.29%	0.143	0.000	0.114	不建议下单
45	转转	10.77%	0.108	0.000	0.086	不建议下单
46	考拉海购	2.78%	0.028	0.000	0.022	不建议下单
47	杂志猫	0.00%	0.000	0.000	0.000	不予评级
47	全球自选	0.00%	0.000	0.000	0.000	不予评级
47	全民海淘	0.00%	0.000	0.000	0.000	不予评级
47	网络游戏服务网	0.00%	0.000	0.000	0.000	不予评级

备注：
1. 综合指数 = 平台回复率 * 0.5 + 回复时效性 * 0.3 + 用户满意度/10 * 0.2。
   1.1 平台回复率：平台移交给被投诉电商用户投诉，被投诉电商的有效回复率。
   1.2 回复时效性：平台回复时间小于72小时为1.0，回复时间大于72小时且小于120小时为0.6，回复时间大于120小时为0。
   1.3 用户满意度：10分满分制，数据只截取已评分的用户投诉，未评分的用户投诉将不纳入满意度数据基数的统计。
2. 评级划分由综合指数高低决定，不建议下单∈[0, 0.4)，谨慎下单∈[0.4, 0.75)，建议下单∈[0.75, 1.0]。对未入驻或未取得售后联系方式的电商平台"不予评级"。
3. 由于投诉量的多少与平台的市场占有率有直接关联，故投诉量不列入评级统计范畴。
4. 本榜单所有数据均由系统后台根据各电商平台上述行为，依据上述模型算法自动生成，不受任何人工因素影响。

图表编制：电诉宝（电子商务消费纠纷调解平台）　　　　数据来源：WWW.100EC.CN

图3-35　2020年全国零售电商TOP50消费评级榜（续）

模式三　C2C 电子商务

任务导入

导入案例 1

说到 C2C 电子商务模式，就不能不谈到 eBay。1995 秋天，位于美国硅谷中心的圣何西冒出了一家名不见经传的小公司。公司开始只是一个黑白页面的网站，员工总共 19 人，外加一个当时看起来还不错的商业点子——网上拍卖。如今，硅谷的商业网站多数已经消亡，但 eBay 不仅活得有声有色，而且创造了世界电子商务的奇迹：每年商业利润都在稳健增长。

eBay 开业一年实现盈利，1998 年它的净利润已经达到 240 万美元，同年 9 月 eBay 就在纳斯达克上市（当时股价为 18 美元），股价曾一度攀升至 200 美元以上。

在 eBay，每天都有数以百万的家具、收藏品、电脑、车辆在 eBay 上被刊登、贩售、卖出。有些物品稀有且珍贵，然而大部分的物品可能只是个布满灰尘、看起来毫不起眼的小玩意。这些物品常被他人所忽略，但如果能在全球性的大市场贩售，那么其身价就有可能水涨船高。只要物品不违反法律或是在 eBay 的禁止贩售清单之内，即可以在 eBay 刊登贩售。服务及虚拟物品也在可贩售物品的范围之内。eBay 推翻了以往那种规模较小的跳蚤市场，将买家与卖家拉在一起，创建了一个永不休息的市场。由 eBay 首创的这种通过电子商务平台完成的消费者之间的商品交易称为 C2C 电子商务模式。美国 eBay 公司网页如图 3-36 所示。

图 3-36　美国 eBay 公司网页

导入案例 2　　　　　易趣——中国 C2C 电子商务的创始

1999 年 8 月,易趣在上海成立,主营电子商务,由邵亦波及谭海音创立。两人同为上海人,毕业于美国哈佛商学院。2000 年 2 月,易趣在全国首创 24 小时无间断热线服务;2000 年 3 月至 5 月,与新浪结成战略联盟,并于 2000 年 5 月并购 5 291 手机直销网,开展网上手机销售,使该业务成为易趣特色之一。2002 年,易趣与 eBay 结盟,更名为 eBay 易趣(如图 3-37 所示),并迅速发展成国内最大的在线交易社区。

图 3-37　eBay 易趣网

秉承"帮助几乎任何人在任何地方能实现任何交易"的宗旨,eBay 易趣不仅为卖家提供了一个网上创业、实现自我价值的舞台,品种繁多、价廉物美的商品资源,也给广大买家带来了全新的购物体验。

2006 年 12 月,eBay 与 TOM 在线合作,成立新的合资公司,于 2007 年下半年推出为中国市场定制的在线交易平台易趣。

2010 年 2 月,易趣正式推出海外代购业务,为买家提供代购美国购物网站商品的服务。

2012 年 4 月,易趣不再是 eBay 在中国的相关网站,易趣为 Tom 集团的全资子公司,易趣网站提供的各项服务均不受影响。

相关知识

一、C2C 电子商务的含义

C2C(Consumer To Consumer)电子商务,是指消费者与消费者之间通过互联网开展的电子商务。C2C 交易是电子商务中最活跃的交易行为，其特点类似于现实商务世界中的跳蚤市场。C2C 电子商务网站就是为个人商品交易提供的网络平台。我国 C2C 电子商务的典型代表是淘宝网（如图 3-38 所示）。

图 3-38　淘宝网首页

二、C2C 电子商务的特点

1. 参与者多、覆盖面广

从理论上说，C2C 电子商务是最能体现互联网的精神和优势的，数量巨大、地域不同、时间不一的买方和同样规模的卖方通过一个平台找到合适的对家进行交易，在传统领域要实现这样大的工程几乎是不可想象的。与传统的市场相比，它不再受到时间和空间的限制，节约了大量的市场沟通成本，其价值是显而易见的。

2. 商品信息多，质量参差不齐

C2C 网站有着数量众多的待出售的物品，不仅有人们日常生活中的常用物品，如衣服、鞋帽、化妆品、家电、书籍，等等，也有各种各样的新鲜玩意，如游戏点卡、个人收藏、顶级奢侈品，等等。此外，商品的质量也是参差不齐：既有全新的，也有二手的；既有正品的，也有仿冒的；既有大工厂统一生产的，也有小作坊个人制作的。总之，C2C 电子商务网站把传统的大商场、特色小店、地摊和跳蚤市场统统融合在了一起。因此，商品信息也是相当庞杂。

3. 交易方式十分灵活

C2C 电子商务不同于传统的消费交易方式。过去卖方通常具有决定商品价格的优势，而消费者的议价空间十分有限，C2C 电子商务网站的出现，使得消费者也有决定商品价格的权力，并且可以通过消费者相互之间的竞价结果，让价格更有弹性。因此，通过这种网上竞拍的方式，消费者在掌握了议价的主动权后，可以获得更多的实惠。

4. 能够广泛地吸引用户

打折永远是吸引消费者的制胜良方。由于拍卖网站上经常有商品打折，对于注重实惠的中国消费者来说，这种网站无疑能引起消费者的关注。对于有明确目标的消费者（用户），他们会受到利益的驱动而频繁光顾 C2C；而那些没有明确目标的消费者（用户），他们会为了享受购物过程中的乐趣而流连于 C2C。如今 C2C 网站上已经存在不少这样的用户。他们并没有什么明确的消费目标，他们花大量时间在 C2C 网站上游荡只是为了看看有什么新奇的商品，有什么商品特别便宜，对于他们而言，这是一种很特别的休闲方式。因此，就吸引"注意力"的能力来说，C2C 的确是一种能吸引眼球的商务模式。

三、C2C 电子商务的盈利模式

近年来，虽然 C2C 模式的交易量很大，但现阶段国内的 C2C 电子商务网站还没有清晰而明确的盈利模式。从 C2C 电子商务发展的长远角度出发，没有盈利，再大的交易量也无法保持健康持续的发展。这是因为买家、卖家和电子交易平台提供商三者相互依存，密不可分，共同构成了 C2C 电子商务模式的基本要素。对于 C2C 电子商务而言，买卖双方只要能够进行交易，就有盈利的可能，该模式也就可以继续存在和发展。但是，这个前提是必须保证 C2C 电子商务平台提供商实现盈利，否则，这个模式就会失去存在和发展的基础。

目前来看，美国 eBay 公司、TOM 易趣，中国台湾的雅虎奇摩等公司，是 C2C 网络拍卖市场中已经形成的比较健康而成熟的盈利模式，即广告 + 会员服务费 + 增值服务收入。其中，广告收入是针对品牌或企业广告主；会员服务费主要是针对买卖双方；增值收入面向的是用户中的高级细分用户群，见表 3－2。

表 3－2　C2C 电子商务的盈利模式

盈利模式	收费内容	收入的具体形式
广告收入	广告费用	推荐位费用、竞价排名
	搜索费用	关键字搜索
会员服务收入	店铺费用	年租费/月租费
	交易服务费	按交易金额提取一定比例
	商品登录费	产品图片发布费、橱窗展示费
增值服务收入	特别服务费	产品的特色展示费用
	服务收费	物流服务收费、支付交易费用

目前，就我国 C2C 电子商务模式发展现状而言，虽然仍以免费为主流，但是收费是必然趋势。因为，收费至少可以产生两方面效应：一方面，能提高网上经营的诚信度，由于门槛儿提高，随意开店、靠虚假交易骗取诚信积分等现象将有所好转；另一方面，网站一旦拥有费用来源，便可以很好地加强和稳定网站各方面的建设，包括企业文化建设、顾客关系管理、知识产品权保护等，壮大网络成长的力量。

四、C2C 电子商务发展中存在的问题

C2C 电子商务模式虽然具有很大的发展潜力，但是它仍然面临许多问题，并且，这些问题如果不能得到妥善解决，可能影响和制约 C2C 电子商务的发展。

1. 法律制度有待完善

网上交易、电子商务都是近几年才出现的新鲜事物，各国都在积极探讨制定合适的法律来规范电子商务的行为。目前，由于法律不完善，不仅使参与网上交易的个人权益得不到保障，而且会使网上拍卖成为一种新的销赃手段。

2. 交易信用与风险的控制

互联网跨越了地域的局限，把全球变成一个巨大的"地摊"，而互联网的虚拟性决定了C2C的交易风险更加难以控制。同样以 eBay 为例，根据统计，在其每 25 000 件交易中就会发生一起诈骗案件。网络诈骗在 C2C 方面已经到了比较严重的地步。这时，电子交易平台提供商必须占据主导地位，建立起一套合理的交易机制，一套有利于交易在线达成的机制。

3. 在线支付方式的比例有待进一步提高

根据中国互联网络信息中心发布的《第 48 次中国互联网络发展状况统计报告》显示，截至 2021 年 6 月，我国网络支付用户规模达 8.72 亿，较 2020 年 12 月增长 1 787 万，占网民整体的 86.3%，但这与我国 10.11 亿的网民规模存在较大差异。

近年来，随着我国电子商务的发展、网络基础设施的逐步完善以及网络通信技术水平的不断提高，人们的消费方式发生了较大改变，网上支付比例与前些年相比也有大幅度提升，但从目前网站的交易情况来看，仍有一部分网民对网上支付心有余悸。虽然线下支付已不是不主流，但是由于网络的安全性、网上认证及网上支付体系仍存在一定漏洞，因此，无法消除用户对交易安全性的顾虑。这在一定程度上影响和制约了 C2C 电子商务的发展。

4. 技术实力有待提高

由于互联网的特点，基于互联网开展业务的公司必须具备很强的技术实力。对于 C2C 电子交易平台提供商来说，技术更是至关重要。只有拥有先进的技术，才能保证网络服务的不间断、保证用户资料的完整和准确，才能为用户提供更为安全和理想的交易环境。

在这方面，eBay 拥有痛苦的经验。1999 年夏天，eBay 网站陷入瘫痪，拍卖活动中断了 22 个小时。这次灾难给 eBay 留下了难以磨灭的痛苦回忆：交易费用损失了几百万美元，股票市值蒸发数十亿美元。随后，eBay 公司制定了一项至关重要的原则：必须保证网站稳定安全运行，每天 24 小时，每周 7 天不间断。

5. 国人的消费习惯有待进一步改变

根据中国互联网络信息中心发布的《第 48 次中国互联网络发展状况统计报告》显示，我国 30~39 岁网民占比为 20.3%，在所有年龄段群体中占比最高，他们愿意尝试和接受各种新鲜事物，是网络购物的主力军。40~49 岁、20~29 岁网民占比分别为 18.7% 和 17.4%，如何调动他们的积极性，改变其消费和购物习惯是中国电子商务发展中需要解决的主要问题。

6. 国人的经济实力不高

目前，我国平均经济水平仍然不高，国人手中真正有较高利用价值的二手商品并不多。纵观 C2C 电子商务网站，很大一部分是商家借这个平台在推销其产品，包括全新的、翻新的，等等。由于经济水平不高，即便是二手货物，在网上的报价依然很高，完全没有体现出二手物品的价格优势。不高的性价比，让很多人对二手货物失去兴趣。

目前，国内电子商务水平并不高，而且由于法律环境、经济实力、消费习惯等的影响，C2C 电子商务模式的发展并非一帆风顺。但是，由于 C2C 电子商务模式具有足够的营利潜力，能够为买卖双方和电子交易平台提供商带来实实在在的实惠和利润，必将得到越来越广的应用。

五、C2C 电子商务交易平台的作用

在 C2C 电子商务模式中，电子商务交易平台提供商发挥着举足轻重的作用。

首先，网络的范围如此广阔，如果没有一个知名的、受买卖双方信任的供应商提供平台，将买卖双方聚集在一起，双方单靠在网络上漫无目的地搜索很难发现彼此，并且也会失去很多的机会。

其次，电子商务交易平台提供商往往扮演着监督和管理的职责，负责对买卖双方的诚信进行监督和管理，负责对交易行为进行监控，最大限度地避免欺诈等行为的发生，保障买卖双方的权益。

2010 年，"3·15"国际消费者权益日到来前夕，淘宝启动了规模浩大的"打假行动"——买到假货先行赔付。3 月 8 日，淘宝网宣布，其发起建立的消费者维权平台正式上线，并向消费者承诺"你敢买，我敢赔"。消费者在淘宝上任何一家店铺购物出现问题，经淘宝核实后，即动用保障基金先行赔付。先行赔付作为一种新的网络规则，颠覆了传统商业模式下的诚信体系。通过这一制度，直接减少了买家退款过程中的繁杂程序。为此，淘宝投入 1 亿元人民币。

再次，电子商务交易平台提供商能够为买卖双方提供技术支持服务：帮助卖方建立个人店铺、发布产品信息、制定定价策略等；帮助买方比较和选择产品以及电子支付等。正是由于有了这样的技术支持，C2C 电子商务模式才能在短时间内迅速为广大用户所接受。

最后，随着 C2C 电子商务模式的不断成熟与发展，电子商务交易平台提供商能够为买卖双方提供保险、借贷等金融类服务，更好地为买卖双方服务。

例如，随着我国经济结构调整的推进，中小企业成为全社会关注的重点。在这样的背景下，依托互联网式的数据化运营模式，为中小企业提供信用贷款的新公司模式——浙江阿里巴巴小额贷款股份有限公司（简称阿里贷款）应运而生。

阿里贷款是由阿里巴巴联合中国建设银行、中国工商银行等多家中资银行，将中小企业信贷和电子商务信用体系、互联网运营机制相结合，推出的无抵押、利息低、获贷额度高、零门槛、方便快捷的贷款。阿里贷款的核心是依托于母公司阿里巴巴积累的庞大电子商务数据库，建立一套对贷款风险的控制机制，除了处罚措施以外，还包括贷前风险评估、贷中风险监控预警和贷后风险处理等标准流程，从而帮助数千万在阿里巴巴平台上的电子商务企业解决融资难的问题。

传统中小企业融资模式，尤其是小企业融资，面临的最大问题是缺少掌握小企业真实经营情况的数据支持，特别是很多小企业由于种种原因缺乏成熟的会计和财务制度，甚至根本没有账目，导致对于企业贷款的风险控制困难重重。而阿里巴巴平台上的企业每一笔交易都能在电子商务平台数据库中得到体现。换句话说，通过电子商务平台，阿里贷款可以

掌握企业真实的财务数据和第一手经营情况,从而解决小企业在融资中信用调查成本高、风险难以预测的两大障碍,也帮助中小企业解决信贷支持少、直接融资渠道窄的问题。在过去三年里,阿里金融通过与银行合作和自营方式已经为小企业提供了累计268亿元的贷款。

因此,在C2C模式中,电子商务交易平台提供商是至关重要的一个角色,它直接影响这个商务模式存在的前提和基础。同时,电子商务交易平台的生存与发展同样要依存于C2C买卖双方。平台提供商的利润来源,无非是广告、佣金、会员费、服务费以及金融服务的利润,这些均来自买卖双方,即购买平台提供商服务的消费者。因此,平台提供商必须为其会员提供更加完善和个性化的服务,最大限度地提高会员的忠诚度,并不断开发新会员。以eBay为例,eBay目前有5 800万的用户,而且每月以300万人次的数目增长。公司业务已经扩展到欧洲、南美、亚洲、大洋洲等地,这些是eBay不断发展壮大的基础。它的广告收入只占总收入的5%,其余的利润,大都产生在商品交易的过程中。

六、B2C 与 C2C 电子商务比较

B2C 与 C2C 电子商务模式比较见表 3-3。

表 3-3 B2C 与 C2C 电子商务模式的比较

比较	B2C 电子商务	C2C 电子商务
优势	产品质量比较有保证; 比较容易获得信任	灵活; 资源多、产品多; 成本低,价格低
劣势	产品相对局限性; 自身参与物流、客服等,成本高; 产品价格高	产品质量参差不齐; 卖家门槛低,不能完全保证诚信

七、中国网络零售市场发展状况

1. 网络零售贡献作用持续提升

2020年,面对疫情巨大的冲击和复杂严峻的国外环境,我国网络零售市场保持稳健增长,市场规模再创新高。根据国家统计局数据显示,2020年中国网上零售额达到11.76万亿元,比2019年增长10.9%。2015—2020年中国网上零售额及增速如图3-39所示。

2020年实物商品网上零售额达到9.76万亿元,同比增长14.8%,占社会消费品零售总额的比重为24.9%,较2019年提升4.?个百分点。2017—2020年中国实物商品网上零售额及占社会消费品零售总额的比重如图3-40所示。

2. 东部地区网络零售市场规模庞大

2020年我国东部地区网络零售额占全国的比重超过80%,达到84.5%,同比增长10.7%,在全国网络零售市场的主导地位。中部、西部和东北地区网络零售额占全国的比重分别为8.4%、5.7%和1.4%,同比增长6.2%、4.1%和7.4%。2020年中国网络零售额分地区占比如图3-41所示。

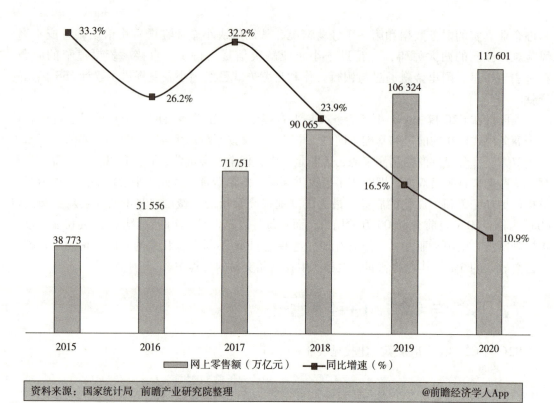

图 3-39　2015—2020 年中国网上零售额及增速

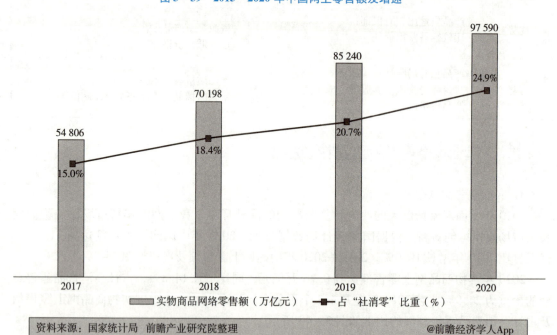

图 3-40　2017—2020 年中国实物商品网上零售额及占社会消费品零售总额的比重

分品类的销售规模看，2020 年服装鞋帽纺织品、日用品、家用电器和音像器材排在前三位，分别占实物商品网络零售额的 22.3%、14.5% 和 10.8%。2020 年网络零售分品类占比如图 3-42 所示。

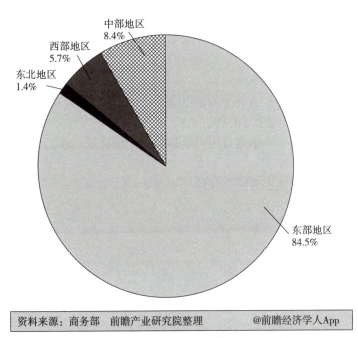

图 3-41 2020 年中国网络零售额分地区占比

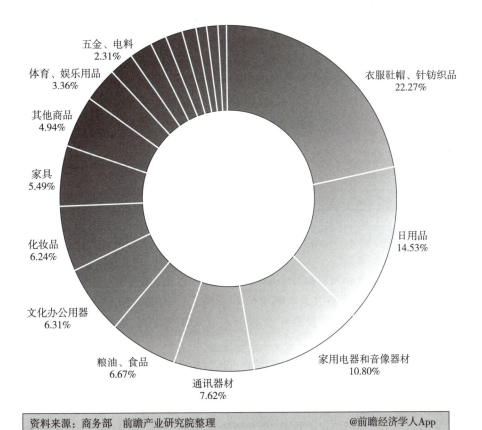

图 3-42 2020 年网络零售分品类占比

从销售增速来看，实物商品网络消费呈现以下新特点：

一是绿色、健康消费受到青睐。商务大数据显示，智能厨房家电销售额同比增长31.0%；健身器材同比增长8.8%，其中小型便携健身器材同比增长28.7%；营养健康品销售额同比增长34.8%。

二是"宅经济"热度提升。方便速食销售额同比增长60.8%；游戏机销售额同比增长16.3%；宠物用品销售额同比增长16.1%。

三是"家场景"消费增长。消毒日用品销售额同比增速达150%以上；除菌家电销售额同比增长160.3%。

2020年网络零售部分品类销售额同比增速如图3-43所示。

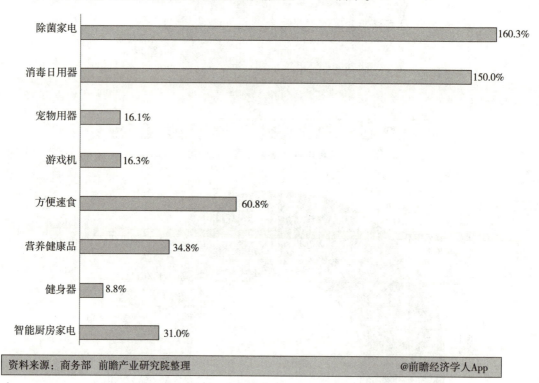

图3-43 2020年网络零售部分品类销售额同比增速

3. 企业店铺增长迅速

截至2020年年底，商务大数据重点监测的网络零售平台店铺数量为1 994.4万家，同比下降0.8%。但实物商品店铺数量大幅增长47.9%，达到955.5万家，占网络零售平台店铺数量的62.1%，较2019年增长0.6个百分点。2020年网络零售平台店铺类型分布如图3-44所示。

在所有店铺中，服装鞋帽、针纺织品店铺占比接近30%；日用品店铺占比在20%左右；其他店铺占比均不到8%。

4. 跨境电商持续发力

根据海关数据显示，2020年中国跨境电商进出口总额1.69万亿元，增长31.1%。其中，出口1.12万亿元，同比增长40.1%；进口0.57万亿元，同比增长16.5%。通过海关跨境电子商务管理平台验放进出口清单达24.5亿票，同比增加63.3%。整体来看，2020年

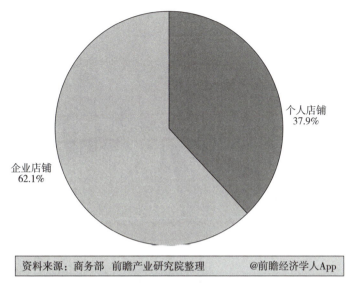

图 3-44　2020 年网络零售平台店铺类型分布

我国跨境电商行业市场火热,其中出口市场实现加速发展,增速超过 40%。2019—2020 年中国跨境电商进出口规模如图 3-45 所示。

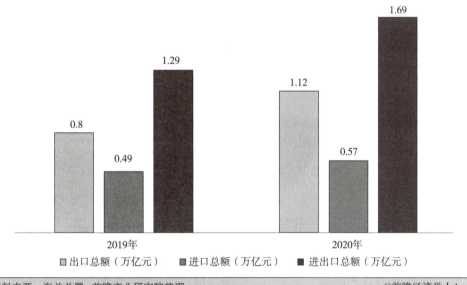

图 3-45　2019—2020 年中国跨境电商进出口规模

在跨境网络零售中,发达国家为我国的主要进口产地,2020 年来自日本、美国和韩国的商品跨境进口额位居前三位,占比分别为 15.6%、14.7% 和 9.2%,占整体跨境网络零售进口额的 39.5%。2020 年中国跨境电商进出口规模如图 3-46 所示。

在进口商品中,化妆品占主要地位,2020 年化妆品进口交易额占比达到 34.1%,排在首位;进口额排在第二位的是粮油、食品,交易额占比为 23.4%;服装鞋帽、针纺织品进口额占比为 13.2%。2020 年跨境网络销售进口商品交易额占比如图 3-47 所示。

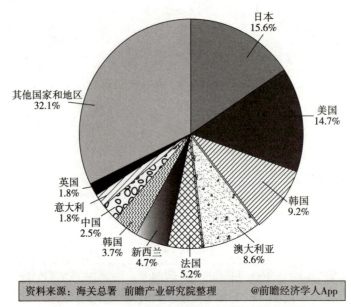

图 3-46　2019—2020 年中国跨境电商进出口规模

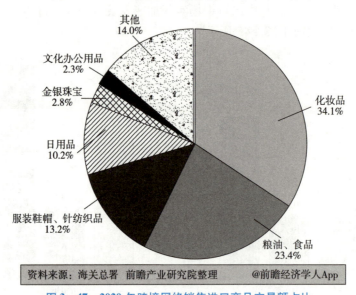

图 3-47　2020 年跨境网络销售进口商品交易额占比

未来，随着 5G 等技术的进一步推广，市场环境不断优化，平台生态持续完善，品质、品牌逐步提升、直播电商、社交电商高增长事态有望严肃，将持续激发我国网络零售市场的消费潜力。

（信息来源：深度分析！2021 年中国网络零售市场发展现状分析网络零售市场保持快速增长 http://baijiaohao.baidu.com/s?id=16978074468034214418 8&wfr=spider8&for=pc）

知识拓展

京东正式开放个人店入口　杀回 C2C 市场

2017 年 10 月 25 日，消息称，个人可入驻京东开放平台，C 店卖家已经可以注册。这意味着京东将以京东商城平台为主体，重新杀回以个人卖家为主打的 C2C 市场。

京东方面表示："京东将针对农产品、手工匠人、设计师和产品有品质的小微企业及个人等推出'优创项目'，并设立优创店铺及频道帮助其入驻京东。"

此次京东开放平台中包括服饰内衣、运动户外、鞋靴、箱包、珠宝首饰、母婴童装、家居家装、厨具家具、汽车用品等 24 个类目，均向个人以及个人卖家敞开怀抱。针对不同类型，申请入驻的个人需要提供个人身份证，个体商户则需提供个体工商户营业执照等证件。

京东正式面向 C 店卖家开放入口，也从侧面说明京东开始重视 C 端卖家和小 B。这种方式是否会对淘宝现有的 C2C 底层商家构成吸引力尚不清楚。

淘宝经历一拆三之后，已经能够看出对于优质品牌商、大 B 的扶持。在向移动互联网转型中，手机淘宝依然是网购第一大入口，也是重要的商品池、商家池和用户池。淘宝用更多的方式来重新激发 C2C 市场的活力，包括淘宝头条、网红、直播等内容工具，也包括造物节等新奇特的线上线下互动，以及千人千面等新技术，但是对供应链资源和流量资源都掣肘的 C 端卖家和小 B 而言，想要在万千同质化商家中冲杀出来，需要运气。

有趣的是，京东此前一直觊觎 C2C 板块。

追溯京东 C2C 业务，就不得不提起拍拍网。2014 年 3 月，腾讯与京东达成深入合作，顺便将其三大电商资产：QQ 网购、易迅网和拍拍网，一并交给京东。QQ 网购和易迅网与京东互补性较弱，逐渐被京东全部消化和吸收掉，融入京东内部。而拍拍网在 2006 年年初正式运营，是腾讯依托 QQ 用户资源搭建的 C2C 电商交易平台。当时也被誉为京东和腾讯交接和处理最充分最有价值的一块电商资产，由京东主导，重塑改良上线。

但是，在 2015 年京东就正式宣布，在 2015 年 12 月 31 日正式关闭拍拍网电子商务平台，并在三个月的过渡期后，于 2016 年 4 月 1 日起彻底关闭拍拍网。原拍拍网团队将并入京东集团其他部门，将转型并专注于移动社交电商等创新业务。据悉，拍拍网在 2014 年京东与腾讯达成电子商务的战略合作之后并入京东旗下。

针对关闭拍拍网的原因，京东方面曾回复称，由于 C2C（个人对消费者）中的个人卖家不被要求在工商登记备案，导致工商行政执法部门也无法进行有效监管，售假者违法成本几近为零。经过评估之后，京东才做出关闭平台的决定。后续京东商城会为符合资质的拍拍卖家继续提供平台。

按照京东当时的回复，本次京东商城向 C 端卖家提供的入口，是否就是当时承诺下的后续平台呢？

此外，早在 2014 年，京东商城系统曾与京东微店实现全面打通，商户可以直接在京东商家后台对微店进行统一管理。当时，京东第三方商户提供 QQ 号和微信 ID 可入驻京东微店，并通过京东商家后台对商品、订单、结算、售后进行统一管理，无须重复装修店铺和管理商品。

一位电商从业者指出，京东开放平台招募 C 端商家，本质上不是要杀回 C2C 市场，而是要激活 C 端用户的社交网络，成为流量集结的新蚂蚁雄兵。

2017 年，社交电商大热。其中，社交电商平台云集在 7 月的月销售额就达到 7 亿元。云集为品牌商提供"渠道+媒介+代理"的解决方案，从品牌到终端消费者中间只有一个分销环节——店主，而云集也为店主提供包括商品、内容、客服、IT 系统、培训在内的后端支撑。

京东此次重新开放 C2C 业务，其意可能不仅在大量 C 端卖家，主要目的可能就在社交电商上。在未来，京东很可能联合微信，通过京东 + 微商城的方式来切进这部分市场中。

（信息来源：独家 | 京东正式开放个人店入口杀回 C2C 市场 https://www.ebrun.com/20171025/251157.shtml? eb = search_chan_pcol_content）

模式四　G2B 电子商务

任务导入

导入案例　"智慧税务"为"智慧城市"锦上添花

借助敦煌"智慧城市"建设的良好契机，敦煌市税务局充分利用税收大数据平台，积极推行高效便捷的"互联网 +"服务，打造出深受纳税人、缴费人青睐的"智慧税务"品牌。

"互联网 + 纳税服务"更舒心

敦煌市税务局着力打造以网络办税为主，自助办税为辅，第三方代办为支持，办税服务厅兜底的"四位一体"新服务模式，大力推广"电子税务局"远端涉税服务，网上申报率在 95% 以上。

2019 年 11 月 19 日，总投资 1 200 万元的敦煌市民中心正式投入运行。中心依托强大的互联网，实现了老百姓办事"一网办、全程办、就近办"，让更多企业和群众共享改革发展红利。而在此前的 6 月份，敦煌市税务局新办税服务厅搬迁事项就已经启动，经过一个月的紧张建设，7 月 15 日，新办税服务厅整体入驻敦煌市民中心并正式启用。

除了线下实体办税场所提供的"互联网 + 纳税服务"，敦煌市税务局还通过纳税服务 QQ 群、税企微信群、二维码等方式，给纳税人提供更方便快捷的线上服务。智慧服务团队全天候"云端"在线解答涉税咨询、发布公告通知、纳税提醒，让纳税人随时掌握了解最新政策和工作动态，深化税企在线交流互动。增加"QQ 远程协助服务"和微信视频辅导，远程辅导防伪税控开具发票、网上申报纳税、税源信息填报等涉税事项，解决了由于纳税人计算机操作水平不高、身处外地无法上门服务等问题。充分利用网站、钉钉等载体，及时发布更新税收政策、纳税服务指南、办税流程视频操作等，提升纳税人知晓度。

"互联网 + 自助办税"更随心

敦煌市税务局积极助推全市纳税人通过电子税务局、"甘肃税务"微信公众号等渠道，在线办理自然人身份认证、信息采集、纳税申报、网上缴税等涉税事宜，畅享 24 小时自助办税服务，有效避免了排队等候、办理时间和地域限制等问题。纳税人还可以利用自助发票发售终端，自助办理领取增值税发票、定额发票业务，全面实现走"网路""云端"办。

"互联网 + 政策落实"更贴心

2019 年 5 月 1 日起，甘肃省纳税人享受税收优惠政策实行"不来即享"，将"最多跑一次"升级为"一次也不跑"。敦煌市税务局依托电子税务局，对符合政策规定条件的纳税人实现税收优惠事项办理"自行申报、网上处理、先行享受、后续监管"，让纳税人足不出户即可"坐享"税收优惠政策。

在"全程网上办"的基础上，结合"容缺办理"并行，严格落实国家税务总局税收优惠事项办理相关规定，取消和简化优惠备案手续，无论是网上办理还是窗口办理，不再要求纳税人报送资料，改由税务机关后续监管时提供，持续优化营商环境，切实提升服务质效。

"我们这次办理一笔 1 134 万元的退税，本来以为金额较大会很麻烦，要很长时间才能收到退税款。但在税收管理员的帮助下，我们通过电子税务局发起退税申请，足不出户就完成了退税，而且发起退税申请后三四天退税款就到账了，真是太方便了！"敦煌大成聚光热电有限公司负责人在收到退税款后十分惊喜。

"互联网＋银税互动"更暖心

"没想到'银税互动'贷款这么方便！我们通过电子税务局'银税互'模块，选择相应的银行申请贷款，提交相关证明材料，银行审核通过后，直接将贷款打到我们的账户上。今年我们顺利取得了建设银行的 65 万元贷款，可解燃眉之急！"敦煌市金太阳绿化工程有限公司财务负责人说。

资金流紧张是大多数小微企业发展的难题之一。为破解小微企业"融资难、融资贵、融资慢"等难题，敦煌市税务局紧紧围绕"以税促信、以信换贷、以贷扶微"主线，主动加强与银行业金融机构沟通，借助大数据和"互联网＋"等新技术手段，为"银税互动"提供便捷统一的线上通道，大力推行"银税互动"信用贷款，帮助小微企业以"信"换"贷"，协助小微企业走出资金周转困境，让更多诚实守信的纳税人缴费人在"银税互动"中受益。

到 2022 年，敦煌市将在现有基础上，按照建设"一脑（城市大脑）""一中心（大数据中心）""一网（电子政务外网）""一库（政府服务大数据库）""一平台（一体化在线政务服务平台）"的思路，优化提升新型智慧城市建设，在智慧旅游、智慧政务、智慧城建、智慧交通、智慧教育、智慧医疗、智慧家庭、智慧生态等方面，实现集约化、可视化展示的指挥管理和整体联动、业务协同的"一网通办"和"一网通管"。

"智慧税务"，前景可期。

（信息来源：新华网，2021 年 12 月 16 日）

相关知识

近年来，随着电子政务的进一步发展，政府部门内部及政府部门之间共享政务信息的需求日益突出，政务信息的社会共享呼声也日益高涨。经过电子政务基础资源的大规模建设，海量的政务信息资源挖掘和电子政务知识管理等深层次应用将逐步进入电子政务舞台，在优化决策流程、改进决策方式、加快决策速度、提高决策质量等方面发挥越来越重要的作用。

未来的电子政府，是依托信息和技术的虚拟政府，这使得政府网站成为电子政府最为关键的实现方式，成为当今电子政务建设的核心内容。通过政府网站，政府与公众间的沟通不再有空间和时间上的限制。而政府的服务和管理职能，亦可以通过网站直接予以实现。政府网站大大提高了政府服务的效率，成为电子政务建设的主体内容。政府网站建设的成败，直接关系到电子政府的服务是否能够得到真正的实现。政府网站的发展程度，直接反映了电子政务建设的进程，因而对政府网站的评测，即是对电子政府绩效的考察。

一、电子政务概述

(一) 电子政务的含义

电子政务（E-Government）是指使用信息与通信技术，打破行政机关的组织界限，改进行政组织，重组公共管理，实现政府办公自动化、政务业务流程信息化，为公众和企业提供广泛、高效和个性化服务的一个过程。电子政务是相对于传统政务和电子商务而言的，是政府机构应用现代信息和通信技术，将服务、管理和保障职能通过网络技术进行集成，实现政府组织结构和工作流程的优化重组，超越时间、空间与部门分隔的限制，全方位地向社会提供优质、规范、透明、符合国际水准的管理和服务。

从电子政务的概念中，我们可以了解到电子政务主要包含三方面信息：第一，电子政务必须借助电子信息和数字网络技术；第二，电子政务处理的是与政权有关的公开事务；第三，电子政务并不是简单地将传统的政府管理事务搬到互联网上，而是要对其进行组织结构的重组和业务流程的再造。

政府部门通过电子政务平台与社会公众进行政务交互，不仅可以降低政府部门的工作成本，而且有助于政府部门由管理型向服务型转化，树立政府部门在互联网上的新形象。例如，在传统的模式下，企业从工商登记注册、税务登记开始，到运营后的纳税申报、企业营业执照年检，需要涉及诸多与政府部门之间的政务办理手续，这样必然带来相对较高的政企互动成本。而电子政务平台的目标就是为各级政府机构和企业提供一个基于互联网的信息交互平台，在先进技术的保证下，营造一个真正安全快捷的政务工作环境，通过数据共享建立"一站式"的政务服务体系，所有企业都可以轻松登录，一站完成。

党的十八大以来，"互联网+"深入百姓生活。全国一体化电子政务平台让小到生活缴费，大到企业开办可以掌上查、掌上办，让企业和市民享受到更多便利；远程医疗会诊系统实现全覆盖，让患者在家门口就能享受优质医疗服务；互联网智慧教育平台让山里娃连上网络就能享受到丰富的教育资源。

(二) 电子政务的内容

电子政务虽然是政府部门办公自动化、网络化、电子化的产物，但绝不仅仅像单独的政府上网那么简单，它包括网上信息发布、政府政策公开等多方面的建设。具体包括以下几点。

1. 政府的信息服务

各级政府在互联网上建立自己的网站，公众可以查询其机构构成、政策法规等，相当于政府的"窗口"，一方面为企业和百姓提供信息服务，另一方面加强与企业和百姓的沟通与联系。

2. 政府的电子贸易

政府的电子贸易即政府的电子化采购，既能够提高工作的透明度，促进廉政建设，同时，也可加大企业的竞争、降低成本，此外，还能减少政府开支，提高政府的工作效率。

3. 电子化政府

实现政府办公自动化、网络化，不仅各部门内可以形成局域网直接联通，而且各部门之间也可以相互联通起来，实现资源共享、信息互通。

4. 政府部门重组

随着我国"信息高速公路"的发展，传统的政府工作模式已经不能适应环境的要求，必须通过政府工作流程改革，使之更加合理化，提高政府工作效率。

5. 群众参与政府

公众可以通过互联网在政府网站上发表自己的意见，参与有关政策的制定，甚至可以通过发送电子邮件反映相关情况。这是信息产业发展的方向，是民主化进程的重要一步，是信息技术为人类进步服务的更高阶段。

（三）电子政务的类型

从电子政务的服务对象来看，电子政务可分为以下几类。

1. 政府对公众电子政务（Government To Citizen，G2C）

政府对公众电子政务涵盖了政府与公众之间所有的交互活动，其主要的目的是建立一站式在线服务。公众在家可以与政府交流，可以在网上找到他们需要的所有信息，可以提出问题并得到回答，可以缴税和付款等。政府可以在网上发布信息、开展培训、帮助就业等。政府对公众电子政务提高了政府政务活动的透明度，有利于改善政府部门的服务质量、提高办事效率，有利于公众的民主参与和有效监督。

2. 政府对企业电子政务（Government To Business，G2B）

政府部门正在试图将其与企业的交易活动自动化，目的是为企业减轻负担，为企业提供顺畅的一站式在线支持服务。同时，企业可以通过互联网获取政府公开的各种信息资源，避免发展的盲目性，寻找更多的商机。政府对企业电子政务有利于营造公平的竞争环境，减少暗箱操作以及权钱交易。

3. 政府对政府电子政务（Government To Government，G2G）

政府对政府电子政务是指政府部门内部、政府上下级之间、不同地区和不同职能部门之间实现的电子政务活动，主要包括政府内部网络办公系统、电子法规、政策系统、电子公文系统、电子司法档案系统、电子财政管理系统、电子培训系统、网络业绩评价系统。政府对政府电子政务的主要目的是打破行政机构组织部门的垄断和封锁，加速政府内信息的流转和处理，提高政府内部的行政效率。

（四）电子政务的发展

1. 国外电子政务的发展

随着当代政府改革运动的开展和现代社会信息化的加速，20世纪90年代以后，世界各国富有远见的政府相继开展国家信息化和政府信息化建设。随着政府信息化运动的发展，这场革命性的变革逐渐超越了最初的定位，演变成为以"电子政务"概念为旗帜的电子政府建设过程。

湖北联手抖音：13 市长直播带货　百亿流量助力重启

（1）加拿大的电子政务。

尽管加拿大的电子政务开展相对较晚，但其发展速度令人震惊。根据艾森哲近期对各国电子政务进行的整体性调查，加拿大名列榜首，第二名是新加坡，第三名是美国。

加拿大的电子政务之所以能够迅速发展并后来居上，得益于加拿大良好的信息基础设施。加拿大是全球联网率最高的国家，其国内主要城市均有高速数据网联通，通信上网费用全球最低。由政府、企业共同参与建设的国家光纤网早在 2001 年就已建成，其技术甚至比美国领先了 6 个月。

通过政府在各个行业和居民生活中大力推广电子政府服务，加拿大政府不仅实现了教育、就业、医疗、电子采购、社会保险等领域的政府电子化服务,而且根据需要不断增加和建成新的政府门户网站,先后建立了加拿大政府门户网站、加拿大出口资源网站、加拿大青年网站等诸多政府网站。

(2) 新加坡的电子政务。

新加坡的电子政务早在1981年就已经悄悄展开,其电子政务的发达程度备受瞩目,美国和加拿大的一些政府均以新加坡为样板来建设自己的电子政务。新加坡的电子政务完全受国家控制,没有私人的参与。尽管政府每年要在这项工程上花费大量的资金,但其带来的收益却是巨大的。

新加坡政府的目标是使其电子政务的发展成为世界的典范。在2001年年底,新加坡为其公民提供200项以上的电子政务服务。为此,新加坡政府投资了15亿新元以进一步发展其电子政务计划:首先,对政府原有的网上服务进行评审、归纳和总结,并迅速实现电子支付;其次,扩大政府信息基础设施的建设,包括实现以宽带接入为基础的、新的、安全的政府网络体系结构;最后,不断发展政府与企业的伙伴关系,利用企业的力量和经验发展电子政务。

在新加坡,无论你是想了解自己的社会保险账号余额,还是申请报税,无论是为你新买的摩托车上牌照还是登记义务兵役,一天24小时,每时每刻你都可以在家里、办公室或者到为没有计算机的公民免费提供的称作"电子公民中心"的站点去完成。2000年借助互联网和新的人口统计计算机系统的帮助,新加坡政府完成了第四次人口普查,共动用了600名统计工作人员,花费2 400万新元,统计公报在普查结束6个月后对外发布;如果按照传统的人工普查办法,至少需要动用6 000名统计工作人员,花费7 000万新元,统计公报在普查结束后1年才能对外发布。如今,新加坡电子政务的发展已经相当成熟,已成为一个全方位的、具有高度在线服务能力的一站式电子政务典范。我们都知道新加坡是一个非常廉政的国家,这与其高度发达的电子政务系统是分不开的。

(3) 美国的电子政务。

早在1993年,美国总统克林顿和副总统戈尔就首倡电子政务。随后的1995年和1996年,克林顿政府先后出台《政府纸张消除法案》和"重塑政府计划",要求政府各部门呈交的表格必须使用电子方式,此举大大加速了美国的电子政务进程。

2000年3月,美国政府在全面评估其电子政务进程方面的进展后,提出了美国电子政务发展的未来目标和长期规划。2000年9月,美国政府开通了具有代表性的超大型电子府网站——"第一政府"网站,极大地提高了美国电子政务建设的速度。到目前为止,已有超过60%以上的互联网用户通过政府网站进行事务处理。

美国政府2001年的调查报告显示,美国电子政务所提供的服务包括居民服务、企业服务、政府雇员服务和政府服务四个主体部分,其提供的成熟的事务处理服务已经占有相当大的比例,其电子政务已经具有相当的规模。

2. 我国电子政务的发展

我国电子政务始于20世纪80年代末期,当时中央和地方政府陆续开展了办公自动化工程;1993年年底,我国政府相继启动了"金"系列工程,主要是建设重点部门和大系统的信息化基础设施;1999年年初,在当时的国家经济贸易委员会、信息产业部的指导下,由全国人大、全国政协、国务院、最高人民检察院、最高人民法院等80余个部委办(局)信息主管部门共同发起的"政府上网工程",得到了社会各界的积极响应和各级政府部门的大力支持，推动了我国政府实现办公信息化、电子化、自动化的全面发展。截至 2003 年 2 月，"政府上网工程服务中心"在规划实施"政府上网工程"的具体工作上取得了丰硕成果，积累了电子政务领域的诸多资源和经验，具备了较强的电子政务相关服务的营运能力。

进入 21 世纪，在党和政府的高度重视下，我国的电子政务建设呈现出明显的上升势头，电子政务的应用正从局部应用、网络化，向着服务电子化、互联互通、协同应用发展。2003 年，我国初步完成了信息化建设的总体战略布局，并在此基础上实现了我国信息化建设的整体性加速推进。电子政务建设继续保持快速增长势头，信息安全、电子签章、信息资源开发利用等与电子政务相关的市场也活跃起来。各城市政府网站建设取得较好效果，网上受理业务不断增加，便民服务举措不断出台，起到了城市与世界、政府与市民沟通的桥梁作用，提高了城市知名度，使政府由"管理型"逐渐向"服务管理型"转变。政府部门同样认识到了电子政务建设的重要性。如 2003 年"非典"疫情期间，在电子政务网络的基础上，北京市防灾应急联动信息系统迅速建立，《北京通信保障应急预案》全面保证了市政府各类指挥和全市通信网络的高度畅通。

随着信息技术应用的深入，我国电子政务的建设目标逐渐明确。提高政府工作效率、政府管理水平、政府服务能力，增强地区知识吸收能力、优化地区经济发展环境，缩小地区间数字鸿沟、改善地区居住条件、促进地区经济发展，是我国各地电子政务所追求的目标。今后，我国的电子政务将继续完善信息化应用体系，以实施电子政务示范工程为先导，加快建设和整合统一的全国政府系统办公业务资源网络平台，加快推进政府门户网站建设等。

电子政务是我国信息化建设的一个重要组成部分。国家电子政务建设的方针是在借鉴国外先进经验的基础上，结合我国的具体国情，通过政务信息化、规范化、程序化来促进政府工作模式的转变，建立一种面向决策支持，面向公众服务，以高效、公平、公开、勤政、廉洁为特征的新型政府管理和工作模式。

配套设施不断完善，群众办事更加便捷电子身份证，加载更多应用场景

党的二十大报告提出，加快建设网络强国、数字中国。推广居民身份证电子证照应用是建设数字中国、提高政务服务能力的重要举措。近年来，为提升便民服务水平，各地各行业大力推动电子身份证在金融、教育、医疗、社保、税务等多种场景下的应用，为群众带来更加便利的数字生活。

随着信息技术不断普及和数字经济的高速发展，"出门只带一部手机"成为越来越多人的生活习惯。近年来，各地各行业大力推动身份证网上认证，通过手机授权等操作即可实现，成为着力解决百姓身边关键"小事"、更好实现"放管服"的一个生动缩影。

信息层层加密，使用记录全程留痕

在山东，居民在"爱山东"APP 或者"山东微警务"微信公众号注册并通过实名实人可信度认证后，立即生成与法定身份证件内容相同、功能相通的电子证件，使用时只需用手机登录即可开启。

身份证电子化，实质是网络身份认证体系的搭建，除了"亮证"使用外，山东省政府各部门在为群众办理婚姻登记、营业执照、护照、港澳台通行证等业务时，对需要存留身份证复印件建档的，可以直接对接电子证照系统，调用证照文件存档备查，不再需要群众提供身份证原件、扫描件或复印件。

为确保安全，山东使用数字签名、安全算法、加解密运算等技术手段为个人信息层层加

密,防止数据被泄露转卖。

力解群众难题,电子证件方便出行

深圳铁路公安处深圳站派出所民警在巡逻时,接到旅客陈女士求助。原来,陈女士由于着急赶车,出门忘记携带身份证件,焦急万分。民警了解情况后,马上帮助她用手机登录"铁路12306"APP办理了临时身份证明。

2022年年初,铁路公安机关在"铁路12306"APP试点上线了"铁路旅客电子临时乘车身份证明"服务。目前,"铁路旅客电子临时乘车身份证明"服务已经覆盖全国铁路各个客运车站。2022年1月至2022年8月,共为旅客办理电子临时乘车身份证明883万人次,线下窗口制证量比2021年同期下降48.9%,大大增强了人民群众出行的幸福感。

加强"亮证"服务,应用场景更加丰富

到江苏昆山出差的李先生走进位于昆山经济技术开发区的一家宾馆,进行登记入住时,突然发现身份证不小心丢失。"您只需在手机上打开'鹿路通'应用,简单操作后便可领取电子身份证,办理入住。"

2022年以来,江苏积极挖掘多元化应用场景,加快推动电子身份证社会化应用。截至目前,江苏已为449项政务服务应用系统提供身份认证及"亮码""亮证"服务,累计提供"亮码"服务1.43亿人次、"亮证"服务2.02亿人次,实名实人服务2.98亿人次,日均服务量68万人次。

2022年2月,国务院办公厅印发《关于加快推进电子证照扩大应用领域和全国互通互认的意见》,明确指出到2025年电子证照应用制度规则更加健全,应用领域更加广泛。

随着科技加速推广,配套设施不断完善,应用场景深化多元,电子身份证在全国范围内跨平台互联互通的水平有望持续提高,将更好惠及民生,让公民充分享受更加便利的数字生活。

(以上信息来源:《人民日报》2022年11月17日第08版,内容有所删减)

(五)全球电子政务的未来发展趋势

1. 更加强调"以民众为中心"的理念

信息技术带来的最大影响之一,就是缩短了服务提供者与接受者之间的距离。未来的政府更加强调是民众的政府,各国政府将利用信息技术增强民众对政府政务的参与程度,及时获悉民众所需,以民众需求为导向,把未来的政府建设成以民众为中心的电子政务。

2. 促进政府服务全面上网,提高服务质量

电子政务的主要目标是更好地为公众和社会提供政府服务。世界各国政府正积极应用互联网为民众提供在线服务,政府也将广泛运用"公共信息站"及自动柜员机等自动化服务设施,为民众提供获取政府服务的多元化渠道。

3. 整合服务,实现"单一窗口"和"一站到底"

信息技术的发展使民众对未来政府的期望值不断提高,不仅要求服务质量得到提高,而且要求获得服务的方式和程序也不断改善。民众期望在任何时间、任何地点,以多种渠道获取自己所期望的服务形式和服务内容。为了满足民众需求,世界各国政府将不断自我创新和调整,整合传统公共服务,建立"单一窗口",为民众提供"一站到底"的公共服务。

4. 加强组织管理,迈向知识管理

电子政务的建设不仅是传统柜台服务向网络的简单移植,而且其涉及信息技术对政府机构的重组和对政府服务的整合,涉及政府工作流程再造,触及政府上上下下各个层面。为了保障电子政务的顺利开展,世界各国成立了专门的组织机构并授予相应权利,作为执行部门来负责监督其开展状况。随着信息通信技术的应用和发展,电子政务也将由信息管理迈向知识管理,成为知识型、智能型政府。

5. 消除"数字鸿沟",促进社会信息平等

在未来电子政务的建设过程中,各国政府将会积极致力于消除"数字鸿沟"问题,努力缩小"信息富人"和"信息穷人"之间的差距,使每一个人都具有获得政府电子服务的权利,尤其是那些非常关键的服务,避免新的信息技术给人们带来新的障碍。因此,各国在电子政务的开展过程中将注重城乡宽带网络建设与信息教育,使信息应用普及社会每个阶层和每个地理区域,照顾信息弱势群体,缩小信息差距。

6. 增强公众参与意识,发展电子民主

电子民主是未来世界各国电子政务建设中的一个焦点。所谓电子民主,就是指通过信息技术实现民主过程中价值理念、政治观点或其他个人意见等的交流和反映。电子民主的内容涉及范围很广,包括在线选举、民意调查、选举人与被选举人的电子交流、在线政务公开、在线立法、公众参与,等等。信息技术和互联网的发展为公众参与政府决策提供了良好的契机,同时也对传统政府理念和制度产生了巨大的冲击。电子民主的发展不仅能使民众有效监督政府决策,促进政府勤政廉政,提高民众对政府的信任度,而且能反映电子政务的公众需求导向。

二、政府和企业间的电子商务(G2B)

政府与企业通过互联网所开展的电子商务称为 G2B(Government To Business)模式。这一模式主要包括以下内容。

1. 电子采购与招标

电子采购与招标是指通过相关网络平台公布政府采购与招标信息,为企业特别是中小企业参与政府采购提供必要的信息帮助与政策支持,向它们提供有关政府采购的政策和程序,使政府的采购行为接受来自社会各方面的监督,使其真正成为"阳光下的交易"。这一政府服务的提供者如中国政府采购网,如图 3-48 所示。

图 3-48 中国政府采购网

2. 电子税务

电子税务指企业通过政府税务网络系统平台，完成税务登记、申报、查询等业务，并可以及时了解国家税收政策等业务。国家税务总局河北省税务局网如图3-49所示。

（a）国家税务总局河北省税务局网页

（b）国家税务局河北省电子税务局网页

图3-49 国家税务总局河北省税务局网

3. 电子证照办理

电子证照办理指企业可通过政府网站在线申请办理各种证件，如营业执照等。这一服务模式大大缩短了办证周期，减轻了企业负担。此外，企业通过相关部门网站还可以了解国家的最新政策、法规等信息。国家市场监督管理总局网如图3-50所示；企业登记网上注册申报服务系统如图3-51所示。

任务三 电子商务的模式 101

图 3-50 国家市场监督管理总局网

图 3-51 企业登记网上注册申报服务系统

4. 信息咨询服务

信息咨询服务指政府将拥有的各种数据库信息对企业开放，以方便企业利用，如招商引资的信息、办事程序及有关政策等。中华人民共和国国家统计局网，如图 3-52 所示；中国经济普查网如图 3-53 所示。

5. 为中小企业服务

为中小企业服务指政府利用宏观管理的优势，为了提高广大中小企业的国际竞争力和知名度而提供的各种服务与帮助。中国中小企业信息网如图 3-54 所示。

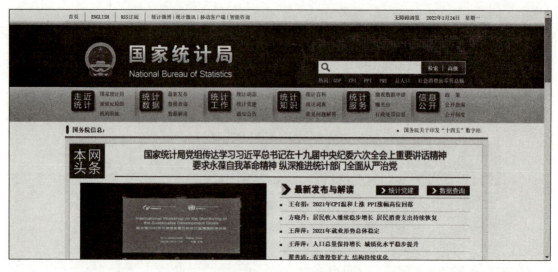

图 3-52　国家统计局网

图 3-53　中国经济普查网

图 3-54 中国中小企业信息网

知识拓展

中国电子政务的代表：中国电子口岸

中国电子口岸网如图 3-55 所示。

20 世纪 90 年代，走私、骗汇、骗取出口退税等现象在我国经济活动中不断出现，严重影响了国民经济的健康、持续发展。1996 年，国务院专门发起了打击走私、骗汇、骗退税的专项斗争。在这一活动中，海关发现不法分子主要采用假手册、假单证和假印章手段达到犯罪目的，在外汇部门报送海关复核的报关单中有 85% 的单证是假的。为了有效解决这一问题，1998 年，海关与国家外汇管理局联合开发了一套"全国进出口报关单联网核查系统"，目的在于实现海关与外汇管理部门联网和数据共享，从根本上杜绝利用假单证骗汇现象。

(a) 中国电子口岸网页

图 3-55 中国电子口岸网

(b) 中国电子口岸登录页面

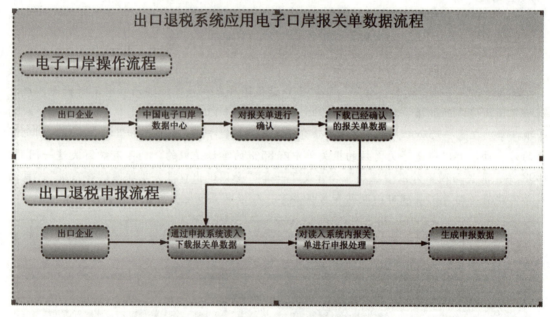

(c) 出口退税系统应用电子口岸报关数据流程

图 3-55　中国电子口岸网（续）

中国电子口岸的目标有以下几点：

（1）建立现代化的管理部门联网综合管理模式。在公共数据中心支持下，进出口环节的所有管理操作都有电子底账可查，可以按照职能分工进行联网核查、核注、核销。

（2）利用高科技手段增加管理部门执法透明度。中国电子口岸借助高科技手段，使管理部门各项进出口管理作业更规范、统一、透明，各部门、各操作环节相互制约，相互监督，从机制上加强了管理部门廉政建设。

（3）便利企业提高贸易效率，降低贸易成本。很多进出口手续在办公室通过网络就可以完成，通关效率得到提高，出口退税迅速，结汇、收汇、核销等手段更为便捷。

电子口岸涉及工商、海关、税务、商务、组织机构代码、外汇管理局等各部门之间的统一协调，包括企业申领核销单、出口收汇、出口核销、出口退税等业务的网上办理。

电子商务的新发展——O2O电子商务模式

O2O（Online to Offline）模式，是一种将线上电子商务模式与线下实体经济相融合，通过互联网将线上商务模式延伸到线下实体经济，或者将线下资源推送给线上用户，使互联网成为线下交易前台的一种商业模式。

O2O模式与传统的电子商务模式不同。传统的电子商务模式是消费者在线浏览商品信息，挑选购买，在线支付，由物流将商品送至消费者手中；如果是服务类产品，消费者无须通过物流就可以获取该项服务。O2O模式在线上环节与传统电子商务相似，即消费者通过互联网浏览商品和服务信息、甄选购买并完成在线支付，但是获取商品和服务环节则需要消费者到线下实体经济中去消费或者享受服务，需要一个亲临的Offline过程。目前，我国O2O电子商务模式主要包括以下几类。

1. 团购网站模式

O2O电子商务的团购网站模式，是指消费者通过登录线上的团购网站获取线下商家的商品和服务的优惠信息，在网络挑选商品或服务并进行在线支付，在线下实体店获取商品或享受服务的形式。

2. 二维码模式

O2O电子商务的二维码模式，是指消费者在线下使用手机等移动终端扫描商家的二维码信息，实现在线购买或者关注线上商家的产品和服务的商业模式。二维码模式是把线下引入到线上，与团购网站模式方向相反。目前，我国的商业模式对二维码的应用主要是二维码的主读业务，即用手机识别二维码，实现了从线下到线上的最快捷接入。消费者可以通过手机扫描二维码的软件应用，扫描商家的二维码，直接登录商家的网站，在线购买商品，或者添加商家的微博、微信应用，获取商家的最新促销信息。目前，这种模式广泛应用于淘宝商家和实体商家，成为实体商家拓展互联网业务的重要渠道。

3. 线上线下同步模式

O2O电子商务的线上线下同步模式，是指互联网电子商务模式的企业和商家，将商品和服务形式扩展到实体经济中，通过开设实体店等形式，实现线上线下同步发展的模式。由于电子商务对传统实体经济的巨大冲击，因此，实体商家开始思考"后电商时代"的发展模式。

2013年6月，苏宁电器宣布实行线上线下同价，线上线下同价能够真正实现零售业日常促销的常态化，促进零售运营从价格导向的促销向顾客经营导向的服务转变，引导消费者关注商品综合价值而非价格和促销。同时，消费者也会在购买前省去比价带来的不便。

4. 营销推广模式

O2O电子商务的营销推广模式，是指利用移动互联网，对传统线下实体经济形式进行网络营销和推广，以实现线上线下互动，促进线下销售的形式。商家可利用移动互联网，将实体店的产品和服务信息发布到微博、微信和相关网站上，利用移动互联网平台实现消费者与商家的及时互动和信息反馈，对产品和服务进行改进，通过加强客户关系管理实现口碑营销的效果。

华润万家旗下 Olé/blt 精品超市携手京东到家打造超级营销 IP

Olé/blt 作为华润万家旗下高端超市品牌，2004 年创立至今，已进入北京、上海、广州、重庆、深圳、成都、青岛、大连等 30 个核心城市，拥有 88 家门店，全国范围内服务 900 万会员。

京东到家是达达集团旗下国内领先的本地即时零售平台，为消费者提供海量商品约 1 小时配送到家的即时零售服务。目前已入驻超过 11 万家各类型零售实体门店，覆盖超过 1 500 个县区市，年活跃消费者超过 5 130 万。"超级商家日"是京东到家基于平台优势能力，为连锁商超打造的定制化营销 IP。

基于顾客对高频生活消费品便捷性、即时性的消费需求，Olé/blt 一直在持续探索营销新方式，致力于为顾客带来更优质的购物体验。2021 年 9 月 1 日~5 日，Olé/blt 携手京东到家，共同打造年度"Olé/blt 超级商家日"的超级营销 IP，通过全域营销的创新模式和优质的平台资源支持，实现线上销售增长和用户增长双突破，也提升了客户的即时消费体验。

在新零售的大背景下，连锁超市行业积极探寻到店到家线上线下一体化的创新消费模式，精品超市行业不仅注重在体验感、功能性等方面构建高品质消费空间，还通过开发自有小程序、入驻三方平台等，打造线上线下的全渠道服务闭环，满足消费者多场景的购物需求，尤其是日益增长的即时消费需求。

目前超市门店的营销方式主要依赖线上大促节点爆发，非大促场景下的用户增量和销售爆发节点较少，如何提升品牌对用户心智的影响力，是行业普遍的痛点。简单地通过拓展三方平台销售渠道，并不能很好地解决问题。重要的是通过与合作平台的深入联动，利用线上平台的海量用户和数据分析能力，进一步发挥线下门店的优质商品、购物场景和服务体验等方面的优势，双方共同探索符合消费需求、发展需求的营销新模式，将商品、品牌、流量和用户实现高度匹配。

Olé/blt 精品超市与京东到家携手打造的"Olé/blt 超级商家日"超级营销 IP 围绕三个核心关键点展开：

1. 线上线下全渠道联动

线下：在活动预热前期，商家从门店入口处、核心购物动线、门店出口处进行氛围搭建，提前预告活动，充分造势，提升顾客对活动的感知。

线上：活动开始预热后，平台流量逐步倾斜，为活动峰值期充分蓄水；峰值期前一晚，京东到家平台首页启动定制化换肤营销，通过大促视觉焕新，强化周末峰值日的营销效果，并基于平台海量的用户数据提供精准的用户触达工具，结合社群营销等方式进行有效引流，完成用户全面触达。

2. 促销产品组合优化

基于线上线下已打通的会员体系，通过线下门店的用户消费数据及线上京东到家平台的用户消费数据，结合往年促销增长模型，清晰勾画消费者画像，针对不同城市消费差异和偏好，制定差异化营销策略，优化促销产品组合。

3. 即时消费体验升级

在活动筹备期间，京东到家平台履约、运营团队与 Olé/blt 团队进行了充分的沟通协商，基于达成一致的峰值期预估单量进行拣货人员安排及运力匹配,并结合有可能发生的暴雨等恶劣天气,做好积极应对的补充预案,制定周密的履约规划和项目跟进表,确保订单及时送达用户,实现即时消费体验升级。

"Olé/blt 超级商家日"超级营销 IP 的打造,通过全渠道打通联动、促销产品组合优化与即时消费体验升级的全域营销新模式,实现线上年度销售增长和用户增长双突破。

(1) 销售增长:活动峰值期销售额较上月(活动前)日常提升 200% 以上,刷新年度单日销售额新峰值。

(2) 新用户增长:活动峰值期新用户增长同样实现历史性突破,较上月(活动前)日常提升 100% 以上。

(3) 订单按时履约率:超级商家日期间,京东到家平台订单按时履约率超过 95%,在大促订单量激增的同时仍保持高效履约。

(以上信息来源:《2021 连锁超市创新案例集》,中国连锁经营协会 http://www.ccfa.org.cn/portal/cn/hybzs_list.jsp? type=10004&pn=3)

课后练习

1. 结合本章内容,登录下列知名电子商务网站,了解各种类型的电子商务操作流程:

(1) B2C 模式网站:京东商城、当当网。

(2) C2C 模式网站:淘宝网。

(3) B2B 模式网站:阿里巴巴网站、慧聪网。

2. 分析 B2B、B2C 和 C2C 电子商务网站面向的对象有何不同。

3. 登录阿里巴巴网站和海尔企业间电子商务网站,分析两种不同类型的 B2B 电子商务模式的交易方式、交易流程的区别。

任务四

电子商务与网络营销

任务目标

知识目标：
1. 理解网络信息的特点；
2. 掌握网络营销的概念、特点与功能；
3. 理解网络营销环境；
4. 掌握基本的网络营销策略；
5. 掌握网站建设的原则。

能力目标：
1. 能够制定网络营销策略；
2. 能够正确分析网络营销环境。

素质目标：
1. 培养合作与创新精神；
2. 增强现代市场竞争意识；
3. 培养法律意识。

任务导入

三只松鼠：撬动农产品产销两头

2012年，三只松鼠（图4-1）落户芜湖，开始了互联网时代的创业征程。从5个人的创业团队，到年销售额超过70亿元的公司，三只松鼠只用了短短的6年时间。截至目前，三只松鼠累计卖出160亿元的零食，牢牢占据线上线下同业态坚果零食全行业第一名。

"没有创新，就没有三只松鼠。"三只松鼠的发展可以分为三个阶段。

第一阶段，从无到有，三只松鼠成长为互联网坚果第一品牌。创业伊始，三只松鼠大胆创新，跳出了传统的商业模式，选择不断强化购物体验和文化认同。从喊一声"主人"的卖萌营销，到开箱器、湿巾和垃圾袋的贴心服务，三只松鼠紧紧围绕消费者的需求，带给消

图4-1 三只松鼠网页

费者超预期的消费体验（图4-2）。同时，正是凭借互联网强大的信息技术，三只松鼠打造互联网新农业生态圈，带动了上游500多家合作伙伴，下游则对接了7 000多万名消费者，共同分享互联网红利。自建云中央品控平台和中创食品检测有限公司，把农产品的生产者和消费者连接起来，通过用户评价及检测数据对上游生产者进行实时品质倒逼改善。三只松鼠的根本性颠覆在于，通过"互联网+"和大数据推动了农业供给侧结构性改革，在提高行业效率，降低成本的同时，提升了用户体验，更好地满足消费者需求。

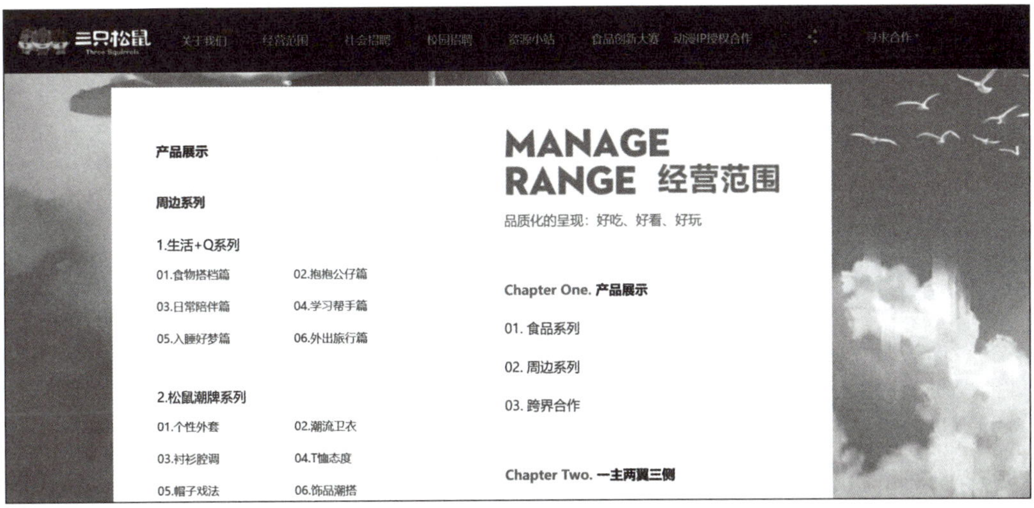

图4-2 三只松鼠经营范围

第二阶段，从有到多，三只松鼠进军全品类零食。2017年，三只松鼠确定了"让天下主人爽起来"的新使命。在此之前，三只松鼠就开始尝试跨界，从坚果扩大到全品类零食，成长为中国零食第一品牌。如今，三只松鼠的产品品类达到600多种，包括坚果、花茶、果干、肉脯、烘焙等各类零食，现在订单中60%是零食类产品。在坚果及零食产业以外，三只松鼠相继推出松鼠文化周边、动画片，不断试水跨界产品，持续强化三只松鼠的品牌IP，并以独特的松鼠文化贯穿全产业链。2018年4月，三只松鼠同名动画片（图4-3）登录北京电视台卡酷少儿频道，收视率稳居同时段第一名。在各大视频网站累计收获了近5亿次的网络播放量。三只松鼠一手抓扩品类，一手抓内容赋能，提升松鼠品牌的IP化和人格化。

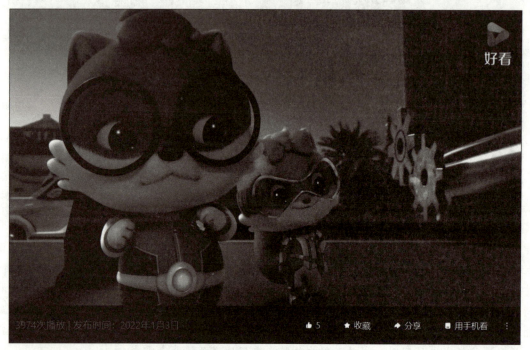

图4-3 动画片《三只松鼠》

　　第三阶段，三只松鼠转型成为供应链平台企业，以更高的效率、个性化的产品和更优的品质，重新定义新零食，实现"从多到强"。三只松鼠通过掌握的大数据，数字化改造并赋能传统供应链，进一步提升食品行业的生产效率，通过柔性制造和智能制造，成长为基于信息技术和大数据下的供应链平台企业，未来的三只松鼠将服务2亿家庭。

　　新零售的赛道上，三只松鼠加快布局，开始抢跑。2016年，在芜湖开出首家线下投食店（体验店），2017年推出2.0版的投食店。目前，三只松鼠投食店在全国落地已达38家，未来将布局超过1 000家投食店。投食店打通了线上线下渠道，同品同质同价，通过打造2.5次元城市歇脚地，持续升级消费体验。2018年5月，三只松鼠正式入驻阿里零售通，开始进入线下更为广阔的便利店市场。三只松鼠将通过优质商品和数据分析，帮助线下便利店进行效率提升，并将结合大数据分析，针对不同区域的消费习惯推出具有地域特色的定制产品。三只松鼠还将推出松鼠零食订阅店（松鼠小店），松鼠小店无须加盟费，没有管理费，每一家松鼠小店都将有创业者独特的IP特质，凭借松鼠的品牌背书和海量产品，打造各具特色的零食便利店。

　　成立以来，三只松鼠累计获得今日资本、IDG资本等约3亿元人民币的投资，产品全面覆盖天猫、京东、苏宁易购等各类电商渠道，并已建成芜湖、天津、成都、广州、西安等十二个仓储物流中心以及四大配送中心，日处理订单量超过150万单。"做强一个IP，横跨多个产业，以三驾马车为驱动"是三只松鼠未来五年的战略规划，借此努力实现销售额达300亿+，进入中国500强的目标。

三只松鼠创造了属于这个时代的荣耀。一方面通过信息技术和海量数据回流，倒逼前端的供应商伙伴，以及更前端的种植农户改善品质，保证质量，推动着中国农业的供给侧结构性改革；另一方面，利用松鼠廉政文化，构建了新时代透明、简单、信任的商业合作模式，影响并带动了一批上下游企业共同践行廉政文化，为行业和全社会精神文明建设贡献了新力量。

2018年5月第二个"中国品牌日"，人民日报新媒体评选产生最受公众欢迎的中国品牌榜。榜单分为最具品位、最具潜力、最具颜值、最具人气和最具情怀五个维度，评选出25个优秀中国品牌。"三只松鼠"荣登最具潜力榜。专家认为，三只松鼠成功地"安利"消费者养成了吃坚果的好习惯，极有潜力成为"下一个国货领头羊"。

三只松鼠，正用一往无前的创新创业，不断擦亮新时代新经济的改革名片。

（版权声明：本文为CSDN博主［qq_41454108］的原创文章，遵循CC 4.0 BY-SA版权协议,原文链接:https://blog.csdn.net/qq_41454108/article/details/85231295）

相关知识

一、网络营销信息的特点

从"飞鸽传书"到今天的互联互通，信息技术的发展经过了一个相当漫长的过程，而直到互联网时代，我们才真正做到世界范围内快速的信息共享。更让人惊讶的是，互联网已经逐步演变为用户创造信息的一个平台，现在网络信息的绝大部分都是用户自己创造的，极大地体现了互联网这一信息平台的独特参与优势。只有通过计算机网络传递的营销信息，包括文字、数据、表格、图形、影像、声音以及内容能够被人或计算机察知的符号系统，才属于网络营销信息的范畴。由于网络信息与生俱来的优势，使得网络营销从遥不可及的"神话"演变成今天各行各业谋求发展必不可少的利器。

纵观以往的网络营销实例，不难看出，网络营销实施的成功与否与网络信息运用是否得当有着必然联系。为了更好地利用网络信息资源，我们必须对网络信息有充分的认识和理解。

网络营销信息具有以下几个特点：

（1）时效性强。传统的信息，由于传递速度慢、传播渠道不畅等，经常导致信息的延迟和失效，而网络信息可以有效地避免这类情况。由于网络信息更新及时，实时传播，可以很好地保证信息的时效性。

（2）准确性高。网络信息的收集主要是通过搜索引擎直接找到信息发布源获得的。在这个过程中，减少了信息传递的中间环节，从而减少了信息的误传和更改，有效保证了信息的准确性。

（3）检索难度大。互联网之所以被称为"第四媒体"并且成为营销的有力工具，在于其强大的信息资源。有人用"信息爆炸"来形容当前网络信息的增长速度，现实也恰恰验证了这一说法并非无稽之谈。而在这浩如烟海、鱼龙混杂的信息中迅速找到自己所需要的信息，并经过加工、筛选和整理，提炼出自己所需的信息难度越来越大。

（4）交互性强。传统营销信息传播是由信息发布者发布信息，受众被动接收信息。而网络营销信息不同于传统营销信息的单向传播，接受者更具有自主性，不但可以接收信息，还可以主动发布信息，提高了信息双向沟通的功能。

（5）便于存储。传统营销信息不易保留，而网络营销信息可以随时在网上查阅并复制保留，提高了处理、存储信息的能力。

二、网络营销的概念与特点

（一）网络营销的概念

抖音的核心分发逻辑

网络营销（Internet Marketing）又称为在线营销，是企业整体营销战略的一个组成部分，是为实现企业总体经营目标所进行的，以互联网为基本手段营造网上经营环境的各种活动。

网络营销不仅仅是商家在网站上发布产品信息，而是贯穿于厂商与厂商之间、厂商与消费者之间、消费者与消费者之间的商品买卖、产品促销、网上洽谈、广告发布、市场调查等。它使营销活动打破了时空限制，营销的空间范围大大扩大了，直到世界范围和虚拟的网络空间，营销活动的时间也延长至全天24小时，一年365天。

（二）网络营销的特点

相比传统模式下的企业营销活动，网络营销具有以下几个特点：

（1）实现了个性化营销。网络市场是一个巨大的市场集合体，在这个市场中广泛分布着对个性化产品具有旺盛需求的网络消费群体。通过互联网，企业可以在第一时间了解消费者需求，并通过向市场提供相关个性化产品来满足其需求。

（2）真正实现了全球营销。网络的全球性使得网络营销跨越了国家和地区的限制，在巨大的全球市场中发挥作用。网络营销给国际贸易带来了便利，即使处于深山的农产品通过互联网也可以走出深山，冲出国门，走向世界。

（3）具有交互性，提高企业快速应变能力。企业市场营销的成功与否取决于其能否对市场充分研究及理解，能否迅速把握市场行情。网络营销使企业可以真正实现和消费者的实时双向互动，以最快的速度抓住市场机遇。

（4）改变了企业的竞争方式。在传统市场环境下，企业的竞争可以分为价格竞争和非价格竞争，而占更多比例的是价格竞争，非价格竞争主要是围绕质量、品牌等价值因素的竞争。而在网络环境下，企业的竞争方式发生了变化，更加多元化，比如强调个性化的定制营销的兴起，企业开始在创新和服务上不断努力。

（5）营造了相对公平的竞争环境。在传统环境下，企业所处的地理位置、规模、设施设备等，都会影响企业的竞争地位，而在网络营销环境下，企业的竞争不再受到时空、规模、资金的限制。

三、网络营销环境分析

网络市场是一个虚拟市场,是由亿万网民组成的,这就是网络营销的独特环境。这个市场没有时空的限制,但仍然存在文化区域的差异,可以提供全天候无休止的服务,只是视觉和听觉的虚拟社会。在当今的买方市场下,谁能够更好地掌握消费者心理,谁就可能在竞争中获胜。对于环境的充分了解和分析能够使进行网络营销的企业做到有的放矢,从而取得更好的营销效果。

1. 网民行为分析

(1) 性别结构

截至 2021 年 6 月,我国网民男女比例为 51.2∶48.8,与整体人口中男女比例基本一致,如图 4-4 所示。

来源:CNNIC 中国互联网络发展状况统计调查　　　　　　　　　　　　　　2021.6

图 4-4　网民性别结构

(2) 年龄结构

截至 2021 年 6 月,我国 30~39 岁网民占比为 20.3%,在所有年龄段群体中占比最高;40~49 岁、20~29 岁网民占比分别为 18.7% 和 17.4%,在所有年龄段群体中占比位列二、三位,如图 4-5 所示。

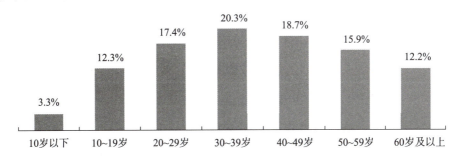

来源:CNNIC 中国互联网络发展状况统计调查　　　　　　　　　　　　　　2021.6

图 4-5　网民年龄结构

(3) 学历结构

截到 2020 年 12 月,初中、高中/中专/技校学历的网民群体占比分别为 40.3%、20.6%;小学及以下网民群体占比由 2020 年 3 月的 17.2% 提升至 19.3%,如图 4-6 所示。

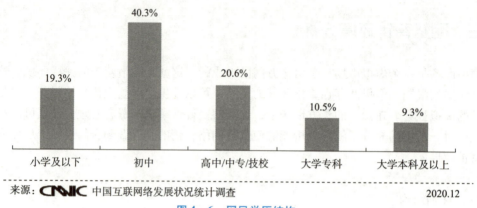

图 4-6 网民学历结构

(4) 职业结构

截至 2020 年 12 月，在我国网民群体中，学生最多，占比为 21.0%；其次是个体户/自由职业者，占比为 16.9%；农林牧渔劳动人员占比为 8.0%，如图 4-7 所示。

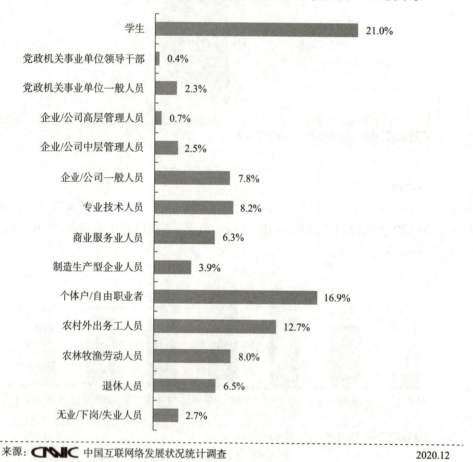

图 4-7 网民职业结构

(5) 收入结构

截至 2020 年 12 月，月收入在 2 001～5 000 元的网民群体占比为 32.6%；月收入在

5 000 元以上的网民群体占比为29.3%；有收入但收入在1 000 元及以下的网民群体占比为15.3%，如图4-8所示。

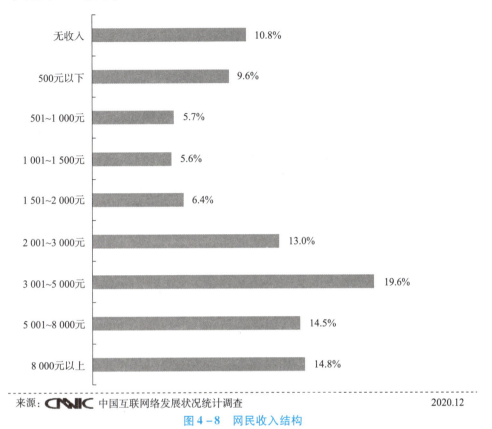

图4-8 网民收入结构

（以上信息来源：中国互联网络信息中心）

2. 网络消费者购买动机

所谓动机，就是推动人进行活动的内部原动力（内在的驱动力），即激励人行动的原因。网络消费者的购买动机则是指在网络购买活动中，能使网络消费者产生购买行为的某些内在的驱动力。

网络消费者的购买动机包括需求动机和心理动机两方面的内容。需求动机是指人们由于各种需求，包括低级的和高级的需求而引起的购买动机；心理动机则是由于人们的认识、感情、意志等心理过程而引起的购买动机。

对于企业营销部门来说，通过了解消费者的动机，就能有依据地说明和预测消费者的行为，从而采取相应的营销手段。而对于商家和消费者互不谋面的网络营销，动机研究就更为重要了。

（1）网络消费者的需求动机。

按照马斯洛需求层次理论，一般消费者的购买需求从低到高可以分为生理、安全、社交、尊重、自我实现五个层次的需求，网络消费者同样存在这五个层次的需求，同时由于网民群体的特殊性以及互联网的虚拟性，网络消费者除了这五种传统的购买需求还包括更多新

如何建立"爆款"
短视频选题库

的内容。

网络社会是一个虚拟社会，是无数文字、图像、视频、声音等信息资源的集合体，而在实质上，这个虚拟社会的背后却是无数聚集在一起的人——网民。这些网民主动聚集在一起的原因是什么？是基本的物质生活需要吗？显然不是。那么是追求安全的环境吗？也不是。有时候，可能仅仅是因为兴趣，或者幻想，或者交流信息和交易。所以，虚拟社会中人们联系的基础实质上是人们希望满足虚拟环境下的三种基本的需要：兴趣、聚集和交流。

第一，兴趣的需要。在现实社会中，可以发现许多人都有自己的兴趣。有的人喜欢读书，有的人热爱音乐，有的人喜欢运动，有的人又热衷探险。而畅游于虚拟网络的网民，从心理学的角度，兴趣有很大的动机成分：一是探索的内在驱动力；二是成功的内在驱动力。网络世界给人们展示了一个前所未有的世界，从每日的新闻，各种各样的知识，到五花八门的娱乐活动。人们出于好奇心而探究网络，这便是探索的内在驱动力；人们在网络上找到自己需要的资料、软件，在游戏中获得成功，这些都会给网民带来无比的成就感和满足感，这便是成功的内在驱动力。

第二，聚集的需要。俗话说"物以类聚，人以群分"，人是"社会人"，是以聚集而生存的动物。虚拟社会提供了具有相似经历的人们聚集的机会，这种聚集不受时间和空间的限制，并形成富有意义的个人关系。这对那些在现实生活中没有太多机会与人交流的人们尤其重要。同时，这又是一个极为民主性的群体，使得经常处于紧张状态的人们能够在这里寻求解脱。如创办于 1999 年 3 月的"天涯社区"自创立以来，以其开放、包容、充满人文关怀的特色受到了全球华人网民的推崇，经过多年发展，已经成为以论坛、部落、博客为基础的交流方式，综合提供个人空间、相册、音乐盒子、分类信息、站内消息、虚拟商店、问答、企业品牌家园等一系列功能服务，并以人文情感为核心的综合性虚拟社区和大型网络社交平台。

第三，交流的需要。聚集起来的网民，产生了一种交流的需求，随着这种信息交流频率的增加，逐步形成商品信息交易的网络，如交流二手信息的网站——二手房交易网等。

从事网络营销的企业必须要照顾到网络消费者的这三种特殊的新需求，所设计的网络营销渠道首先必须调动消费者的兴趣，利用丰富的信息资源聚集消费者群体，通过完善的检索手段或通信等充分交流信息，最后达到扩大销售的目的。

（2）网络消费者的心理动机。

网络消费者的心理动机主要分为理智动机、感情动机和惠顾动机。

第一，理智动机。这种购买动机是建立在人们对于在线商场推销商品的客观认识基础上的。众多网络购买者大多是中青年，具有较高的分析判断能力。他们的购买动机是在反复比较各个在线商场的商品后才做出的，对于所要购买的商品的品牌、特点、性能等都进行了充分的比较和研究，其购买具有客观性、周密性的特点。

第二，感情动机。感情动机是由于人的情绪和感情所引起的购买动机。低级形态的感情购买动机是由于喜欢、满意、快乐、好奇而引起的，具有冲动性、不稳定性的特点。例如，在网络上发现一本喜欢的书、一个新款的电子产品等。高级形态的感情购买动机是由于人们的道德感、美感、群体感引起的，具有较大的稳定性、深刻性。例如，通过网络商场为在外地的父母购买礼物等。

第三，惠顾动机。这是基于理智经验和感情之上的，对特定的网站、图标广告、商品产生特殊的信任与偏好而重复地、习惯性地前往访问并购买的一种动机。比如，由于某品牌具有相当的权威性，具有相当可靠的质量和信誉，网络消费者在购买时认准这一品牌，并且往往是该网站的忠实浏览者，并对其他网民有较大的宣传和影响作用，甚至在网站一时出现过失时也能予以谅解。

四、网络营销策略

对于进行网络营销的企业来说，营销策略的选择非常重要，这关系到企业网络营销能否取得成功。在网络营销环境下，传统的营销策略被赋予了新的内容，成为独特的网络营销策略。

爆款短视频必备
五大要素

（一）网络营销的产品策略

传统意义上的产品一般都是实实在在的物理意义上的产品，如书籍、光盘、CD 等，而在电子商务环境下，产品的种类得到了扩展，不仅包括有形的产品，还包括无形的数字化产品。一般来说，根据产品形态不同，网上销售的产品可以分为两大类，即实体产品和虚体产品。

实体产品是指具有物理形状的产品，可以看得见、摸得着。理论上讲，网络上可以销售任何实体产品，但在实践中，由于网络市场的成熟程度和网民消费心理、消费习惯的影响，使得有些产品并不适合网上销售。目前，适合网上销售的实体产品一般具有以下几个特征。

（1）具有高技术性能或与计算机软硬件相关，如游戏光盘等。
（2）传统市场不易买到，如个性创意新产品。
（3）产品标准化程度较高，如书籍、CD 等。
（4）通过文字、图片等网上信息就可以做出购买决策，如礼品、鲜花等。
（5）便于配送，物流成本相对较低的产品。

虚体产品的最大特点是无形化。在网络上销售的虚体产品主要是数字化产品和服务。数字化产品的种类很多，如计算机软件，先提供免费下载和试用，到一定期限后付费购买。再比如，音乐和视频，可以付费下载使用。近几年，数字化服务发展迅速。如票务服务、法律咨询、远程医疗、旅游预约、金融咨询、资料检索等。这些服务由于不受时空限制，方便快捷而越来越受到人们青睐。现在一些医院开展了网上预约挂号，给患者带来了便利，也方便了医院的管理工作。

（二）网络营销的价格策略

适合网络营销的定价策略有很多，企业只有找对适合自身的定价策略，制定出合理的价格，才能在营销中取得成功。在实际营销活动中，可以采取以下相关定价策略。

1. 低价策略

企业在开展网络营销时，有时会给商品制定一个超低价格，甚至是零利润价格，目的是以这种低价格开拓市场，扩大市场占有率。这种定价方式被称为直接低价策略，主要适用于价格需求弹性较大的日用品。有时低价策略是通过给予消费者一定的现金折扣实现的，被称为折扣低价策略。有时企业为了拓展网上市场，会采用某种临时促销定价，称为促销定价策略。

2. 定制生产定价策略

网络上的一对一营销方式使得网上的定价可以实现定制化，不同的人以不同的价格将同一产品买走。用户在网络上通过网络技术，在网站上自行配置和设计满足自己需求的个性化产品，同时承担自己所愿意付出的价格成本。如 Dell 公司的网站可以帮助用户在网上定制自己的电脑。

3. 使用定价策略

顾客通过在互联网注册后可以直接使用某公司产品，只需要根据使用次数进行付费，而不需要将产品完全购买。如一些软件产品、音乐、电影等都可以按使用次数或点播次数付费。

4. 拍卖竞价策略

拍卖竞价策略分为竞价拍卖、竞价拍买和集体议价。竞价拍卖是商家利用网络上的拍卖程序可以实现商品的在线拍卖，在一定时间和价格范围内价高者得。如淘宝网上发布商品，除了可以发布一口价商品，还可以发布拍卖商品，即设定底价，让买家竞价购买。竞价拍买则是由买家发布购买意愿，由众多卖家竞标，价低者得。集体议价也是一种特殊的拍卖竞价策略，买的人越多，价格可能越低，属于用数量充当谈判筹码的一种购买方式。

5. 免费价格策略

免费价格策略是指企业的产品或服务以零价格的形式提供给消费者。在互联网上，免费价格策略的应用处处可见，如免费软件、免费音乐、免费信息服务等，这是一种占领市场的有力手段。

（三）网络营销的渠道策略

网络营销渠道是借助互联网将产品从生产者转移到消费者，从而辅助企业营销目标实现的一整套相互依存的中间环节。一个完善的网络营销渠道主要有三大功能：订货功能、结算功能和配送功能。

网络营销渠道可以分为网络直销和网络间接销售两种。网络直销是指生产厂家通过网络营销渠道直接销售产品。常见的做法是企业在互联网上建立独立站点，申请域名，制作商品销售网页。网络间接销售则是通过网络销售中介机构销售商品，如中国商品交易市场、中国商品交易中心等都是这种中介机构。对于企业来说，选择合理的营销渠道非常重要。实践中，更多的企业是双管齐下，既拥有自己的销售站点，同时又依靠网络销售中介来增加销售量，这被称为"双道法"。

（四）网络促销策略

互联网是企业对外宣传、联系的窗口和营销运作的重要途径。企业开展网络促销主要有四种方式：站点推广、网络广告、销售促进和关系营销。其中，前两种是目前企业较常用的方式。

1. 站点推广

站点推广就是利用网络营销策略扩大站点的知名度，吸引用户访问网站，起到宣传和推广企业以及企业产品的效果。站点推广主要有两种方法：一种是通过改进网站内容和服务吸引用户访问，起到推广效果；另一种是通过网络广告宣传推广站点。第一种方法费用较低，而且容易稳定顾客访问流量,但推广速度比较慢;后一种方法可以在短时间内扩大站点知名度,但价格相对较高。

2. 网络广告

网络广告是常用的网络促销策略,关于网络广告还没有统一的定义,主要指的是以数字代码为载体,采用先进的电子多媒体技术设计制作,通过互联网广泛传播,具有良好的交互功能的广告形式。网络广告按照表现形式可以分为旗帜广告、按钮广告、漂移广告、画中画广告、全屏广告、三维广告、游戏广告、声音广告、视频广告、富媒体广告十种形式。其中,视频广告和富媒体广告是近几年兴起的新广告形式。视频广告主要是在用户浏览网络视频时在视频播放窗口所插播的广告,类似于电视广告,如图4-9所示。富媒体广告则是使用多媒体技术所制作的具有夸张视觉效果的广告类型,如图4-10所示。

图4-9 视频广告(来源于http://www.iresearchad.com/)

目前,网络广告市场正以惊人的速度增长,网络广告的作用越来越重要。与传统广告相比,网络广告具有以下特点。

(1) 传播范围广,无时空限制。

网络广告是一种全天候、全方位的网络信息服务方式,一年365天,一天24小时,无论身处何方,消费者都可以足不出户接收到网络广告所传达的信息。

(2) 定向与分类明确。

网络广告的定向性非常准确,因为许许多多的网站和网络应用已经把网民分成了一个一个的小群体,如新浪女性频道针对的就是女性群体,所以生产化妆品的企业可以有针对性地将网络广告投放在这类女性频道上。

图 4-10　富媒体广告（来源于 http：//www.iresearchad.com/）

（3）具有强制性和用户主导性的双重属性。

一方面，网络广告用夸张的视觉手法和音效以及技术上的设置使得用户不得不注意到网络广告；而另一方面，网络广告点击与否，是否达成广告主所期待的网络广告目标则由用户自己决定，而用户也可以通过广告中所提供的途径向广告主主动反馈，这反映了一定的用户主导性。随着网络广告应用越来越广泛，近些年网络广告出现越来越突出强制性特点的趋势，如使用一些全屏广告、视频广告、富媒体广告来强制用户浏览。

（4）易于及时修改。

在传统媒体上广告发布后很难更改，即使可以改动，往往也需要付出很大的经济代价。网络广告使用多媒体技术设计制作，可以按照需要及时变更广告内容。

（5）精确有效的统计。

传统广告的发布者无法确切计算有多少人接触过广告信息，因而对广告效果的评估并不精确。而网络广告发布者可以通过公共权威的广告统计系统提供的庞大的用户跟踪信息库，找到各种有用的反馈信息，也可以利用服务器端的访问记录软件，如 Cookie 程序等，追踪访问者在网站的行踪，获得访问者的点击次数、浏览次数以及时间、地域分布等有用信息。

五、网站建设的原则

企业网站是企业开展网络营销的重要场所，因此规划和建设一个有效而又适用的网站对于企业网络营销是非常重要的。企业网站可以分为三类：基本信息型、多媒体广告型、电子商务型。为了让自己的网站更有效，企业在网站建设中主要应遵循以下原则。

1. 目的性

要明确建站的目的，因为建站的目的决定了网站的功能需求，而且会影响网站的规模和投入资金的多少。如果企业想通过网站宣传自己的品牌、发布产品信息，则网站就不需要具备接受订单和支付的功能。

2. 专业性

站点主要栏目以及信息内容要体现网站的专业性，网站在技术上也要体现专业性。首先，专业而又有说服力的信息会让用户对企业的实力产生信任，进而使企业品牌能够快速被用户识别和记忆。其次，先进的建站技术会使网站发挥一些竞争对手意想不到的创意，进而使用户加深对企业的印象。如高露洁的口腔护理中心，如图4-11所示，除了对产品的详细介绍，还有专业的口腔预防保健基本知识。

图4-11　高露洁口腔护理中心

3. 实用性

网站的功能要符合用户需求，如淘宝网为了解决买卖双方的信任问题，使用了支付宝这个付款平台，无论是信用卡支付还是网上银行支付，买家的款项会被支付宝平台代为保管，直到买家收到货，在线确认收货后支付宝才会放款给卖家，而卖家也不用担心买家收货而不付款的问题。

4. 易操作性

企业在网站页面的设计上要考虑用户的易操作性。合理的板块划分、适当的页面长度、方便的导航条都会使得网站操作上更容易。另外，页面风格要始终如一，整体页面布局和用图用色风格前后一致。

5. 艺术性

互联网经济又称为"眼球经济"，因此要达到吸引眼球的目的，就要在页面设计上形成独特的艺术风格，艺术风格要体现企业的文化、产品和品牌的特征。

6. 性能

企业在网站建设中要考虑用户对网站性能的要求，如对网站的访问速度、稳定性、防病毒以及防止黑客入侵等因素的要求。

7. 经常更新维护

网站的最大特点在于其信息内容的不断更新与变化，因此，企业必须定期对网站内容进行维护与更新，让用户总能在本企业网站中了解到最新的企业信息、产品信息等相关内容。网站信息的不断更新是其保持旺盛生命力的重要源泉。对于不同类型的网站，对信息更新的重要性排序为信息型网站、多媒体广告型网站、电子商务型网站。

8. 容易发挥作用

网站只有被访问才具有价值，再好的网站，如果没有人访问和使用也是毫无价值的。首先，域名设计上，域名应该尽量容易理解和记忆，并且尽量简短；当难以简短的时候，宁愿放弃无意义或者难以理解的字符数字组合而选用稍长一点的域名；域名设计应充分考虑目标群体的特点，如果要做到国际化，域名包含汉语拼音显然是不可取的。其次，注意网站推广的应用。如注册搜索引擎，通过面向搜索引擎的网站优化增加被搜索引擎检索的机会。

六、电子商务与服务业

近年来，随着电子商务的普及与发展，服务业借助互联网开展电子商务已表现出得天独厚的优势。服务业向顾客提供的产品是无形的，因此，大部分服务都可通过网络全部或部分实现，如银行、金融和咨询服务等；有的虽然无法通过网络来实现，但是通过网络可实现服务增值，如旅游、运输等。下面就旅游业、证券业、保险业三个行业在开展电子商务时的营销策略进行分析。

1. 网上旅行预定

随着互联网应用的不断深入，网上旅游悄然兴起，人们开始从传统的旅游方式转向网上旅游资源的获取。通过旅游电子商务，旅行者可以更方便地查询旅游资料、预订酒店、机票以及门票。网上旅游资源具备前所未有的信息优势：没有时空限制，海量信息，快捷便利等。如近几年比较热门的携程旅游网，提供酒店预订、机票预订和旅游线路预订等多种服务，让用户足不出户就能够享受旅游预订的服务，如图4-12所示。

早在1997年，国内就相继有了以中国旅游资讯网、华夏旅游网、中华行知网为代表的第一代旅游网站。这类网站以图文信息方式，让国内的网民第一次感受到了网络给出游参考带来的便利。目前，专业旅游网站主要包括地区性网站、专业网站和门户网站的旅游频道三大类。

图 4-12　携程旅行网

近几年，网上旅游业对于网络营销的应用也在逐步成熟。如携程网借助网络这个信息平台推出了自由行旅游产品，不再受制于传统的旅游线路，而且价格低于单订机票、酒店、当地游的总价。例如，比较受欢迎的三亚 4 日自由行，厦门 5 日自由行等产品，游客既免去选择酒店、航班的麻烦，还能自主决定在景区的停留时间，更能享受跟团游的实惠。网上旅游在网络推广方式上，主要还是以站点推广为主，一些网站使用搜索引擎推广方式，如携程网、南航门户网站、芒果网等都使用了百度搜索推广。

截至 2021 年 6 月，我国在线旅行预订用户规模达 3.67 亿，较 2020 年 12 月增长 2 411 万，占网民整体的 36.3%。

2021 年上半年，我国在线旅行预订行业强劲复苏，出游人次快速反弹增长，企业业绩大幅提升。在线旅行预订企业不断进行数字化营销升级，寻求新的业绩增长点。在行业回暖的同时，旅行预订市场消费结构发生变化，推动整个行业高质量发展。

国内旅游经济快速复苏，旅行预订企业业绩超预期。数据显示，2021 年清明节和"五一"假期，全国国内旅游出游人次分别恢复至 2019 年同期的 94.5% 和 103.2%。在此背景下，旅行预订企业业绩反弹程度明显好于市场预期。2021 年 3 月，携程国内机票和酒店业务较 2019 年同期实现双位数增长。2021 年 3 月，途牛签约交易额环比增长超 180%，定制游签约交易额环比增长超 800%。

企业数字化赋能营销体系，带来新的业绩增长点。全球出境游业务恢复尚难预期，旅行预订企业借助营销方式创新，深挖聚合服务精准营销价值。一是旅行预订企业以直播业务为契机，布局内容生态拓展营销渠道。数据显示，微博与携程联合推出的系列电商直播节目，销售额达到 3 346 万元。二是旅行预订企业引入"盲盒"业态，获得年轻人青睐。"盲盒"机票或酒店将时间、目的地任意组合，带给消费者新奇、惊喜的体验，不满意可退货降低了用户参与的心理负担，受到众多年轻人的追捧，成为社交媒体热门话题。微博话题"机票盲盒为什么吸引年轻人"，阅读量达到 1.8 亿次。

旅行预订市场消费结构调整，高质量发展潜力巨大。一是品质休闲游成为旅游经济复苏引擎。出于安心考虑，越来越多的游客愿意提升消费水平，为旅游的品质和服务买单。二是"银发经济"为旅行预订行业带来发展契机。在旅行预订用户中，60 岁以上的老年群体达到

1 632 万。随着数字经济时代全社会对老年群体的关切，适老化服务将在提升旅游品质的同时，为旅行预订行业带来新的发展机遇。

（以上信息来源：中国互联网络信息中心《第 48 次中国互联网络发展状况统计报告》。）

2. 网上证券

网上证券业务可以看作是证券业务的电子商务实现。证券电子商务就是运用最先进的信息与网络技术对证券公司原有业务体系中的各类资源及业务流程进行重组。

网上证券业务主要包括网上证券交易和证券增值服务，而证券增值服务包括一般财经信息服务、信息研究服务、专业咨询服务、投资理财顾问服务等。

现在我国网上证券的模式主要可以分为三种：第一种是证券公司和 IT 技术厂商合作，开发可以联网实现在线行情查询、在线交易、在线增值信息服务等多种功能的软件，如国泰君安大智慧；第二种是证券公司和财经网站合作，如证券之星（如图 4-13 所示）、金融界等；第三种是证券公司依靠自己的力量开设的独立交易网站，如太平洋证券。

图 4-13 证券之星网站

目前我国网上证券发展较为成熟，并且其对网络营销的应用也越来越成熟，如开发专门的网上证券产品，网上测股、网上模拟炒股、网上股票论坛、网上股票直播等，大大方便了股民。网上证券在推广方式上，网络广告、站点推广结合使用，大大增强了网上宣传的效果。

3. 网上保险

网上保险也叫保险电子商务，是指保险公司或保险中介机构以互联网和电子商务技术为工具来支持保险经营管理活动的经济行为。

网络能将各大保险公司的各种保险产品集合起来，给网民查询保险产品、比较保险产品带来了巨大方便。网民还可以通过网络方便地进行信息咨询、保单变更等，享受保险公司更便捷的服务。更重要的是，网上投保使网民真正体会到前所未有的方便，轻点鼠标，投保即可完成。

对于保险公司或保险中介机构来说，通过网络销售保险产品大大节约了保险产品的营销费用。据有关数据统计，通过互联网向客户出售保单或提供服务要比传统营销方式节省58%~71%的费用。

网上保险产品在推广方面，多种网络营销方式相结合，如搜索引擎推广、网络广告、站点推广等，大大增强了网上保险产品的营销效果。中国平安保险公司官网如图4-14所示。

图4-14 中国平安保险公司官网

知识拓展

直播带货，合规才能"火"得久

"好吃""好看""买它"……作为数字经济新业态，直播带货近年来风头正劲。职业主播、明星、视频博主、农户等纷纷走进直播间，宣传各种产品，越来越多消费者开始青睐这种新的购物方式。同时，一些直播间也存在假冒伪劣、夸大其词、货不对板、售后不力等问题，有的主播还因为逃税问题受到税务部门处罚，相关法律法规、整顿措施陆续发布。

直播带货如何才能"火"得长久？怎样实现规范健康发展？如何看待直播带货对人们日常生活的影响？

通过价格优势、商品新颖设计和陪伴式体验，直播带货逐渐赢得了年轻消费者的心。据统计，目前中国电商直播用户规模为3.84亿，占网民整体的38%。另据企查查数据显示，全国共有1.6万家电商直播相关企业，其中2021年新注册8 364家。

商业运行方式也在改变。如今，不仅农土特产、口红、面膜等小件商品"走"进直播间，还扩展到家具、汽车，甚至房子。"电商直播改变了消费者和企业之间的关系，让'人'找'货'变成了'货'找'人'。"

直播带货领域流传一句话："万物皆可播，人人皆主播。"随着移动互联网发展和普及，直播带货的低门槛和高关注度在吸引更多人加入的同时，逐渐暴露出一些问题。

——质量低劣、虚假宣传、售后不到位。广州的一位消费者在某平台主播推荐下购买了一款护颈枕，拿到货后才发现这款枕头和普通枕头无异，根本没有主播宣传的缓解颈肩疼痛的功效，可她想退货时发现连直播平台找不到了。

——刷单、刷流量、虚假举报。尽管相关部门和各大电商平台对刷单的打击力度不断加大，但是网络上的流量贩子仍然存在。在某网店的报价单上，机器刷单包年价格从1 000元到5 000元不等，还对应不同观看人数、点赞分享、带货销量和真人评论数。

——有的主播通过"脚本""话术"提升直播间热度，甚至违法违规。在一些直播间，消费者想要"秒杀"商品得需要先看半小时直播；有的主播自称"降价补贴"，与其他工作人员"吵架式""打架式"带货，训练有素。在巨大经济利益面前，有的主播通过夸张表演诱导消费者下单，甚至铤而走险、偷税漏税。

为破解这些"成长的烦恼"，监管正在强化。2020年11月，国家市场监管总局发布《关于加强网络直播营销活动监管的指导意见》，明确直播带货过程中涉及各方主体的责任义务。2021年4月，国家网信办等7部门联合发布《网络直播营销管理办法（试行）》，明确直播营销行为的8条"红线"，包括不得欺骗、误导用户，不得进行数据流量造假等。2021年9月，国家税务总局印发通知，对网络直播等新业态从业人员给予包容性的自查整改期，同时明确对自查整改不彻底、拒不配合或情节严重的依法严肃查处。此外，不少平台也在健全直播治理方面下功夫。例如，从售后制度完善、分级标准建立、内容生态优化等多维度提升平台整体环境；构建起包含7天无理由退货、假一赔九、退货补运费、退款不退货等"信任购"体系；强化监管义务，督促协助主播依法依规办理纳税申报等。

目前，抖音推出"山货上头条"助农项目，并持续开展乡村直播带货人才培训；快手从机制设置上让中小主播有接触到消费者的机会……当直播带货的新技术、新模式被植入中国广袤的乡土大地，依托平台规范引导和当地特色资源，碰撞出更闪亮的创业火花。

事实上，任何新技术本身都是一把双刃剑，只有当其被规范化使用时，才能实现良性发展。直播带货成为新职业后，互联网营销师国家职业技能标准正式出炉。其中，"遵纪守法""严控质量"被写入相应的职业守则中。申报者需进行理论知识考试、技能考核以及综合评审。考试知识除职业道德、营销基础知识外，还包括网络安全法、消费者权益保护法、电子商务法、网络直播营销管理办法等20多项法律法规知识。

"合规发展，直播带货才能走得长远。"压实平台责任，使其承担好自身法律责任和社会责任；明确培训网红、主播的相关机构责任，确保合法合规；对主播加强监管，对严重违法违规的强化惩戒。业内人士认为，随着相关法律法规逐步建立健全，虚拟现实等新技术深化应用，直播平台、主播、商家规则意识增强，消费者不断成熟，直播带货将摒弃拼低价、泛流量模式，迈向拼专业内容、精耕细作之路。未来直播带货产业链环节会逐步上移，进入中间产品领域，建成相应交易平台，带动产业链整体发展，这将进一步降低交易成本，让消费者享受到更多实惠。

（信息来源：人民网，发布时间：2022-01-17 06：30）

课后练习

一、简答题

1. 网络营销有哪些特点？
2. 网络消费者有哪些新的需求？
3. 网络广告按照表现形式可以分为哪些种类？

4. 与传统广告相比，网络广告有哪些特点？
5. 网站建设的原则是什么？

二、技能实训

实训目的：通过实训加深对网络营销的认识，学习使用网络促销工具。

1. 登录 http：//www.taobao.com/，注册店铺。
2. 上传商品，对商品进行推广，促销内容和形式自拟，并撰写报告。
3. 几个朋友之间进行友情链接。
4. 利用绘图工具进行网店 Logo 设计。

任务五

电子商务与物流

任务目标

知识目标：
1. 掌握电子商务物流的内涵；
2. 理解电子商务与物流的相互关系；
3. 掌握电子商务企业物流选择模式。

能力目标：
1. 能够正确选择电子商务物流模式；
2. 能够分析电子商务对物流运作方式的影响。

素质目标：
1. 培养团队协作精神；
2. 树立守正创新意识；
3. 培养节约成本理念；
4. 树立现代服务意识。

任务导入

京东仓储系统：应对物流高峰，品质、效率两相宜

京东自建的仓储管理系统（WMS）显示，京东位于全国的166个大型仓库均已经为2015年的"双11"促销"各就各位"。面对物流高峰，京东仓储体系通过标准化管理保障服务效率与商品品质，蕴含了多方面的努力。

多个仓储中心，一张四通八达的网

京东在2007年年底就决定自建物流，在京东看来，更好地控制供应链能够创造更好的用户体验，合理可持续的仓储布局，不仅仅是效率和产能的支撑，也是品质的保障。京东仓储物流部运营总监说："如果仓库离消费者近，就能减少物品的流动，降低成本，提升效率，同时最大限度地减少物品流动过程中的品质损耗。京东希望自己的物流只有两次搬运，

从厂家到库房，从库房到消费者，实现仓配一体化。"

基于这样的仓储理念，京东从两个维度进行仓储扩张。一方面，京东在全国范围内自建不同层次的仓储中心，形成星罗棋布的格局。目前，京东在北上广等七地设置了中心仓，在济南、南京、重庆等城市设置了前置仓，下一级城市设置分拨中心，再下一级是中转站。截至2015年6月30日，京东已在全国44座城市运营了166个大型仓库。

另一方面，京东开始启动自有仓储与供应商仓储的资源整合，通过整合、共享，使仓储资源利用率最大化。比如，利用大量传统店面、厂家、代理商的库存资源，实现部分商品无须进入京东库房，两小时内送达消费者，又如京东仓储中心向第三方供应商开放，等等。

N个仓储单元，标准化作业保"品质"与"鲜度"

在统筹布局，建设一张四通八达、布局合理的仓储网络的同时，京东不断升级和优化仓储中心的各个工作单元，提高"点"的质量和效率。据中国电子商务研究中心了解，每一件货物进入京东仓库都会经过"入库、上架、拣货、复核、打包"等作业流程，最后转入物流配送环节，如果不能将这些环节标准化、规范化，商品在仓储环节就很有可能受到损害。所以，京东对仓储环节有非常严格的规范化和标准化流程，每位员工上岗前都必须经过严格培训。这也是保障在库货物的"品质"与"鲜度"，提升货物流转效率的秘诀。

入库检测是所有商品进入京东仓储的第一道关卡。坚守正品行货、对假货零容忍的京东有着非常严格的商品入库检查或抽检，京东希望提前规避和处理那些潜在的损害消费者利益的货品，对不符合京东要求的残次品、有质量问题的商品以及篡改商品批号、质保期的不诚信商品，进行坚决处理并对违规商家进行严厉处罚。

为了更好地保障货品的品质和"鲜度"，京东仓库有严密而科学的规定。比如，对于化妆品等保质期限要求较高的商品，京东严格跟踪监控，要求进入仓库的商品保质期不能超过总保质期的1/3，同时要求出库商品保质期不能超过总保质期的2/3，一旦发现临近保质期商品，则及时下架、退库处理；对玻璃器皿、酒类等易碎商品避免高置存放，打包时使用气柱袋，在瓶与瓶之间加装瓦楞纸，避免运输过程碰撞，封装时使用红色胶带，液体产品单独存放，给配送环节明显提示、警示，确保货品送到客户手中完整无损；对珠宝、手表等昂贵商品设立专门的高值区存放，同时要求工作人员戴白手套作业，保持商品干净整洁。对于人员出入仓库进行严格的安检制度，并实现了全流程摄像监控，以便仓库中每一工作环节都有据可查。

一套仓储管理系统，更加高质、高效的明天

位于上海嘉定的亚洲一号是京东推动仓储自动化、智能化的一个代表，探访过它的人最大的感受便是"满眼都是自动化、智能化"。目前，投入运行的亚洲一号一期工程，建筑面积约为10万平方米，分为立体库区、多层阁楼拣货区、生产作业区和出货分拣区，"亚洲一号"的仓库管理系统、仓库控制系统、分拣和配送系统等整个信息系统均由京东自主开发，自动化、智能化技术的采用大大提升了效率，降低了人为因素对商品品质的影响。以"出货分拣区"为例，因为采用了自动化的输送系统和代表目前全球最高水平的分拣系统，分拣处理能力达16 000件/小时，分拣准确率高达99.99%。

京东自研发的仓储管理系统（WMS）智能化和数据化的特征已经非常明显：供应链预测系统可以在促销信息出来前进行重点商品信息提示，以便工作人员将重点商品放置到离传送线最近的位置，订单一来货物就可以快速出仓；自动补货系统能根据货物的出货频率提示

货物的调库、补货并将货物送到离传送线最近的位置；利用 RFID 技术的储位探测系统可以定位每一件商品的储位，自动判断这个货物的传送位置，订单下来它会告诉检货员最佳的检货路径。这个系统未来还能做到用大数据预测某个区域的销售情况，自动下采购订单，采购入库以后与卫星库之间自动进行仓间调拨，从预测、补货到仓间调拨全部实现数据驱动，实现更高水平的智能化。

京东通过更合理的仓库布局打造了一张有形的物理网络，又通过持续优化的作业流程和自动化、智能化手段打造了一张无形的网络，两网层叠，京东仓储体系在"京东品质"和"京东效率"中扮演了举足轻重的支撑作用。不过，仓储体系的优化是"没有最好、只有更好"的持续竞赛，京东仍在路上。

（信息来源：中国电子商务研究中心，http：//www.100ec.cn）

相关知识

一、电子商务物流概念

（一）物流的含义

物流是一个十分现代化的概念，由于它对商务活动的影响日益明显，因此，越来越受到人们的关注。

物流（Physical Distribution，PD）一词最早出现于美国，1915 年阿奇·萧在《市场流通中的若干问题》一书中提到"物流"一词，并指出"物流是与创造需求不同的一个问题"。在 20 世纪初，西方一些国家已经出现生产大量过剩、需求严重不足的经济危机。企业提出了销售和物流的问题，此时的物流指的是销售过程中的物流。

在第二次世界大战期间，围绕战争供应，美国军队研究并应用"后勤管理"理论，实现对军火等战争物资的运输、补给、存储等的全面管理，取得了很好的效果。第二次世界大战后，后勤管理逐渐形成了单独的管理科学，"后勤"（Logistics）一词在企业中被广泛应用。人们注意到，这时"后勤"一词已经不仅仅是军事上的含义了，它包含了生产过程和流通过程的物流，因而是一个包含范围广泛的物流概念。现在人们普遍把物流称作 Logistics。

第二次世界大战结束后，欧洲大陆一片废墟，美国为了援助欧洲提出了著名的"欧洲复兴计划"，又称为马歇尔计划（Marshall Plan）。这是第二次世界大战后美国援助欧洲的计划。1947 年 6 月 5 日，美国国务卿乔治·马歇尔（George Catlett Marshall，1880—1959）在哈佛大学发表演说，提出援助欧洲经济复兴的方案，故名"马歇尔计划"。他指出，当时欧洲经济濒临崩溃，粮食和燃料等物资极度匮乏，而其需要的进口量远远超过它的支付能力。如果没有大量的额外援助，就会面临性质非常严重的经济、社会和政治危机。他呼吁欧洲国家采取主动共同制订一项经济复兴计划，美国则用其生产过剩的物资援助欧洲国家。1947年 7—9 月，英国、法国、意大利、奥地利、比利时、荷兰、卢森堡、瑞士、丹麦、挪威、瑞典、葡萄牙、希腊、土耳其、爱尔兰、冰岛 16 国的代表在巴黎开会，决定接受"马歇尔计划",建立了欧洲经济合作委员会,提出了要求美国在 4 年内提供援助和贷款 224 亿美元的总报告。1948 年 4 月,德国西部占领区和的里雅斯特自由区也宣布接受 1948 年 4 月美国国会通过的《对外援助法案》,"马歇尔计划"正式执行。计划原定期限 5 年(1948—1952 年),1951 年年底,美国宣布提前结束,代之以《共同安全计划》。美国对欧洲拨款共达 131.5 亿美元,其中赠款占 88%,其余为贷款。

"马歇尔计划"实施期间,西欧国家的国民生产总值增长了 25%。"马歇尔计划"是战后美国对外经济技术援助最成功的计划,它为北大西洋公约组织和欧洲经济共同体的建立奠定了基础,对西欧的联合和经济的恢复起了促进作用。

"马歇尔计划"中最关键的因素是美国要向欧洲运送大量的原材料等物资,这就涉及具体的物资组装以及配送(即物流),是物流产生的历史背景。

1963 年,物流的概念被引入日本,当时的物流被理解为"在连接生产和消费间对物资履行保管、运输、装卸、包装、加工等功能,以及作为控制这类功能后援的信息功能,它在物资销售中起了桥梁作用"。20 世纪 80 年代,我国才接触物流这个概念,此时的物流已被称为 Logistics,已经不是过去 PD 的概念了。

关于物流的概念,不同时期、不同国家和地区认识均有不同。具有代表性的是,1985 年美国物流管理协会(CLM)将物流的名称从"Physical Distribution"改为"Logistics",并将其定义为"以满足顾客需要为目的,对货物、服务及相关信息从起源地到消费地的有效率、有效益的流动和储存进行计划、执行和控制的过程"。

欧洲物流协会于 1994 年发表的《物流术语》中将物流定义为:"物流是在一个系统内对人员或商品的运输、安排以及与此相关的支持活动的计划、执行与控制,以达到特定的目的。"

日本日通综合研究所 1981 年在《物流手册》上对物流的定义是:"物流是物质资料从供给者向需要者的物理性移动,是创造时间性、场所性价值的经济活动。"

我国 2001 年颁布的《国家标准物流术语》中对物流的定义是:"物流(Logistics)是指物品从供应地向接收地的实体流动过程。根据实际需要,将运输、储存、装卸、搬运、包装、流通加工、配送、信息处理等基本功能实施有机结合。"

(二)物流的分类

由于物流对象不同,物流目的不同,物流范围不同,因此,形成了不同类型的物流。物流可以按照下列标准进行分类。

1. 按照物流的范围不同,物流可以分为宏观物流和微观物流、国际物流和国内物流

宏观物流是指社会再生产总体的物流活动,即从社会再生产总体角度认识和研究的物流活动。微观物流是指消费者、生产者等所从事的实际的、具体的物流活动。

国际物流是指在两个或两个以上国家(或地区)之间所进行的物流活动。国内物流是指在一个国家内发生的物流活动。

2. 按照物流系统性质可以将物流分为社会物流、行业物流和企业物流

(1)社会物流是全社会物流的整体,也称为大物流或宏观物流。社会物流的一个标志是:它是伴随商业活动发生的,也就是说与物流过程和所有权的更迭相关。就物流学的整体而言,可以认为研究对象主要是社会物流。社会物流的流通网络是国民经济的命脉,流通网

络分布是否合理，渠道是否畅通这些都是至关重要的，必须对其进行科学管理和有效控制，采用先进的技术手段，保证高效能、低成本运行，这样做可以带来巨大的经济效益和社会效益。

（2）行业物流是指同一行业为了本行业的共同目标或整体利益，而形成的行业内部物流网络。例如在日本建设机械行业，提出行业物流系统化的具体内容有：各种运输手段的有效利用；建设共同的零部件仓库，实行共同集中配送；建立新旧设备及零部件的共同流通中心；建立技术中心，共同培训操作人员和维修人员；统一建设机械的规格等。又如在大量消费品方面提出采用发票的统一、商品规格的统一、法规政策的统一、托盘规格的统一、陈列柜和包装模数化等。

（3）企业物流是指在经营范围内由生产或服务活动所形成的物流系统。企业物流按照物流活动发生的顺序，又可以分为供应物流、生产物流、销售物流、回收和废弃物流。

3. 按照物流活动的经营主体不同，物流可以分为第一方物流、第二方物流、第三方物流和第四方物流

（1）第一方物流是指供方所组织的物流，包括生产或流通企业在销售商品时自己所组织的物流活动。

丰巢加入快递柜战局

（2）第二方物流是指需方所组织的物流，是指用户企业从供应商市场购进各种物资而形成的物流。

（3）第三方物流也叫合同物流或契约物流，是指专业物流企业整合各种资源，为客户提供各种专业的物流服务。第三方物流与产品的供需没有关系，是以第三方的身份参与物流活动。

（4）第四方物流（4PL）的概念首先是由安德森咨询公司提出的，它甚至注册了该术语的商标，并定义为"一个调配和管理组织自身的及具有互补性的服务提供商的资源、能力与技术，来提供全面的供应链解决方案的供应链集成商"。所谓第四方物流，就是供应链的集成者、整合者和管理者。它主要是通过对物流资源、物流设施和物流技术的整合和管理，提出物流全过程的方案设计、实施办法和解决途径。

（三）电子商务物流的概念与特点

1. 电子商务物流的概念

在电子商务条件下，信息流、商流和资金流的处理都可以通过计算机和网络通信设备实现。物流作为四流中最为特殊的一种，涵盖了商品或服务的流动过程，包括运输、储存、配送、装卸和保管等各种活动。对于少数商品和服务来说，可以直接通过计算机网络传输的方式进行配送，如各种电子出版物、信息咨询服务、有价信息软件等。但对于大多数实体商品来说，其配送仍需经过物理方式传输。可以说，电子商务物流是指基于信息流、商流、资金流网络化的物资的配送活动，包括软体商品（或服务）的网络传送和实体商品的物理传送。

2. 电子商务物流的特点

（1）信息化。

电子商务时代，物流信息化是电子商务的必然要求。物流信息化表现为物流信息的商品化、物流信息收集的数据库化和代码化、物流信息处理的电子化和计算机化、物流信息传递的标准化和实时化、物流信息存储的数字化等。

信息化是基础，没有物流的信息化，任何先进的技术设备都不可能应用于物流领域。信息技术及计算机技术在物流中的应用将会彻底改变世界物流的运作形式。

（2）自动化。

自动化的基础是信息化。自动化的核心是机电一体化，外在表现是无人化，效果是省力化；目的是扩大物流作业能力，提高劳动生产率，减少物流作业差错，获取更大利润。

（3）网络化。

物流信息化的高层次应用首先表现为网络化。这里所说的网络化有两层含义：一是物流配送系统的计算机通信网络，包括物流配送中心与供应商的联系要通过计算机网络，与下游顾客之间的联系也要通过计算机网络通信；二是组织的网络化，即所谓的企业内部网。比如，台湾的电脑业在20世纪90年代创造出了"全球运筹式产销模式"，这种模式的基本点是按照客户订单组织生产，生产采取分散形式，即将全世界的电脑资源都利用起来，采取外包的形式将一台电脑的所有零部件、元器件和芯片外包给世界各地的制造商生产，然后通过全球的物流网络将这些零部件、元器件和芯片发往同一个物流配送中心进行组装，由该物流配送中心将组装的电脑迅速发给订户。

（4）智能化。

这是物流自动化、信息化的一种更高层次应用。物流作业过程需要大量的运筹和决策，如库存水平的确定、运输（搬运）路径的选择、自动导向车的运行轨迹和作业控制、自动分拣机的运行、物流配送中心经营管理的决策支持等问题，都需要借助于大量的知识才能解决。在物流自动化的进程中，物流智能化是不可回避的技术难题。

（5）柔性化。

随着市场变化的加快，产品生命周期正在逐步缩短，小批量、多品种的生产已经成为企业生存的关键。目前，国外许多适用于大批量制造的生产线正在逐步改造为小批量、多品种的柔性生产线。柔性化本来是为实现"以顾客为中心"的理念而在生产领域提出的，但要真正做到柔性化，即真正能根据消费者需求的变化来灵活调节生产工艺，没有配套的柔性化的物流系统是不可能达到目的的。因此，柔性化的物流正是适应生产、流通与消费的需求而发展起来的一种新型物流模式。这就要求物流配送中心根据消费需求"多品种、小批量、多批次、短周期"的特色，灵活组织和实施物流作业。

（6）全球卫星定位系统（GPS）广泛应用。

随着全球卫星定位系统的应用，社会大物流系统的动态调度、动态储存、动态运输将逐渐代替企业的静态固定仓库。由于物流系统优化目的是减少库存直至零库存，这种动态仓储运输体系借助于全球卫星定位系统，充分体现了未来宏观物流系统的发展趋势。

（7）绿色物流。

随着环境资源的恶化，人类生存和发展面临的威胁越来越大，因此人们对资源的利用和环境的保护越来越重视。物流系统中的托盘、包装箱、货架等资源消耗大的物品的应用出现了以下趋势：

①包装箱材料采用可降解材料。

②托盘的标准化提高可重用性。

③供应链管理的不断完善大大降低了托盘和包装箱的使用。

二、电子商务与物流的关系

电子商务与物流之间存在着非常密切的关系，我们可以从两方面来分析：一是物流在电子商务中的重要作用；二是电子商务对物流活动的影响。

（一）物流在电子商务中的作用

1. 物流是电子商务的重要组成部分

电子商务是信息化、网络化的产物，和其他商务活动一样，在电子商务过程中，同样包含着四种基本的"流"，即商流、信息流、资金流和物流。通过互联网，电子商务可以很好地解决信息流、商流和资金流的问题。用户可以很方便地在网上找到自己想要购买的商品，还可以轻点鼠标快捷地实现在线订单的传递，而且网上银行以及多种网上支付平台也给资金流的完成提供了极大的便利。一些电子出版物（如软件）可以很方便地进行网上递送，但绝大多数商品需要通过各种方式完成商品的物理位移。而物流能否很好地完成并不取决于先进的互联网络。

1999 年 9 月，我国的一些单位组织了一次 72 小时的网上生存测验。测验中一个突出的问题就是物流问题，尤其是费尽周折填好订单后漫长的等待，使电子商务的跨时域优势也丧失殆尽。当人们艰苦搜索过网页，欣喜地发现自己需要的食品并确定订单后，接下来的却是无奈的等待，货郎和送货车迟迟没有出现。更多的人开始认真思索，电子商务的目的是实现交易，物流与交易方式同样重要。

这再次使人们认识到物流在电子商务活动中的重要地位，认识到现代化的物流是电子商务活动中不可缺少的部分。

2. 物流是电子商务的基本要素

电子商务概念模型如图 5-1 所示。

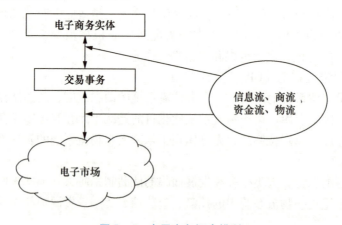

图 5-1 电子商务概念模型

在电子商务概念模型中，电子商务实体是指能够从事电子商务的客观对象，包括企业、银行、商店、政府机构和个人等。电子市场是指电子商务实体从事商品和服务交换的场所，它由各种各样的商务活动参与者，利用各种通信装置，通过网络连接成一个统一的整体。交易事务是指电子商务实体之间从事的具体的商务活动的内容，如询价、报价、转账支付、广告宣传、商品运输等。在电子商务的任何一笔交易中，都包括四种基本的"流"，即信息流、商流、资金流和物流。在电子商务概念模型中，强调了信息流、商流、资金流和物流的整合，物流是其中必不可少的要素。

3. 物流是实现电子商务的保证

物流对于实现电子商务起着至关重要的作用，主要体现在以下几个方面。

首先，物流保障生产。无论何种商务活动，生产都是商品流通之本，生产的顺利进行都需要各种物流活动的支持，从原材料的采购、在制品的储存，直至产成品的运输，都离不开物流。即使是生产过程中，物料在各个工艺流程之间流转也需要物流的支持才能完成。回收物流和废弃物流，更是生产过程中必不可少的环节。

其次，物流服务于商流。商流是指商品所有权的转移，是指商品交易过程中一系列的活动。在电子商务下，商流的完成是以消费者确认网上订单来实现的，但电子商务活动并未结束，只有商品和服务真正转移到消费者手中，商务活动才告终结。如果没有现代化的物流支持，电子商务快捷的商流活动只能是一纸空文，毫无意义。

最后，物流是实现"以顾客为中心"理念的根本保证。电子商务要想做好，就要方便消费者，一切以消费者为中心作为其经营理念。但是如果没有快速的现代化物流支持其运作，那么这种理念最终将无法实现。试想，如果消费者很方便地就完成了商品的在线挑选、在线订单的确认和支付，但是需要等待10天甚至更长时间才能收到所需的商品，那么电子商务的快捷优势便荡然无存，消费者也将最终远离这样的电子商务。因此，物流是实现"以顾客为中心"理念的根本保证。

据国家邮政局网站消息，2021年，全国快递服务企业业务量累计完成1 083.0亿件（图5-2），同比增长29.9%；业务收入累计完成10 332.3亿元，同比增长17.5%。其中，同城业务量累计完成141.1亿件，同比增长16.0%；异地业务量累计完成920.8亿件，同比增长32.8%；国际/港澳台业务量累计完成21.0亿件，同比增长14.6%，如图5-3所示。

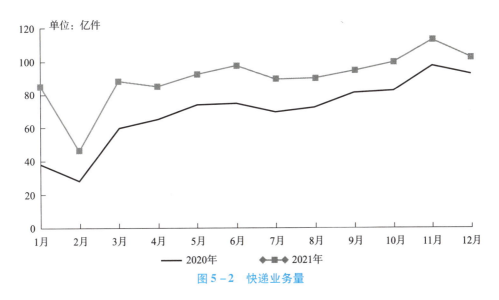

图5-2 快递业务量

1 083亿件快递，连接了千家万户。最东，送到了黑龙江抚远市的小河子；最西，寄达了新疆乌恰县斯姆哈纳村；最南，来到了海南三沙市永兴岛；最北，飞至黑龙江漠河市北极村。

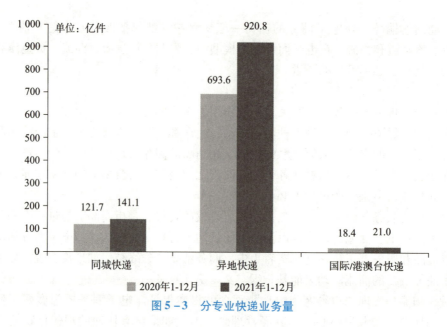

图 5-3　分专业快递业务量

2021年，东、中、西部地区快递业务量比重分别为78.1%、14.6%和7.3%，业务收入比重分别为78.2%、12.9%和8.9%。与2020年同期相比，东部地区快递业务量比重下降1.3个百分点，快递业务收入比重下降1.4个百分点；中部地区快递业务量比重上升1.3个百分点，快递业务收入比重上升1个百分点；西部地区快递业务量比重基本持平，快递业务收入比重上升0.4个百分点。

（信息来源：国家邮政局网站）

（二）电子商务对物流活动的影响

1. 电子商务改变了人们传统的物流观念

电子商务作为一种新兴的商务活动，为物流创造了一个虚拟空间。在电子商务环境下，人们在进行物流活动时，物流的各种职能及功能都可以通过虚拟化的方式表现出来。在这种虚拟化的过程中，人们可以通过各种组合方式，寻求物流的合理化，使商品实体在实际的运行过程中，达到效率最高、费用最省、距离最短和时间最少的目的。

2. 电子商务能够改变物流的运作方式

（1）电子商务可使物流实现网络的实时控制。传统的物流活动在其运作过程中，不管是以生产为中心，还是以成本或利润为中心，其实质都是以商流为中心，从属于商流活动，因此，物流是紧紧伴随着商流来运作的。但在电子商务环境下，物流的运作是以信息为中心的，信息不仅决定了物流的运作方向，也决定着物流的运作方式。

（2）网络对物流的实时控制是以整体物流来进行的。在传统的物流活动中，虽然能够依据计算机对物流进行实时控制，但这种控制都是以单个运作方式来进行的。比如，在实施计算机管理的物流中心或仓储企业中，计算机管理信息系统大都是以企业自身为中心来管理物流的。而在电子商务时代，由于网络全球化的特点，可使物流在全球范围内实施整体的实时控制。

3. 电子商务能够改变物流企业的经营形态

（1）电子商务能够改变物流企业对物流的组织和管理。在传统经济条件下，物流往往是由某一企业来进行组织和管理的，而电子商务则要求物流从社会的角度实行系统的组织和管理，以打破传统物流分散的状态。要求企业在组织物流的过程中，不仅要考虑本企业的物流组织和管理，更要考虑全社会的整体系统。

（2）电子商务能够改变物流企业的竞争状态。在传统经济活动中，物流企业之间存在激烈的竞争，这种竞争往往是依靠本企业提供优质服务、降低物流费用等方面来进行的。在电子商务时代，这些竞争内容虽然依然存在，但有效性却大大降低，原因在于电子商务需要一个全球性的物流系统来保证商品实体的合理流动。对于一个企业来说，即使它的规模再大，还是难以达到这一要求，这就要求物流企业相互联合起来，形成一种协同竞争的状态，以实现物流高效化、合理化和系统化。

4. 电子商务能够促进物流基础设施的改善和物流管理与技术水平的提高

（1）电子商务能够促进物流基础设施的改善。电子商务高效率和全球性的特点，要求物流也必须达到这一目标。而物流要达到这一目标，良好的交通运输网络、通信网络等基础设施是最基本的保证。

（2）电子商务能够促进物流技术的进步。物流技术主要包括物流硬技术和软技术。物流硬技术是指在组织物流过程中所需的各种材料、机械和设施等技术；物流软技术是指组织高效率的物流所需的计划、管理、评价等方面的技术和管理方法。从物流环节来考察，物流技术包括运输技术、保管技术、装卸技术和包装技术等。物流技术水平的高低是决定物流效率高低的重要因素，建立适应电子商务运作的高效率的物流系统，对加快提高物流技术水平意义重大。

（3）电子商务能够促进物流管理水平的提高。物流管理水平的高低直接决定和影响着物流效率的高低，也影响着电子商务高效率优势的发挥和实现问题。只有提高物流的管理水平，建立科学、合理的管理制度，将科学的管理手段和方法应用于物流管理当中，才能确保物流的畅通进行，实现物流的合理化和高效化，促进电子商务的发展。

5. 电子商务对物流人才提出了更高的要求

电子商务要求物流管理人员不仅具有较高的物流管理水平，还要具有较高的电子商务知识，并能在实际的运作过程中将二者有机结合在一起。

三、传统企业实施电子商务的要素（SCM、ERP、CRM、BPR）

（一）供应链管理

1. 供应链的概念

供应链的概念始于20世纪80年代。受经济及用户需求等不确定性的增加和技术迅速发展等因素的影响，供应链概念提出的时间虽不长，但已经引起人们的广泛关注，尤其受到那些致力于完善精益生产、全面质量管理（Total Quality Management，TQM）、及时生产方式（Just In Time，JIT）等管理思想的企业和研究机构的青睐。由于互联网的出现，客户接入系统的成本变得非常低廉，实时的信息可以在供应商、经销商和客户之间自由流动，他们之间的边界也逐步消融，从而为实现供应链管理提供了机会。

所谓供应链（Supply Chain），是指在产品生产和流通过程中所涉及的原材料供应商、生产商、分销商、零售商以及最终消费者（用户）所组成的供需网络。供应链的结构模型如图 5-4 所示。

供应链由所有加盟的节点企业组成，其中一般有一个核心企业（可以是生产制造企业，也可以是大型零售企业），节点企业在需求信息的驱动下，通过供应链的职能分工与合作（生产、分销、零售等），以资金流、物流和服务流为媒介实现整个供应链的不断增值。

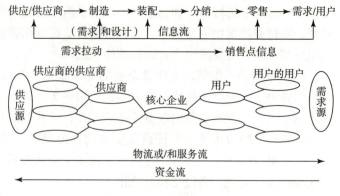

图 5-4　供应链结构模型

供应链可以分为内部供应链与外部供应链。内部供应链是指企业内部产品生产和流通过程中所涉及的采购部门、生产部门和分销部门等组成的供需网络；外部供应链是指企业外部的、与企业相关的产品生产和流通过程中涉及的原材料供应商、生产厂商、储运商、零售商以及最终消费者组成的供需网络。内部供应链和外部供应链共同组成了企业产品从原材料到成品到消费者的供应链。可以说，内部供应链是外部供应链的缩小化。如对于制造厂商，其采购部门就可看作外部供应链中的供应商。它们的区别只在于外部供应链范围大，涉及企业众多，企业间的协调更加困难。

2. 供应链的特点

（1）以物资产品为核心，以产品运作为主要内容。产品运作主要包括产品的制造支持（原材料、零部件、设备工具的供应）、装配或筹集（主要是指产品购进、储存）以及产品分销（销售、配送）等。

（2）多层次结构。包括供应商、生产商、分销商、零售商、最终消费者、用户等多个层次。

（3）多功能集成。供应链集成了产品运作的多种功能，既包括购进、加工和分销的业务功能，也包括策划、设计和作业等多种操作功能，还包括包装、装卸、运输、搬运、储存和信息等多种物流功能。

（4）协调配合。供应链是由多个单元结合起来，综合完成多种功能的有机结合体，这就要求供应链各个单元进行很好的协调配合。没有协调配合，供应链就不可能很好地运行。

（5）有特定的目的。供应链的运作是以最终产品满足最终用户为目的，并使这种满足需求的活动能够做到成本更低、效果更好。供应链中的每个企业的产品不一定是供应链的最终产品，每个企业的用户也不一定是供应链中的最终用户，但是它们作为供应链中的成员，都要对供应链的最终产品满足最终用户的要求做出自己的贡献。

（6）由核心企业操作。供应链一般由核心企业进行操作和管理，只有核心企业才是上游供应链和下游供应链的连接点，所以它既有必要又有可能对它们进行策划、组织和控制，因此整个供应链应当由核心企业进行操作和管理。供应链最根本的特点是协调配合，它是整个供应链效率的基础，也是供应链的生命力所在，还是供应链最大的特点和优点。没有协调配合，就没有供应链。

3. 供应链管理的概念

供应链管理（Supply Chain Management，SCM），是指利用管理的计划、组织、指挥、协调和控制及激励职能，对产品生产和流通过程中各个环节所涉及的物流、信息流、资金流、价值流以及业务流进行合理的调控，以达到最佳组合，发挥最大的效率，迅速以最小的成本为客户提供最大附加值的目的。

供应链管理是在现代科技和产品极其丰富的条件下发展起来的管理理念，它涉及各种企业及企业管理的方方面面，是一种跨行业的管理。

供应链管理主要涉及四个领域，供应、生产计划、物流和需求。它是以同步化、集成化生产计划为指导，以各种技术为支持，尤其以 Internet/Intranet 为依托，围绕供应、生产作业、物流、满足需求来实施的。它把所有加盟的节点企业集成起来，使供应链上各个企业分担的采购、生产、销售职能成为一个协调发展的有机体，提高整个供应链的效益，共享供应链管理为企业带来的经济效益。

4. 供应链管理与电子商务

在电子商务时代，企业与企业之间的竞争已转向供应链与供应链的竞争，利用先进的供应链进行管理可以提高企业的生产力，为企业带来巨大的竞争优势。

电子商务的运作对供应链的影响主要表现在以下几方面。

（1）电子商务为供应链管理开辟了一个崭新的世界，它全面采用计算机和网络支持企业及其客户之间的交易活动，包括产品销售、服务和支付等。

（2）电子商务帮助企业拓展市场，拉近企业与客户之间的距离。

（3）电子商务促进企业间的合作，建立企业与客户之间业务流程的无缝集成，最终达到生产、采购、库存、销售以及财务和人力资源管理的全面集成，让物流、信息流和资金流发挥最大效能，把理想的供应链运作变为现实。

（二）企业资源计划

1. 企业资源计划概述

企业资源计划（Enterprise Resource Planning，ERP），是一种主要面向制造行业进行物质资源、资金资源和信息资源集成一体化管理的企业管理软件系统，其实质是在制造资源计划基础上进一步发展而成的面向供应链的管理思想。

18 世纪工业革命后，人类进入了工业经济时代，社会经济的主体是制造业。工业经济时代竞争的特点就是产品生产成本的竞争，规模化大生产是降低生产成本的有效方式之一。由于生产的发展和技术的进步，大生产给制造业带来了许多困难，主要表现为：生产所需的原材料不能准时供应或供应不足；零部件生产不配套，且积压严重；产品生产周期过长和难以控制，劳动生产率下降；资金积压严重，周转期长，资金使用效率低；企业经营计划难以适应市场和客户需求的变化。总之，降低成本的主要矛盾是解决库存积压与短缺的问题。

为此，1957 年美国成立了生产与控制协会，开始进行生产与库存方面的研究。随着 20 世纪 60 年代计算机商业化应用的开始，第一套物料需求计划 MRP（Material Requirements Planning）软件面世并应用于企业物料管理工作中。20 世纪 70 年代，在此基础上，一方面把生产能力作业计划、车间作业计划和采购作业计划纳入 MRP 中，同时在计划执行过程中，加入来自车间、供应商和计划人员的反馈信息，并利用这些信息进行计划的平衡调整，从而围绕物料需求计划，使生产的全过程形成一个统一的闭环系统，这就是由早期的 MRP 发展而来的闭环式 MRP。闭环式 MRP 将物料需求按周甚至按天进行分解，使得 MRP 成为一个实际的计划系统和工具，而不仅仅是一个订货系统。

闭环式 MRP 系统的出现，使生产计划方面的各种子系统得到了统一，只要生产计划真正制订得好，闭环式 MRP 系统就能够很好地运行。但对企业而言，仅有这些是不够的，因为在企业管理中，生产管理只是一个方面，它所涉及的是物流，而与物流密切相关的还有资金流。资金流在许多企业中由财务人员另行管理，这就造成了数据的重复录入与存储，甚至造成数据的不一致，不仅降低了效率，还浪费了资源。于是，在 20 世纪 80 年代，人们把制造、财务、销售、采购、工程技术等子系统集成为一个一体化的系统，并称为制造资源计划（Manufacturing Resource Planning）系统，英文缩写仍为 MRP。为了与物料需求计划相区别，而记为 MRP Ⅱ。MRPⅡ实现了物流与资金流的集成，形成了一个完整的生产经营信息系统。它主要完成企业的计划管理、采购管理、库存管理、生产管理、成本管理等功能，MRPⅡ可以在周密的计划下有效平衡企业的各种资源，控制库存资金占用，缩短生产周期，降低生产成本。它最显著的效果是减少库存量和物料短缺现象，但它仅限于企业内部物流、资金流和信息流的管理。

20 世纪 90 年代中后期，人类社会开始步入知识经济时代，企业所处的环境发生了很大变化，ERP 系统就是在这种背景下产生的。ERP 是由美国加特纳公司（Gartner Group Inc.）在 20 世纪 90 年代初期首先提出的，当时的解释是根据计算机技术的发展和供应链管理，推论各类制造业在信息时代管理信息系统的发展趋势和变革。ERP 的设计强调供应链的管理，即除了传统 MRPⅡ系统的制造、财务、销售等功能外，还增加了分销管理、人力资源管理、运输管理、仓库管理、质量管理、设备管理、决策支持等功能；支持集团化、跨地区、跨国界运行，其主要宗旨就是将企业各方面的资源充分调配和平衡，使企业在激烈的市场竞争中全方位地发挥足够的能力，从而取得更好的经济效益，如图 5-5 所示。

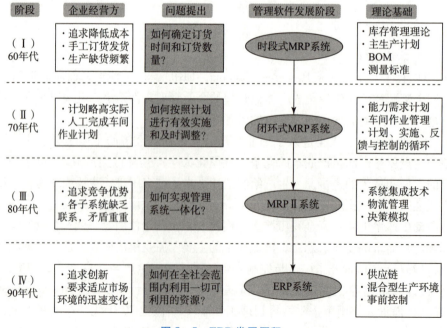

图 5-5 ERP 发展历程

2. 企业资源计划的管理思想

ERP 把客户需求和企业内部的制造活动以及供应商的制造资源整合在一起,形成一个完整的供应链,其核心管理思想主要体现在以下三个方面。

(1) 体现对整个供应链资源进行管理的思想。

在知识经济时代,仅靠自己企业的资源不可能有效地参与市场竞争,还必须把经营过程中的有关各方如供应商、制造工厂、分销网络、客户等纳入一个紧密的供应链中,才能有效地安排企业的产、供、销活动,满足企业利用全社会一切市场资源快速高效地进行生产经营的需求,以期进一步提高效率和在市场上获得竞争优势。因此,现代企业竞争不是单一企业与单一企业间的竞争,而是一个企业供应链与另一个企业供应链之间的竞争。ERP 系统实现了对整个企业供应链的管理,适应了企业在知识经济时代市场竞争的需要。

(2) 体现精益生产、同步工程和敏捷制造的思想。

ERP 系统支持对混合型生产方式的管理,其管理思想表现在两个方面:其一,"精益生产(Lean Production,LP)"的思想,它是由美国麻省理工学院(MIT)提出的一种企业经营战略体系。即企业按大批量生产方式组织生产时,把客户、销售代理商、供应商、协作单位纳入生产体系,企业同其销售代理、客户和供应商的关系,已不再简单地是业务往来关系,而是利益共享的合作伙伴关系,这种合作伙伴关系组成了一个企业的供应链,这是"精益生产"的核心思想。其二,"敏捷制造(Agile Manufacturing)"的思想。当市场发生变化,企业遇到特定的市场和产品需求时,企业的基本合作伙伴不一定能满足新产品开发、生产的要求,这时,企业会组织一个由特定的供应商和销售渠道组成的短期或一次性供应链,形成"虚拟工厂",把供应和协作单位看成是企业的一个组成部分,运用"同步工程(SE)"组织生产,用最短的时间将新产品打入市场,时刻保持产品的高质量、多样化和灵活性,这是"敏捷制造"的核心思想。

(3) 体现事先计划与事中控制的思想。

ERP 系统中的计划体系主要包括主生产计划、物料需求计划、能力计划、采购计划、销售执行计划、利润计划、财务预算和人力资源计划等,这些计划功能与价值控制功能已完全集成到整个供应链系统中。

ERP 系统通过定义事务处理相关的会计核算科目与核算方式,以便在事务处理发生的同时自动生成会计核算分录,保证了资金流与物流的同步记录和数据的一致性。实现了根据财务资金现状,可以追溯资金的来龙去脉,并进一步追溯所发生的相关业务活动,改变了资金信息滞后于物料信息的状况,便于实现事中控制和实时做出决策。

此外,计划、事务处理、控制与决策功能都在整个供应链的业务处理流程中实现,要求在每个流程业务处理过程中最大限度地发挥每个人的工作潜能与责任心,流程与流程之间则强调人与人之间的合作精神,以便在有机组织中充分发挥每个人的主观能动性与潜能。实现了企业管理从"高耸式"组织结构向"扁平式"组织机构的转变,提高了企业对市场动态变化的响应速度。

3. 电子商务与企业资源计划的关系

首先,ERP 为产品销售提供全面的信息支持。电子商务虽然经过了多年的发展,但是在产品信息获取方面依然不够对称,客户除了产品基本信息外无法获得更多资源,而 ERP 系统包含了产品所有的基本信息、价格趋势、客户范围、销售情况、原料构成等。客户可以通过系统终端，经不同等级授权进入企业内部管理系统，查询产品信息，了解产品特性，实现信息共享，提高采购效率。

其次，ERP 可以满足不同客户的实际需求。无论是传统的营销方式还是新兴的电子商务，都面临产品多样性缺乏问题。随着社会经济的发展，不同客户对产品有着不同的需求。目前的销售模式中，客户实际处于被动地位，难以实现基于实际需求的物资采购。ERP 系统实现了企业原料采购和产品生产等部分的整合。基于这一点，客户可以查询企业库存、产品特性、实际产能等内容，防止由于库存不足或者产品不符合要求造成损失。对企业而言，可以及时根据客户需求调整生产，提供个性化服务，满足不同客户的需求，提高工作效率，提升企业信誉和形象，增强竞争力。

最后，ERP 为电子商务提供科学决策。企业 ERP 系统的最大特点在于实现企业管理运行的智能化。在电子商务运行过程中，产品定位、市场分析、行业发展、物流效率都需要科学的决策，ERP 基于智能化的分析系统为这种科学决策提供了可能，实现了电子商务营销的智能化，帮助企业在营销过程中做到有的放矢，提高电子商务运行效率。

（三）客户关系管理

进入 21 世纪，随着全球经济一体化进程的加快和竞争的加剧，企业已逐步由传统的以产品和规模为中心的粗放式经营管理向以客户为中心、服务至上、实现客户价值和达到企业利润最大化的集约化经营管理模式转变。良好的客户关系是企业求得生存与发展的重要资源，企业想要获得满意的客户关系，必须通过实现客户关系管理项目来实现。

1. 客户关系管理的概念

客户关系管理（Customer Relationship Management，CRM），最初由美国加特纳公司（Gartner Group Inc.）提出。对 CRM 的定义，目前还没有统一的表述。但就其功能而言，CRM 是指通过采用信息技术，使企业市场营销、销售管理、客户支持等经营流程信息化，实现客户资源有效利用的管理软件系统。

CRM 的核心思想是以"客户为中心"，提高客户满意度，改善客户关系，从而提高企业的竞争力。其最终目标是吸引新客户、保留老客户以及将已有客户转为忠实客户，增加市场份额，如图 5-6 所示。

CRM 中的客户是广义的概念，既包括消费客户（产品或服务的最终消费者），也包括中间客户（介于企业和消费客户之间，如零售商、批发商、经销商），还包括企业的内部客户（各部门、员工）。另外，客户关系管理中的客户不单指有实际交易的客户，也包括可能发生交易的潜在客户。客户关系管理的重要一环就是识别客户，对客户进行分类管理。

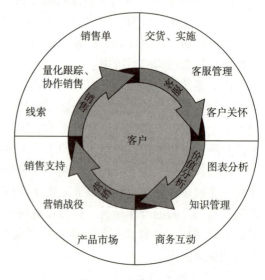

图 5-6　客户关系管理

从严格意义上讲，客户关系管理并不是企业电子商务的完全子系统。客户关系管理首先是一种以客户为中心的管理思想和经营模式。当客户通过电话、传真等非网络方式与企业接触时，企业同样需要对客户进行管理。

2. 客户关系管理与电子商务的关系

电子商务的快速发展，为客户关系管理提供了新的发展平台。基于电子商务的客户关系管理为客户提供了新的网络交互方式，比如在线产品配置、常见问题解答、在线表单、电子邮件、在线即时沟通工具等，这能够给客户带来全新的客户服务体验：24 小时没有时空限制的服务、实时互动的信息沟通、便捷的网络沟通方式等。由此，客户的满意度和忠诚度得到大大提高。

同时，客户关系管理是企业电子商务战略中不可或缺的重要环节。CRM 是连接企业内部、外部经营的纽带和桥梁。一方面，CRM 为外部供应链、B2B 网站、B2C 网站的高效运转提供了更好的客户服务支持；另一方面，CRM 作用于销售、生产、财务等内部业务部门，使他们可以在 CRM 平台上共享信息，为客户提供"一站式"服务，最大限度地提高客户满意度。

CRM 的主要组成部分包括：客户互动渠道管理、营销自动化管理、销售自动化管理、服务自动化管理、Web 商务、商务智能，如图 5-7 所示。

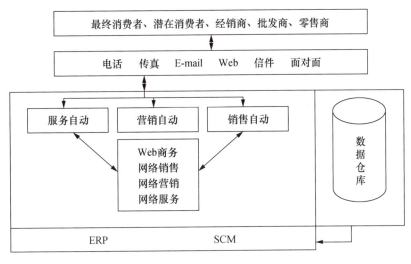

图 5-7 CRM 的结构

（四）业务流程重组

企业实施 ERP 是一次管理改造工程，ERP 应用是企业的一次管理变革，将对企业原有的管理思想与管理模式产生冲击。应用 ERP 需要按照 ERP 的先进管埋思想对企业业务流程进行优化与重新设计，去掉冗余和无效的工作环节，对业务重新进行整合，目的是追求优秀流程，快速响应客户需求。

1. 业务流程重组的概念

业务流程重组（Business Process Reengineering，BPR）是美国 M. Hammer 教授于 1990 年在 *Harvard Business Review* 上发表的文章中首次提出的。1993 年，M. Hammer 与 J. Champy 合著的 *Reengineering the Corporation* 一书，进一步明确了业务流程重组的概念和方法。

按照 M. Hammer 的定义，BPR 是对企业业务流程进行根本的重新思考和彻底的重新设计，以求得在那些衡量现代企业绩效的关键因素上（如成本、质量、服务和速度）取得显著改善。

我们认为，BPR 是通过重新设计组织的作业流程，以使这些流程的增值最大化，从而获得绩效改善的跃进。这种作业适用于一个单独的流程，也适用于整个组织。

BPR 是国外管理界在 TQM（全面质量管理）、JIT（准时生产）、WORKFLOW（工作流管理）、WORKTEAM（团队管理）、标杆管理等一系列管理理论与实践全面展开并获得成功的基础上产生的。BPR 是西方发达国家在 20 世纪末，对已经运行了 100 多年的专业分工细化及组织分层制的一次反思及大幅度改进，如图 5-8 所示。

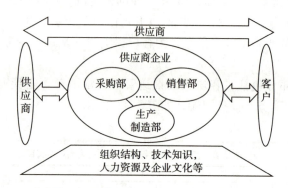

图 5-8　基于供应链的业务流程重组

2. 业务流程重组的特点

（1）以客户为中心。

在 BPR 思想指导下，企业员工要以客户而不是上司为服务中心，每个人的工作质量由顾客做出评价，而不是公司领导。

（2）企业管理面向业务流程。

企业将业务的审核与决策点定位于业务流程执行的地方，以缩短信息沟通的渠道和时间，从而在整体上提高对顾客和市场的反应速度。

（3）注重整体流程最优化的系统思想。

BPR 要求企业按照整体流程最优化的目标，重新设计业务流程中的各项活动，强调流程中每一个环节的活动尽可能实现增值最大化，尽可能减少无效的或非增值的活动。

（4）重视发挥每个人在整个业务流程中的作用。

BPR 提倡团队合作精神，并将个人的成功与其所处流程的成功当作整体来考虑。

（5）强调面向客户和供应商来整合企业业务流程。

企业在实施 BPR 的过程中，不仅要考虑企业内部的业务流程，还要对企业自身与客户、供应商组成的整个价值链的业务流程进行重新设计，并尽量实现企业与外部只有一个接触点，使企业与供应商的接口界面化、流程化。

（6）利用信息技术手段协调分散与集中的矛盾。

企业在设计和优化业务流程时，强调尽可能利用信息技术手段实现信息的一次处理与共享机制，将串行工作流程改造成并行工作流程，协调分散与集中之间的矛盾。

3. 业务流程重组的作用

企业通过将非增值性步骤从业务流程中剔除出去或尽可能简化，能够有针对性地提高为顾客提供产品与服务的效率，提高对质量管理环节的监控能力。BPR 的作用主要表现在以下几方面。

（1）提高响应能力。主要表现在企业为顾客提供支持性服务的产品配送环节。由于每个子环节的周期速度有所加快，促使紧随其后的环节跟进性动态改变，最终提高了顾客满意度。

（2）降低成本。彻底消除无效预算。

（3）降低次/废品率。随着那些容易导致次/废品出现的无效低能环节的减少，次/废品率也将出现明显下降。

（4）提高员工满意度。降低流程的无效性和复杂性，意味着员工将被授予更多的权力对自身工作进行具体决策，这无疑会大大提高员工参与工作的热情和干劲。

四、电子商务物流模式

目前，电子商务企业采取的物流模式主要分为企业自营物流、物流企业联盟及第三方物流、第四方物流等模式。

全国首个"零碳"物流园区！西安这个园区实现了碳中和

（一）企业自营物流模式

电子商务企业自身经营物流，简称自营物流，是由电子商务企业自身组织商品配送。采用这种物流模式，企业可以掌握交易的最后环节，有利于控制交易时间。然而，并非所有企业都有必要、有能力自己完成物流全过程，具备以下特征的电子商务企业才可以采用此种方式。

（1）业务集中在企业所在城市，送货方式比较单一。由于业务范围不广，企业独立组织配送所耗费的人力资本不高，所涉及的配送设备仅限于汽车以及人力，如果交由其他企业处理，反而浪费时间、增加成本。

（2）拥有覆盖面较广的代理、分销、连锁店，且企业业务又集中在其覆盖范围内。这样的企业一般是从传统产业转型或者依然拥有传统产业经营业务的企业，如计算机生产商、家电企业等。

（3）对于一些规模较大、资金雄厚、货物配送量巨大的企业来说，投入资金建立自己的配送系统、掌握物流配送的主动权也是一种战略选择。例如，亚马逊网站已经斥巨资建立遍布美国重要城市的配送中心。

（二）物流企业联盟模式

所谓物流企业联盟，是指在物流方面通过签署合同形成优势互补、要素双向或多向流动、相互信任、共担风险、共享收益的物流伙伴关系。

一般来说，组成物流联盟的企业之间具有很强的依赖性，物流联盟的各个组成企业明确自身在整个物流联盟中的优势及担当的角色，内部对抗和冲突减少，分工明确，使供应商把注意力集中在提供客户指定的服务上，最终提高企业的竞争能力和竞争效率，满足企业跨地区、全方位物流服务的要求。这是物流企业之间为实现整体配送合理化,以互惠互利为原则、互相提供便利的物流配送服务的协作型配送模式。它包括配送的共同化、物流资源利用的共同化、物流设施设备利用的共同化以及物流管理的共同化。物流企业联盟模式是合理化配送的有效措施之一,是企业的横向联合、集约协调、求同存异和效益共享,有利于发挥集团型竞争优势的一种现代管理方法。

物流企业联盟的组建,可以是企业之间联合发展,如中小型零售商联合投资兴建,实行配送共同化;也可以是系统或地区规划建设,达到本系统或本地区内企业的共同配送;或是多个企业、系统、地区联合共建,形成辐射全社会的配送网络。另外,还可以对原有不规范、无规模、无效率的配送中心进行联合重组,向规模化发展,赋予其新的生命力。这种模式具有相互依赖、分工明确、强调合作等特征。

(三) 第三方物流模式

第三方物流 (Third Party Logistics,3PL),是指在电子商务时代由物流劳务的供应方、需求方之外的第三方去完成物流服务的运作方式,即第三方以签订合同的方式在一定期间内为供应方提供满足需求方的物流服务,并依靠信息的集成产生增值,从而获取利益。第三方物流企业一般指具有一定规模的物流设施设备(库房、站台、车辆等)、专业经验和技能的批发、储运或其他物流业务经营企业。

"第三方物流"一词于20世纪80年代中期被提出,是物流专业化的重要形式。西方国家物流业的实践分析证明,独立的第三方物流至少占社会的50%时,物流产业才能形成。因此,在电子商务时代,第三方物流的发展程度体现了一个国家物流产业发展的整体水平。

第三方物流作为物流专业化和社会化发展的产物,其主要特点可以概括为以下几方面。

(1) 集中核心竞争力。随着社会化分工的加快和社会专业化程度的提高,企业纷纷将非核心业务外包出去而将核心能力集中于专业业务上,这样可以充分发挥专业化分工的优势,提高核心竞争力。外包物流可以使非物流企业集中于核心业务,将有限的资源用于核心业务,企业资源得到了更有效的利用,同时也可以获益于第三方物流提供者的核心经营能力,使企业拥有更强的竞争优势。

(2) 降低经营成本。长期以来,企业为了应对供应链下游需求的变化,必须备有一定量的存货,这必将增加存货成本和仓储投资。如果由第三方物流企业利用其物流设施和管理技能提供增值服务,就能减少企业库存,在降低成本的同时增强对市场的反应能力。

(3) 提高服务灵活性。企业对运输和物流的需求具有多样性,第三方物流企业以个性化物流服务为目标的物流运作模式,能够根据用户的特殊要求进行客户化定制,提供个性化的解决方案。服务的灵活性也能够通过第三方物流来实现,并且将物流交给第三方管理可以增强企业对市场变化的应变能力。当需求变化和技术进步时,第三方物流服务企业能不断地更新设施、信息与管理技术,根据环境变化进行相应调整,增加灵活性,非物流企业往往是无法与其相比的。

将物流业务外包给第三方物流企业,也存在以下风险和弊端。

(1) 外包可靠性风险。这种风险往往使企业付出高额成本,甚至失去订单和客户,同时,也会对整个供应链产生影响。

(2) 可能影响企业的核心业务。企业对第三方物流企业过于依赖,但却无法控制或影响它们，这种失控可能阻碍企业核心业务的发展。第三方物流企业的服务质量也会影响客户对企业的印象。

（3）对第三方物流企业依赖程度太大。一旦第三方物流企业出现问题，可能会导致全盘业务的瘫痪。

（四）第四方物流模式

第四方物流（Fourth Party Logistics，4PL），于1998年由美国埃森哲咨询公司率先提出。

目前，在物流业的实际运作过程中，由于第三方物流企业缺乏对整个供应链进行运作的战略专长和真正整合供应链流程的相关技术，造成企业经营效率低下、利润空间窄小。因此，第四方物流正日益成为一种帮助企业实现持续运作、降低成本和提高效益的力量。它依靠业内最优秀的第三方物流提供商、技术供应商、管理咨询顾问和其他增值服务商，为客户提供独特的和广泛的供应链解决方案。第四方物流是一个供应链的集成商，它对公司内部和具有互补性的服务供应商所拥有的不同资源、能力和技术进行整合和管理，提供一整套供应链解决方案。第四方物流企业的运作方式主要包括以下几种。

（1）超能力组合协同运作模式。第四方物流企业和第三方物流企业共同开发市场，第四方物流企业向第三方物流企业提供一系列的服务，包括技术供应链策略、进入市场的能力和项目管理的专业能力。第四方物流企业往往在第三方物流企业内部工作，其思想和策略通过第三方物流企业来实现，以达到为客户服务的目的。二者一般会采用商业合同的方式或者战略联盟的方式展开合作。

（2）方案集成商模式。在这种模式中，第四方物流企业为客户提供运作和管理整个供应链的解决方案，通过对其自身和第三方物流企业的资源、能力和技术进行综合管理，借助第三方物流企业对客户提供全面的、集成的供应链方案。第三方物流企业通过第四方物流提供的方案为客户提供服务。第四方物流作为一个枢纽，可以集成多个服务提供商的能力和客户的能力。

（3）行业创新者模型。第四方物流企业为多个行业和客户开发并提供供应链解决方案，以整合整个供应链的职能为重点，将第三方物流企业进行集成，向上下游的客户提供解决方案。此时，第四方物流企业的责任非常重要，因为它是上游第三方物流企业集群和下流客户集群的纽带。行业解决方案会给整个行业带来最大的利益。第四方物流企业会通过卓越的运作策略、技术和供应链运作实施来提高整个行业的效率。

第四方物流无论采用哪一种模式，都突破了单纯发展第三方物流的局限性，真正做到低成本、高效率、实时运作，实现最大范围的资源整合。第四方物流可以不受任何约束地将每一个领域的最佳物流提供商组合起来，为客户提供最佳物流服务，进而形成最优物流方案或供应链管理方案。

知识拓展

苏宁物流：一场速度与温度、智慧与开放的较量

始于1990年的苏宁物流，早期主要为苏宁提供物流服务。后来，苏宁选择将物流独立拆分，并且将服务能力开放给第三方，让物流从成本中心转变为利润中心。随着苏宁并购天

天快递，其不仅在全国覆盖网络和末端快递网点分布上与竞争对手拉开差距，并且在渠道下沉上的优势也愈加明显。

当下，快递已成为人们日常生活不可分割的部分，在新零售和新消费理念的双重驱动下，快递服务更是被赋予了深层次含义。消费者除了追求"分钟级"精准收货需求的同时，更是看中一站式物流服务带来的安心与温暖。为满足各种刁钻胃口的消费者，苏宁物流究竟如何获取用户的芳心？

速度与温度，打造"智慧、准时、轻简"新体验

在苏宁易购"418"购物节期间，苏宁物流在服务端提出了"智慧、准时、轻简"新体验理念。

智慧，即指在全链条的服务中通过大数据和新技术赋能实际运营，提升效率，提升智能化的服务体验；准时，强调在更快配送的基础上，提供60分钟一个时间段的"精准送达"服务，让客户杜绝等待；轻简，则在于通过创新和改造服务流程，简化复杂的中转和等待流程，实现一站式服务。

三个词所表达的内容指向一致，即在全链路的服务连接之外，苏宁物流更希望能为消费者塑造一种全新的生活方式。当然，对于绝大多数消费者而言，"快"是他们最核心的需求，这也是未来物流公司入场的"标配"。然而，随着社会和行业发展，人们对物流服务的需求将会呈现多元化特征。

目前，基于全国的线下门店仓体系，苏宁物流的"2小时急速达"最快十几分钟就能送达；"准时达"则主打精准送货，用户可以精准选择一个1小时时间段来完成收货，全天被分成12大时间段，完全可以避开家中无人或任何不便开门的收货场景。

更多特色的服务也是"智慧、准时、轻简"新体验所能提供的。如"苏宁帮客家"，5 000多家门店覆盖了全国97%以上的区域，可以帮客户选家政、修电脑、洗空调、治甲醛等。"送装一体"服务更是行业首创，在整个购物过程中不用预约和等待，即买即享；逆向退换货和代修代检服务，苏宁也可以提供1小时极速响应，上门取件。

苏宁的物流模式在"仓+配"的基础上，线下门店可以作为库存中心，也可以作为配送点或者中转中心，这是对物流全场景服务的重要加成。用户在苏宁易购下单后，上下班途中就能在身边的苏宁门店自提商品。2018年，苏宁物流与苏宁小店同步布局1小时社区生活服务圈，以小店为圆心，3公里为半径，快递就是与周边社区居民的一个连接触角，从而形成一个社区场景消费服务圈子。毫无疑问，这些都将成为苏宁物流推进"智慧、准时、轻简"新体验的重要阵地。

值得一提的是，苏宁物流一直坚持绿色环保、智慧物流的理念，在智慧物流、绿色物流方面可谓不惜成本。随着电子商务的迅猛发展，中国已成为名副其实的快递大国，快递包装浪费污染形势却愈发严峻。据悉，苏宁物流的"漂流箱计划"结出硕果，循环型共享快递盒多个版本先后投入使用，并推出了零胶带纸箱、可降解胶带、无底纸面单等产品，在行业和用户中引起很大反响和共鸣。2018年，苏宁物流还推出了自动化气泡包装项目，数据显示，一个气泡包装可减少42%不可降解材料的消耗。

幕后英雄，智慧物流的实践路径

之所以能为客户提供优质的服务体验，背后是巨大的智能系统和技术的投入。建设南京苏宁超级云仓，乐高平台、天眼平台、神谕平台、指南针系统的建立，使苏宁物流科技竞争

力大幅增强，极大提升了自身的服务管理能力和水平。

除此之外，苏宁物流在无人化、自动化上的持续加码。2018年，山东首个机器人仓在济南苏宁物流基地投入使用，济南也成为苏宁继上海之后第二个落地智能机器人仓的城市。目前，该机器人仓一期实际面积3 000平方米，超过30万快销品库存，50台机器人即可完成每日的拣选出库。

通过机器人的使用，苏宁物流可以实现一端货物上架，一端拣选出库，让整个仓库运转效率得到进一步提升。此外，苏宁物流在合肥、福州、深圳、郑州、重庆等城市也已启动机器人仓库的建设工作，全国最大的机器人仓储网络正在逐步成形。

苏宁物流联合苏宁银河物业在南京河西的滨江一号小区试点投放无人快递车。这不仅是无人快递车首次亮相南京的小区，也是全国首个实现无人车实地送货到家的社区。

科技化物流并非一蹴而就，但基于未来的服务场景，预见技术接下来3～5年的变化，这是苏宁物流在技术上的野心。

共创共享，向"服务开放"华丽转身

苏宁物流自2014年正式对外开放，2018年，被提升为苏宁八大产业集团之一。这期间，苏宁物流经历了从社会化物流开拓期，到智慧物流建设期的转变。也标志着苏宁物流从服务企业到服务创新，再到服务开放的华丽转身。依托基础设施网的优势，成功地从开启2B、2C开放产品的创新与研发，苏宁物流实现了自动化仓储全面升级，数据驱动供应链变革，在用户平台、服务平台、数据平台的基础上将专业经营能力全面对外开放。

此外，通过收购天天快递，强化自身最后一公里的配送能力，形成自营、加盟有机结合的综合物流服务网络体系。目前，苏宁物流的仓储和运输服务已全面向合作伙伴开放，苏宁物流整合三大基础设施网——仓储网、智能骨干网、末端服务网，建立了一体化和规模化的服务能力。

通过开放建立上下游共创共享的生态是其当下坚持的发展模式，苏宁希望把自己变成全社会共享的基础设施资源平台，帮助客户合作伙伴提高物流效率，实现物流行业的集约化和效率最大化。

物流行业正在变成一个顶尖企业密集竞争的赛道。随着苏宁物流的布局日益完善，其必将逐步改变物流行业传统的运营模式，这或许是苏宁要打造"中国零售业最大物流基础设施网"的野心所在。未来，苏宁物流不仅要提高自身的市场竞争力，提升消费者服务体验，更要向着最大消费品仓储服务商的目标来展。

（信息来源：苏宁物流：一场速度与温度、智慧与开放的较量 https://www.sohu.com/a/231865483_224462）

课后练习

一、选择题

1. FedEx参与电子商务业务的主要身份是（　　）。
   A. 贸易商　　　B. 制造者　　　C. 网站经营者　　　D. 第三方物流
2. 第三方物流是（　　）。
   A. 供方组织的物流　　　　　　　B. 需方组织的物流
   C. 供需双方组织的物流　　　　　D. 契约物流

3. 物料需求计划的缩写是（　　）。
A. GPS　　　　B. GIS　　　　C. MRP　　　　D. DRP

二、简答题

1. 请简述电子商务与物流的关系。
2. 请简述电子商务下的物流配送模式。
3. 请简述物流的分类。

三、技能实训

实训目的：通过实训，加深对电子商务物流配送模式选择相关知识的认识。

1. 上网查询京东、天猫、苏宁易购的物流配送模式。
2. 分析比较其异同并撰写报告。

任务六

电子商务与网络支付

任务目标

知识目标：
1. 掌握网络支付的功能与特征；
2. 了解网络支付的基本流程；
3. 掌握网上银行的特点与优势；
4. 熟悉网络支付工具的特点。

能力目标：
1. 能够正确使用第三方支付平台；
2. 能够正确选择网络支付工具；
3. 能够使用网上银行业务。

素质目标：
1. 培养金融风险意识；
2. 树立科学理财观念；
3. 培养爱国主义情怀。

任务导入

打造年轻人的时尚专属卡片

2021年10月，Visa与招商银行信用卡、bilibili于上海时装周期间宣布，招商银行Visa-abilibili联名信用卡（图6-1）焕新升级。升级后的卡片深入挖掘Z世代生活消费场景，以更为精彩的丰厚礼遇，打造贴合年轻人需求的时尚专属信用卡。

此次合作，源自招商银行信用卡、bilibili和Visa对年轻客群的共同理解，以及对他们生活方式和人生选择的认同。"Z世代是未来消费市场的发力点，招商银行信用卡也将继续坚持'和年轻人在一起'的战略，探索更多跨界合作，洞察年轻人需求，为他们的生活创造价值。"

融合三方资源，畅享多重礼遇

招商银行Visa bilibili联名信用卡深入挖掘中国Z世代年轻人消费习惯，结合招商银行信用卡、Visa与bilibili三方跨界资源，推出涵盖时尚生活多方面的丰厚礼遇，提供持卡人全球范围内安全、便捷支付体验的同时，挖掘本土设计创意、彰显文化自信。

招商银行信用卡为支持新持卡人，消费达标后即送一年B站大会员，同时通过二维码办卡的新持卡人还可立即拥有由本土设计师设计的时装周定制周边一份。除此之外，Visa也依托传统资源优势带来综合百货、美妆护肤、运动户外、美食、酒店、数码等多类别精彩礼遇，包括亚马逊等大型海淘平台享受低至5折优惠，万豪集团旗下酒店优惠最高至50%、NET-A-PORTER最高立减15%等。持卡人另外可享受覆盖境外线上线下精选商户的"非同返享"超值返现福利。

图6-1 Visa bilibili联名信用卡

精美卡面设计，亮相时尚秀场

为此次联名信用卡焕新升级，Visa与招商银行信用卡特以bilibili代表形象2233为主体，搭配宫廷工笔花鸟绘画，设计国风华彩新形象，尽显东方审美的独特魅力。在卡片制作工艺方面，人物和服饰用磨砂浮雕勾勒轮廓、团扇骨架用立金工艺镶了金边、海棠花则用香味油墨染上了淡淡花香，向持卡人呈现一张自带香气的卡。

（信息来源：招商银行Visa bilibili联名信用卡焕新升级，打造年轻人的时尚专属卡片https://news.iresearch.cn/yx/2021/10/400121.shtml）

相关知识

一、网络支付概述

（一）网络支付的定义

自从出现作为一般等价物的货币，人类社会进入了具有现代意义的货币结算支付方式的时代，才可以说是真正有规模的商品经济的开始。在很长一段时间内，银行作为金融业务的中介，通过自己创造的信用流通工具为商人与商家办理转账与结算，称为传统支付。20 世纪 70 年代，计算机和网络通信技术得到普及和应用，银行的业务开始以电子数据的形式通过电子信息网络进行办理，诸如储蓄卡、电子汇兑等一些电子支付方式开始投入使用，这是将电子信息技术手段用于电子商务支付结算的开始，一直发展到现在，出现了很多电子支付与结算方式。

随着互联网络的日益普及，尤其是电子商务的迅速发展，网上支付工具的价值日益突显，已经构成了电子商务的核心环节。根据国家商务部数据，2020 年，全国电子商务交易额达 37.21 万亿元人民币，同比增长 4.5%。

根据中国互联网络信息中心《第 48 次中国互联网络发展状况统计报告》，截至 2021 年 6 月，我国网络支付用户规模达 8.72 亿，较 2020 年 12 月增长 1 787 万，占网民整体的 86.3%。2021 年上半年，国内居民网络支付消费市场热度持续攀升，劳动节、端午节跨机构网络支付交易金额分别达 5.06 万亿元和 2.96 万亿元。

网络支付，也称网络支付与结算，它指以金融电子化网络为基础，以商用电子化工具和各类交易卡为媒介，采用现代计算机技术和通信技术作为手段，通过计算机网络系统特别是互联网，以电子信息传递形式来实现资金的流通和支付。

（二）网络支付的基本功能

1. 认证交易双方、防止支付欺诈

能够使用数字签名和数字证书等实现对网上商务各方的认证，以防止支付欺诈；对参与网上贸易的各方身份的有效性进行认证，通过认证机构或注册机构向参与各方发放数字证书，以证实其身份的合法性。

2. 加密信息流

可以采用单密钥体制或双密钥体制进行信息的加密和解密，可以采用数字信封、数字签名等技术加强数据传输的保密性与完整性，防止未被授权的第三者获取信息的真正含义。

3. 确认支付电子信息的真伪性

为了保护数据不被未授权者建立、嵌入、删除、篡改、重放等，完整无缺地到达接收者一方，可以采用数据摘要技术，防止伪造、假冒等欺骗行为。

4. 保证交易行为和业务的不可抵赖性

当网上交易双方出现纠纷，特别是有关支付结算的纠纷时，系统能够保证对相关行为或业务的不可否认性。网络支付系统必须在交易的过程中生成或提供足够充分的证据来迅速辨别纠纷中的是非，可以用数字签名等技术来实现。

5. 处理网络贸易业务的多边支付问题

支付结算牵涉客户、商家和银行等多方，传送的购货信息与支付指令信息必须连接在一起，因为商家只有确认了某些支付信息后才会继续交易，银行也只有确认支付指令后才会提供支付。为了保证安全，商家不能读取客户的支付指令，银行不能读取商家的购货信息，这种多边支付的关系能够借用系统提供的诸如双重数字签名等技术来实现。

6. 提高支付效率

整个网络支付结算过程对网上贸易各方，特别是对客户来讲，应该是方便易用的，手续与过程不能太烦琐，应该让商家与客户感到快捷，这样才能体现电子商务的效率，发挥网络

支付结算的优点。

（三）网络支付的特征

相比于传统支付结算时使用的"一现三票一卡"（即现金、支票、本票、汇票和信用卡）方式，以互联网为主要平台的网络支付结算方式表现出更多的优点和特征。

1. 网络支付采用数字化传输方式

网络支付是采用先进的技术通过数字流转来完成信息传输的，其各种支付方式都是采用数字化的方式进行款项支付的；而传统的支付方式则是通过现金的流转、票据的转让及银行的汇兑等物理实体的流转来完成款项支付的。例如，首都在线263拨号上网，只需简单地设置拨号电话如95963，用户名与密码均为263，就可以拨号上网了，有的甚至连用户名与密码都不需要，很方便。

2. 网络支付具有轻便性和低成本性

与电子货币相比，世界银行体系之间的货币结算和搬运费用占到其全部管理费的5%。而采用网络支付方式，接入非常简便，使得普通消费者与小公司也有机会使用网络支付系统，都可以从中受益。

3. 网络支付与结算具有较高的安全性和一致性

支付的安全性是保护买卖双方不会被非法支付和抵赖；一致性是保护买卖双方不被冒名顶替。网络支付系统和现实的交易情况基本一致，而网络支付协议充分借用了尖端加密与认证技术，所以网络支付远比传统的支付结算更安全可靠。

4. 网络支付使用的是最先进的通信手段，而传统支付使用的则是传统的通信媒介

网络支付对软、硬件设施的要求很高，一般要求有联网的计算机、相关的软件及其他一些配套设施，而传统支付则没有这么高的要求。

5. 网络支付具有方便、快捷、高效、经济的优势

用户只要拥有一台联网的计算机，便可足不出户，在很短的时间内完成整个支付过程。支付费用仅相当于传统支付的几十分之一，甚至几百分之一。网络支付可以完全突破时间和空间的限制，可以满足24/7（每周7天，每天24小时）的工作模式，其效率之高是传统支付望尘莫及的。

（四）网络支付的基本流程

基于互联网平台的网络支付一般流程：

（1）客户接入互联网，通过浏览器在网上浏览商品，选择货物，填写网络订单，选择应用的网络支付结算工具，并且得到银行的授权使用，如银行卡、电子钱包、电子现金、电子支票或网络银行账号等。

（2）客户核对相关订单信息，如对支付信息进行加密，在网上提交订单。

（3）商家服务器对客户的订购信息进行检查、确认，并把相关的、经过加密的客户支付信息转发给支付网关，直到银行专用网络的银行后台业务服务器确认，以期通过银行等电子货币发行机构验证并得到支付资金的授权。

（4）银行验证确认后，通过建立起来的经由支付网关的加密通信通道，给商家服务器回送确认及支付结算信息；为了进一步的安全，给客户回送支付授权请求（也可没有）。

（5）银行得到客户传来的进一步授权结算信息后，把资金从客户账号上转拨至开展电子商务的商家银行账号上，借助金融专用网进行结算，并分别给商家、客户发送支付结算成功信息。

（6）商家服务器收到银行发来的结算成功信息后，给客户发送网络付款成功信息和发货通知。至此，一次典型的网络支付结算流程结束。商家和客户可以分别借助网络查询自己的资金余额信息，以进一步核对。

二、网上银行

（一）网上银行的概念

区块链

网上银行又称网络银行、在线银行，它是指一种依托信息技术和互联网的发展，主要基于网络平台开展和提供各种金融服务的新型银行机构与服务形式。可以说，网上银行是在网络上的虚拟银行柜台。

网上银行的应用目标是能够在任何时间（Anytime）、任何地点（Anywhere）、以任何方式（Anyhow）为客户提供金融服务，因此又被称为"3A 银行"。

（二）网上银行的特点

1. 全面实现无纸化交易

传统的票据和单据大部分被电子支票、电子汇票和电子收据所代替；原有的纸币被电子货币，即电子现金、电子钱包、电子信用卡所代替；原有纸质文件的邮寄变为通过数据通信网络进行传送。

2. 服务方便、快捷、高效、可靠

通过网上银行，用户可以享受到方便、快捷、高效和可靠的全方位服务。任何需要的时候都可使用网上银行的服务，不受时间、地域的限制，即实现 3A 服务（Anytime，Anywhere，Anyhow）。

3. 经营成本低廉

由于网上银行采用了虚拟现实信息处理技术，网上银行可以在保证原有的业务量不降低的前提下，减少营业点的数量。

4. 简单易用

网络银行的客户端由标准的 PC 机、浏览器组成，便于维护。网上 E-mail 通信方式也非常灵活方便，便于客户与银行之间以及银行内部的沟通。

（三）网上银行与传统银行的比较

网上银行是银行适应网络时代的发展需要推出的新型金融服务方式。特别是在电子商务的发展浪潮中，网上银行提供一种先进的网络支付结算方式，以其高效率、低成本、简单方便代表着将来商业支付结算的趋势与方向。随着信息网络技术的进步，网上银行正引起和影响着传统银行的变革与发展。但是与传统银行相比，新兴的网上银行除具有许多优势外，也存在着许多问题。

1. 网上银行对传统银行的影响

（1）削弱传统银行业的优势。

过去，传统银行业的优势在于拥有遍布全球的机构，代表实力象征的办公用高楼大厦和本土人才，而网上银行的发展只要在国内有一个支付网关接口就可以在网上向几乎全国的客户提供银行业务服务，如美国安全第一网络银行只有几十名员工就可为全国客户提供金融服务。

（2）改变传统银行业的营销方式。

在信息社会，网络是寻找客户群的最便利的途径。网上银行运用网络这一交易双方沟通、中介的渠道，通过在网上聚集的巨大的人流、物流、信息流和资金流的相互促进、融通，使交易的效率大大提高，银行业的运营成本显著降低，业务量明显增加。因此，传统银行的人员促销、网点促销方式不得不彻底改变。

（3）转变传统银行的经营理念。

以富丽堂皇的高楼大厦作为银行信誉象征，以铺摊设点、增加银行人员与客户面对面的接触服务经营理念将被以高科技、高安全性，更方便快捷，不受时间、地域限制的不直接见面的服务所取代。

（4）调整传统银行业的经营战略。

使传统银行业的经营以产品为导向向以客户为导向转变。最大限度地满足客户日益多样化的量身定做的个人金融服务需要，迅速改变银行与客户的联系方式；压缩银行分支机构网点，投资构建先进网络、网络设备、系统和软件产品。

（5）引起银行竞争格局发生变化。

传统银行曾在支付中介业务中占据绝对的垄断地位，当前电子商务的快速发展和银行电子化的相对落后给竞争者提供了绝佳的市场进入条件。电子商务的发展不会因为银行网上支付的不支持而停止。很多非专业性机构，包括工厂厂商和非金融企业都在试图分享这一市场。比如早在1994年微软就曾投标收购专长于家庭财务软件的"直觉"公司，虽然失败了，但它已经向银行业发出了警告：银行在支付业务中一统天下的局面正在改变。世界各国的银行都清醒地意识到了这种威胁，银行业的竞争格局已从同业之间的竞争发展到多业进入银行业，更多市场主体之间的竞争，使竞争更加多元化、复杂化。

目前，中国人民银行牵头组织12家商业银行联合共建了中国金融认证中心并已挂牌运行。我国的网上银行尚处于起步阶段，应加快网上银行的发展步伐，培养和解决网络金融问题的专门人才，加强对网上银行业的发展研究，研究对网上银行业的监管问题，为网上银行的健康发展提供良好的法律环境和物质环境。同时，各商业银行要积极调整发展战略，把网上银行作为今后的重要发展方向，追踪世界先进技术，不断创新网上银行服务手段和服务方式，最大限度地投入到网上银行的建设中。

2. 网上银行的优势

一是大大降低银行经营成本，有效提高银行盈利能力。开办网上银行业务，主要利用公共网络资源，不需设置物理的分支机构或营业网点，减少了人员费用，提高了银行后台系统的效率。

二是没有时空限制，有利于扩大客户群体。网上银行业务打破了传统银行业务的地域、时间限制，具有"3A"特点，能随时随地为客户提供金融服务。这既有利于吸引和保留优质客户，又能主动扩大客户群，开辟新的利润来源。

三是业务运作只需上网"点击"，节省银行和客户的人力资源。

四是使资金流随物流的速度加快，减少在途资金损失。

从 1995 年世界上第一家新型的网上银行——美国安全第一网络银行（SFNB）成立至今，全球已有超过 1 000 家的银行开展网上银行业务。从 2014 年开始，我国先后批准了浙江网商银行、上海华瑞银行、深圳前海微众银行、温州民商银行以及天津金城银行等纯粹的网络银行。目前，我国各大传统银行均提供网络银行服务。

五是有利于服务创新，向客户提供多种类、个性化服务。通过银行营业网点销售保险、证券和基金等金融产品，往往受到很大限制，主要是由于一般的营业网点难以为客户提供详细的、低成本的信息咨询服务。利用互联网和银行支付系统，容易满足客户咨询、购买和交易多种金融产品的需求，客户除办理银行业务外，还可以很方便地进行网上买卖股票债券等，网上银行能够为客户提供更加合适的个性化金融服务。

招商银行的
"爱心漂流瓶"

招商银行主页和招商银行手机银行页面，如图 6－2 和图 6－3 所示。

图 6－2　招商银行主页

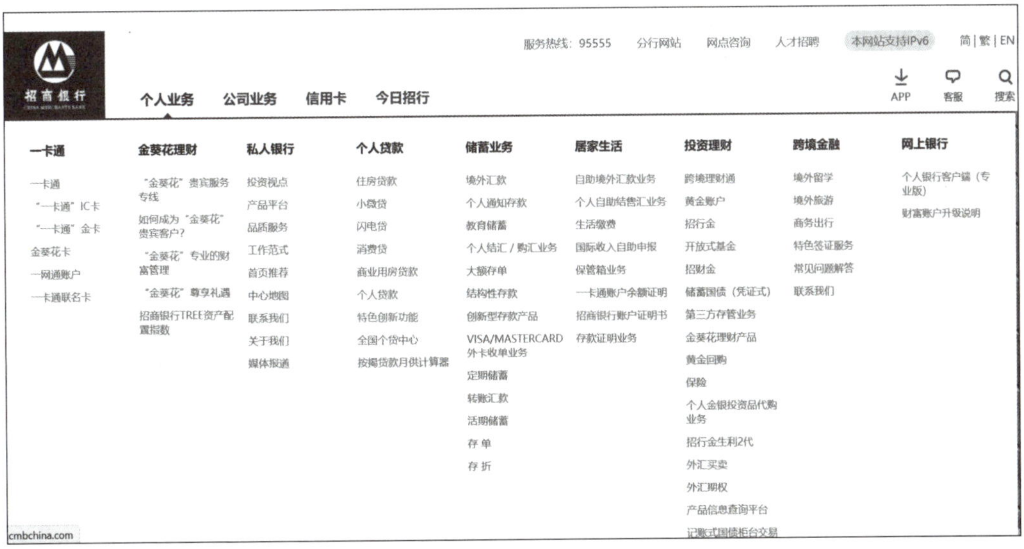

图 6－3　招商银行手机银行页面

3. 网上银行存在的问题

尽管与传统银行的经营模式相比，网上银行具有明显的竞争优势，但是，因网上银行立足于信息网络技术的应用，仍摆脱不了大量信息网络技术的应用带来的固有缺陷与风险，因此也存在着许多需要认真对待的问题。

（1）法律法规与现实的需求脱节问题。

网上银行仍然是经济金融活动的一部分，它离不开法律的规范和保护，而现行的法律又很难规范网上银行业务的发展和保护消费者权益。网上资金转账只要有一个环节出现错误，资金就不能正常支付，就会发生法律方面的纠纷，需要法律进行调节。

（2）安全问题十分突出。

通过互联网进行交易，相关信息的保密性、真实性、完整性和不可否认性是最关键的因素。如何确保交易安全，为个人保密，成为网上银行发展急需解决的问题。目前，各家商业银行虽然都采取了一定的安全防范措施，制定了相应规定，但是在执行上普遍存在管理不严格的现象，如密码的保管和定期更换、主机房的安全管理、灾难备份、病毒防范，等等。

（3）金融业的网络建设缺乏整体规划。

就目前国内网上银行业务的基础环境来看，由于基础设施建设水平有待进一步提高，部分客户在网上交易时仍然采用"网上订购，网下支付"的办法。虽然绝大多数银行都建立起自己的网站，但在网站的构架和服务内容上，仍然离电子商务和网络经济的要求有很大的距离。银行与高新技术产业结合不紧密，造成网络金融市场规模小、技术水平低，覆盖面小，基本上还停留在传统业务的电脑化上。同时，商业银行乃至整个金融业的网络建设缺乏整体规划，使用的软、硬件缺乏统一的标准，更谈不上拥有完整、综合的网上信息系统。

刷单尝到5元小甜头
大学生兼职反被骗上万

（4）监管意识和现有监管方式的滞后问题。

中央银行对商业银行现有的监管，主要针对传统银行，重点是通过对银行机构网点指标增减、业务凭证、报表的检查稽核等方式实施。而在网上银行时代，账务收支的无纸化、处理过程的抽象化、机构网点的虚拟化、业务内容的大幅增加，均使现有的监管方式在效率、质量、辐射等方面大打折扣，监管信息的真实性、全面性及权威性面临严峻的挑战，对基于互联网的银行服务业务监管将发生重大变化。

（四）典型的网络银行——美国安全第一网络银行（SFNB）

1994年4月，美国的三家银行联合在互联网上创建了全球第一家纯粹的网上银行，美国第一联合国家银行（First Union National Bank），也称美国安全第一网络银行（SFNB）。SFNB是得到美国联邦银行管理机构批准，在互联网上提供银行金融服务的第一家银行，也是在互联网上提供大范围和多种银行服务的第一家银行。其前台业务在互联网上进行，后台处理只集中在一个地点。该银行可以保证安全可靠地开办网络银行业务，业务处理速度快，服务质量高，服务范围极广。

1995年10月，美国安全第一网络银行在网上开业。开业后的短短几个月，即有近千万人次上网浏览，给金融界带来极大震撼。于是有若干银行紧跟其后在网络上开设银行，随即此风潮逐渐蔓延全世界，网络银行走进了人们的生活。1996年年初，美国安全第一网络银行全面在互联网上正式营业和开展银行金融服务，用户可以采用电子方式开出支票和支付账单，可以上网了解当前货币汇率和升值信息，而且由于该银行提供的是一种联机服务，因此用户的账户始终是平衡的。此后，该银行完成了对 Newark 银行和费城 First Fidelity 银行的兼并，从而成为美国第六大银行，拥有 1 260 亿美元资产，有近 2 000 家分行，已经有 1 100 万用户，分布在美国佛罗里达州、康涅狄格州及华盛顿地区等 12 个州内。美国安全第一网络银行面向美国的中低收入家庭提供多种服务，其中包括低现付抵押和无低现额支票账户服务等。从 1998 年 1 月起，美国安全第一网络银行通过互联网为用户提供一种称为环球网（WEB）Invison 的服务。环球网（WEB）Invison 系统是建立在美国安全第一网络银行 PCInvison 之上的一种金融管理系统。利用该系统，用户可以通过互联网访问自己最新的账目信息，获取最近的商业报告或实时访问资金状况和投资进展情况，不需要在用户端安装特殊的软件。

在互联网上进入美国第一安全网络银行的"大门"后，展现在客户面前的是各种网络银行"柜台"服务，具体服务内容如下：

（1）信息查询（Information）：可查询各种金融产品种类、银行介绍、最新消息、一般性问题、人员情况、个人理财、当前利率等。

（2）利率牌价（Rates）：可以直接查看利率牌价。

（3）服务指示（Demo）：可以告诉客户如何获得银行的服务，包括电子转账、信用卡、网上查询及检查等。

（4）安全服务（Security）：告诉客户如何确保安全以及银行采取的一些安全措施。

（5）客户服务（Customer Service）：由银行客户服务部的人员解答各种问题。

（6）客户自助（Customers）：客户在办理业务时，需要输入用户名及其密码方可进入系统等。

三、网络支付工具

根据使用的协议或操作过程的不同，电子支付可以分为多种方式。目前使用较多的网络支付工具有信用卡、电子现金、电子支票、智能卡、电子钱包等。这些支付工具的共同特点是将现金或货币无纸化、电子化和数字化，利用网络传输、支付和结算，利于实现电子支付和在线支付。

快捷支付验证不足
导致的客户资金被盗案

（一）信用卡支付

信用卡于 1915 年起源于美国，至今已有 100 多年的历史，目前在发达国家及地区已成为一种普遍使用的支付工具和信贷工具。它使人们的结算方式、消费模式和消费观念发生了根本性的改变。

1. 信用卡的概念

信用卡是金融服务的常见方式，也是目前应用最为广泛的电子结算方式。银行发行最多的是信用卡，它采用联网设备在线刷卡记账、电子收款机系统（POS）结账、自动柜员机（ATM）提取现金等方式进行支付。信用卡是市场经济与计算机通信技术相结合的产物，是一种特殊的金融商品和金融工具。

从广义上说，凡是能够为持卡人提供信用证明、持卡人可以凭卡购物消费或者享受特定服务的特制卡片均可称为信用卡，包括贷记卡、准贷记卡、借记卡、储蓄卡、提款卡等各种银行卡。

从狭义上说，国外的信用卡主要是指由银行或其他财务机构发行的贷记卡，是先消费后还款的信用卡。国内的信用卡主要是指贷记卡或准贷记卡。

信用卡是由附有信用证明和防伪标志的特殊塑料制成的卡片。国际统一标准是：长 85.72mm、厚 0.762mm。信用卡正面印有发卡银行（或机构）的名称、图案、简要说明、打制的卡号、有效期、持卡人姓名、性别、发卡银行名称缩写，背面附有磁条和签名条，还可印上持卡人的彩色照片和证件号码等。

招商银行信用卡产品和中国银行信用卡，分别如图 6-4 和图 6-5 所示。

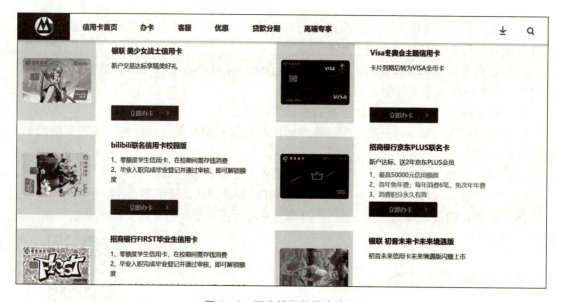

图 6-4　招商银行信用卡产品

图 6-5　中国银行信用卡

2. 信用卡的功能

根据国内外信用卡的应用情况，信用卡的功能主要包括以下四个方面。

（1）直接消费功能。

直接消费功能是信用卡的基本功能。持卡人在标有发卡银行的特约商家（包括商店、宾馆、酒楼、娱乐场所、机场、医院等场所）消费时，持有人只需出示身份证件即可用卡代替现金消费结账，或者利用 POS 系统通过专线即时支付。随着互联网业务的普及，信用卡借助网络平台可实现在线支付而无须 POS 机等辅助设备。

（2）通存通兑功能。

凭信用卡可在工作时间内到发卡银行指定的任何营业机构（如同城或异城储蓄所）存、取款，也可以 24 小时在 ATM、在线家庭银行等办理存、取款业务。用信用卡办理存、取款手续比使用存折方便，它不受存款地点和存款储蓄所的限制，可在所有开办信用卡业务的城市通存通取。信用卡账户内的保证金、备用金及其他各种存款视同储蓄存款，按规定利率计息。

（3）转账与支付结算功能。

持卡人凭卡可在发卡银行的营业机构从自己的账户转账付款，也可利用 ATM 机或电话银行、网络银行等将信用卡账户的资金转至其他账户。

（4）透支信贷功能。

对于使用信用卡的用户，在其购物消费过程中，所支付的费用超过其信用卡存款账户余额时，在规定的限额范围之内，发卡银行允许持卡人进行短期的透支行为，即透支一定数额的款项，这是发行信用卡的银行向客户提供的消费信贷。当然，发行信用卡的银行对信用卡透支款项收取的利息一般比同期银行贷款利率高，在给信用卡持有者提供透支款项之便利的同时，发行银行也运用利率杠杆加以限制。

3. 信用卡网上支付过程

（1）使用信用卡进行网上购物。客户只有在支持信用卡的网站上购物，才能用自己的信用卡进行网上支付。客户将要购买的商品装入购物车后，在结账时要选择使用信用卡进行支付。商家收到订单信息和支付信息之后，初步确认客户的交易意图。商家通过开户银行对信用卡进行认证，银行完成认证后通知商家交易是否继续，商家将订购的货物发送给客户。

（2）商家与银行进行资金结算。商家将加密后的信用卡卡号与密码发送给收单银行，同时商家也会收到经过加密的购物账单。这时，收单银行将信用卡卡号发送给发卡银行请求确认，发卡银行在确认与授权后将它返回给收单银行。如果消费者收到了商家发送过来的商品，那么商家的收单银行与发卡银行进行资金结算。

（3）发卡银行向客户发送账单。发卡银行向商家支付客户购物时所需支付的货款。定期将客户的购物清单与账单发送给客户，客户要在规定时间内将款项划拨到发卡银行的账户。

信用卡支付操作流程（以淘宝网为例）：

（1）在淘宝网上找到支持信用卡支付的商品。信用卡支付的标志，如图 6-6 所示。

（2）点击"立刻购买"填写地址和购买的信息后，进入收银台进行付款，选择"信用卡付款"，如图 6-7 所示。

（3）确认无误，登录网上银行进行付款，如图 6-8 所示。

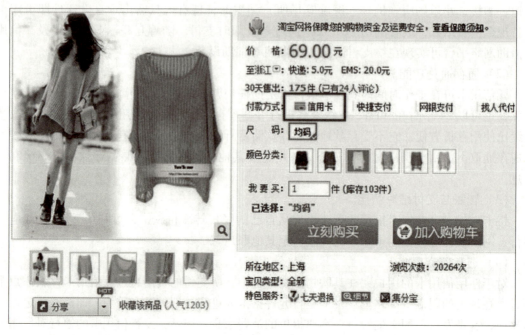

图6-6 选择信用卡支付

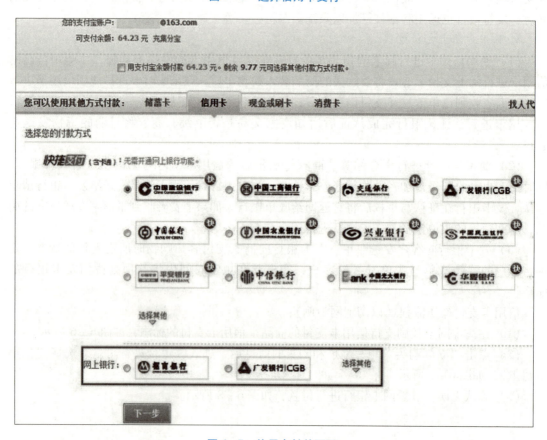

图6-7 信用卡付款页面

图 6-8　登录网上银行页面

（二）电子现金支付

1. 电子现金概念

电子现金又称为数字现金，是一种以电子数据形式流通的、能被客户和商家普遍接受的、通过互联网购买商品或服务时使用的货币。电子现金模拟了现实世界中的货币功能，并采用数字签名等安全技术来保证电子现金的真实性和不可伪造性。从国家金融机构来看，电子现金比现有的实际现金有更多的优点。

电子现金是纸币现金的电子化，具有与纸币现金一样的优点，随着电子商务的发展，必将成为网上支付的重要工具，特别适用于个体、小额 C2C 电子商务时的网上支付。

2. 电子现金的特点

（1）匿名性。电子现金不能提供用于跟踪持有者的信息，这样可以保证交易的保密性，也就维护了交易双方的隐私权。正是因为这一点，如果不慎将电子现金丢失，就会同纸币现金一样无法追回。

（2）节省交易费用。电子现金使交易更加便宜，因为通过互联网传输电子现金的费用比通过普通银行系统支付要便宜得多。为了流通货币，普通银行需要维持许多分支机构、职员、自动付款机及各种交易系统，这一切都增加了银行进行资金处理的费用。而电子现金是利用已有的网络和用户计算机，所以消耗比较小，尤其是小额交易更加合算。

（3）支付灵活方便。电子现金可以用若干货币单位，并可以像普通现金一样细分成不同大小的货币单位，使得其在商品交易中，尤其是在小额交易中更具有方便性。

（4）存储安全。电子现金能够安全地存储在用户的计算机或 IC 卡中，并且可方便地在网上传输。

3. 电子现金网上支付过程

（1）购买电子现金。用户在电子现金发行银行开立账户，通过在线或前往银行柜台向账户存入现金，购买电子现金。电子现金软件将现金分成若干成包的硬币，产生随机号码。随机号码加上银行使用私钥进行的电子签名形成电子现金（数字货币）。

（2）存储电子现金。用户使用计算机电子现金终端软件，从电子现金发行银行取出一定数量的电子现金存储在硬盘上。

（3）用电子现金购买商品或服务。用户向同意接收电子现金的商家购买商品或服务，用卖方的公钥加密电子现金后，传送给卖方。

（4）资金清算。接收电子现金的商家与电子现金发行银行之间进行清算，电子现金发行银行将买方购买商品的钱支付给卖方。

（5）确认订单。卖方获得付款后，向买方发送订单确认信息。

（三）电子钱包支付

1. 电子钱包简介

电子钱包是电子商务购物活动中常用的一种支付工具，其适于小额购物。在电子钱包内存放的电子货币，如电子现金、电子零钱、电子信用卡等。使用电子钱包购物，通常需要在电子钱包服务系统中进行。电子商务活动中电子钱包的软件通常都是免费提供的。目前有 VISA Cash 和 Mondex 两大在线电子钱包服务系统。

使用电子钱包的顾客通常要在有关银行开立账户。在使用电子钱包时，将电子钱包通过有关的电子钱包应用软件安装到电子商务服务器上，利用电子钱包服务系统就可以把自己的各种电子货币或电子金融卡上的数据输入进去。在发生收付款时，如顾客需用电子信用卡付款，如用 Visa 卡或 Master 卡等收款时，顾客只要单击一下相应项目（或相应图标）即可完成，这种电子支付方式称为单击式或点击式支付方式。

在电子钱包内只能装入电子货币，即装入电子现金、电子零钱、电子信用卡、在线货币、数字货币等。这些电子支付工具都可以支持单击式支付方式。电子钱包登录页面如图 6-9 所示。

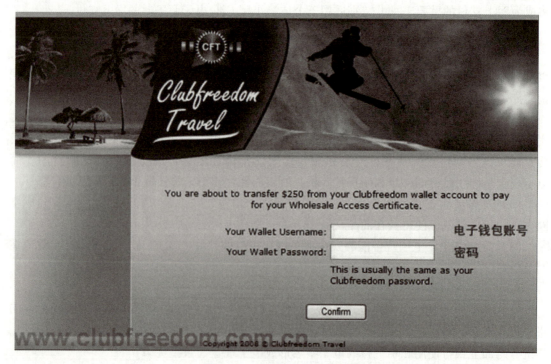

图 6-9　电子钱包登录页面

2. 电子钱包的支付过程

（1）客户使用计算机通过互联网连接商家网站，查找购买的物品。

（2）顾客检查且确认自己的购物清单后，利用电子钱包进行网络支付（实际选择对应的信用卡）。

（3）如经发卡银行确认后被拒绝且不予授权，则说明此卡余额不足，可换卡再次付款。

（4）发卡银行证实此卡有效且授权后，后台网络平台将资金转移到商家收单银行的资金账号内，完成结算，并回复商家和客户。

（5）商家按订单发货，与此同时，商家或银行服务器端记录整个过程中发生的财务与物品数据，供客户电子钱包管理软件查询。

（四）智能卡支付

1. 智能卡简介

智能卡（Smart Card）最早是在法国问世的，它是一种大小和信用卡相似的塑料卡片，内含一块直径在1cm左右的硅芯片，具有存储信息和进行复杂运算的功能。智能卡被广泛地应用于电话卡、金融卡、身份识别卡及移动电话领域等。在智能卡上，拥有一整套性能极强的安全保密控制机制，安全控制程序被固化在只读存储器之中，因而具有无法复制和密码读写等可靠的安全保证。在智能卡的芯片上，集成了微处理器、存储器及输入、输出单元等。

智能卡可分为存储卡、逻辑加密卡、CPU 卡、Java 卡等。由于 CPU 卡具有存储量大、计算复杂、算法加密等众多优点，因此已成为金融 IC 卡的技术标准。

2. 智能卡的应用功能

目前，智能卡在专用网络平台（如金融专用平台）与公共网络平台（如 Internet 上）均能支持多种应用，其主要的应用范围涉及如下四个方面。

（1）传统的电子支付：在一些专用网络上的支付，如 IC 电话卡、IC 卡电表、IC 路费卡、IC 卡月票。

（2）互联网上的网络支付：充当硬式电子钱包，存放信用卡号、存折号、电子现金等电子货币及个人的相关信息，通过互联网完成支付。

（3）电子身份识别：能把相关授权信息存放在卡里，控制对门户、应用信息系统、计算机等入口访问。很多银行把网络银行业务中证实客户身份的数字证书等信息做成 IC 卡，这样就增加了密钥、密码的安全性。

（4）信息存储：适时存储和查询持卡人的相关信息，如存储和查询病历、目标跟踪信息或处理验证信息。IC 卡身份证、学生证和病历卡中就存储了大量此类信息。

3. 智能卡的特点

智能卡消除了某种应用系统可能对用户造成不利影响的各种情况，它能为用户"记忆"某些信息，并以用户的名义提供这种信息。智能卡具有很好的安全性和保密性。使用智能卡，用户不需要携带现金，就可以实现像信用卡一样的功能，而保密性能优于信用卡，因此，智能卡在网上支付系统中应用较多。

4. 智能卡的工作过程

（1）从银行获得智能卡。消费者首先到提供智能卡的银行开设账户，并将足够的现金预先存入自己的账户。消费者将智能卡插入刷卡器并输入密码，连接刷卡器的终端向银行发出请求。这时，消费者可以用账户中的现金购买电子现金，并将电子现金下载到自己的智能卡中。

（2）使用智能卡进行支付。消费者选择好要购买的商品，将卡插入商家的刷卡器进行支付。这时，商家的结算终端向银行发出结算请求，并将自己的数字签名发送给银行。如果银行验证商家的数字签名有效，从卡中取出等于交易额的电子现金，并将它转到商家的电子现金账户中。

（五）电子支票支付

1. 电子支票定义

电子支票是纸质支票的电子替代物。电子支票将纸质支票改变为带有数字签名的电子报文，或利用其他数字电文代替纸质支票的全部信息。电子支票与纸质支票一样都是用于支付的一种合法方式，它使用数字签名和自动验证技术来确定其合法性。支票上除了必需的收款人姓名、账号、金额和日期外，还隐含了加密信息。电子支票通过电子函件直接发送给收款人，收款人从电子邮箱中取出电子支票，并用电子签名签署收到的证实信息，再通过电子函件将电子支票送到银行，把款项存入自己的账户。电子支票是网络银行常用的一种电子支付工具，利用电子支票可以使支票的支付业务和支付过程电子化。

2. 电子支票的优势

（1）电子支票可为新型的在线服务提供便利。它支持新的结算流；可以自动证实交易各方的数字签名；增强每个交易环节上的安全性；以与基于电子数据交换的电子订货集成来实现结算业务的自动化。

（2）电子支票的运作方式与传统支票相同，简化了顾客的学习过程。电子支票保留了纸质支票的基本特征和灵活性，又加强了纸质支票的功能，因而易于理解，能得到迅速采用。

（3）电子支票非常适合小额结算。电子支票的加密技术使其比基于非对称的系统更容易处理。收款人和收款人银行、付款人银行能够用公钥证书证明支票的真实性。

（4）电子支票可为企业市场提供服务。企业使用电子支票在网上进行结算，成本低；由于支票内容可附在贸易伙伴的汇款信息上，因此电子支票还可以方便地与电子数据交换应用集成起来。

（5）电子支票要求建立准备金，而准备金是商务活动的一项重要要求。第三方账户服务器可以向买方或卖方收取交易费来盈利，同时，也可以起到银行的作用，向有关各方提供存款账户并从中盈利。

（6）电子支票要求把公共网络与金融结算网络连接起来，这就充分发挥了现有的金融结算基础设施和公共网络的作用。

3. 电子支票的支付过程

（1）消费者与商家达成购销协议并选择用电子支票支付。

（2）消费者通过网络向商家发出电子支票，同时向银行发出付款通知单。

(3) 商家通过验证中心对消费者提供的电子支票进行验证，验证无误后将电子支票送交银行索付。

(4) 银行在商家索付时通过验证中心对消费者提供的电子支票进行验证，验证无误后即向商家兑付或转账。

电子支票的支付过程，如图6-10所示。

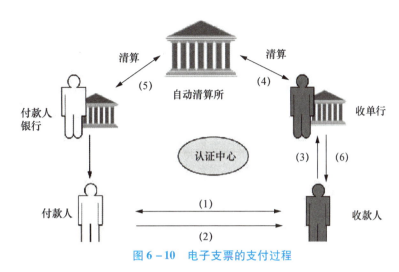

图6-10 电子支票的支付过程

（六）第三方支付

1. 第三方支付简介

所谓第三方支付，就是一些和产品所在国家以及国外各大银行签约，并具备一定实力和信誉保障的第三方独立机构提供的交易支持平台。在通过第三方支付平台的交易中，买方选购商品后，使用第三方平台提供的账户进行货款支付，由第三方通知卖家货款到达、

利用黑客手段盗取支付宝客户资金案

进行发货；买方检验物品后，就可以通知付款给卖家，第三方再将款项转至卖家账户。

2. 第三方支付的特点

（1）第三方支付平台提供一系列的应用接口程序，将多种银行卡支付方式整合到一个界面上，负责交易结算中与银行的对接，使网上购物更加快捷、方便。消费者和商家不需要在不同的银行开设不同的账户，这可以帮助消费者降低网上购物的成本，帮助商家降低运营成本；同时，还可以帮助银行节省网关开发费用，并为银行带来一定的潜在利润。

（2）较之SSL、SET等支付协议，利用第三方支付平台进行支付操作更加简单且易于接受。SSL是现在应用比较广泛的安全协议，在SSL中只需要验证商家的身份。SET协议是目前发展的基于信用卡支付系统的比较成熟的技术。但在SET中，各方的身份都需要通过CA进行认证，程序复杂，手续繁多，速度慢且实现成本高。有了第三方支付平台，商家和客户之间的交涉由第三方来完成，使网上交易变得更加简单。

（3）第三方支付平台本身依附于大型的门户网站，且以与其合作的银行的信用作为信用依托，因此第三方支付平台能够较好地突破网上交易中的信用问题，有利于推动电子商务的快速发展。

3. 第三方支付的优势

在缺乏有效信用体系的网络交易环境中，第三方支付模式的推出，在一定程度上解决了网上银行支付方式不能对交易双方进行约束和监督，支付方式比较单一，以及在整个交易过程中，货物质量、交易诚信、退换要求等方面无法得到可靠的保证，交易欺诈广泛存在等问题。其优势体现在以下几方面。

首先，对商家而言，通过第三方支付平台可以规避无法收到客户货款的风险，同时能够为客户提供多样化的支付工具，尤其为无法与银行网关建立接口的中小企业提供了便捷的支付平台。

其次，对客户而言，不但可以规避无法收到货物的风险，而且货物质量在一定程度上也有了保障，增强客户网上交易的信心。

最后，对银行而言，通过第三方平台，银行可以扩展业务范畴，同时也节省了为大量中小企业提供网关接口的开发和维护费用。

由此可见，第三方支付模式有效地保障了交易各方的利益，为整个交易的顺利进行提供了支持。

4. 国内使用的第三方支付产品

目前，中国国内的第三方支付产品主要有 PayPal、支付宝、财付通、盛付通、易宝支付、快钱、国付宝、百付宝、物流宝、网易宝、网银在线、环迅支付、汇付天下、汇聚支付、宝付。

根据智研咨询数据，随着第三方支付交易规模的快速增长，第三方移动支付渗透率逐步提升，行业规模增速趋于稳定。截至 2020 年年底，中国第三方移动支付交易规模为 249.2 万亿元，较 2019 年增加 23.1 万亿元，同比增长 10.2%，如图 6-11 所示。

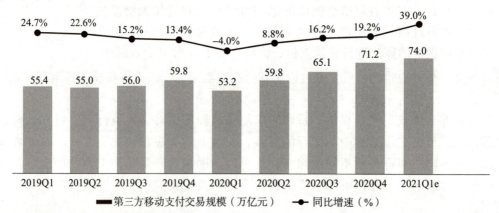

图 6-11 2019Q1—2021Q1 中国第三方移动支付交易规模

（以上信息据来源：艾瑞咨询）

2020 年一季度，支付宝、腾讯金融和银联商务分别以 48.44%、33.59% 和 7.19% 的市场份额位居前三位，三者市场份额总和达到 89.21%，行业集中度较高，如图 6-12 所示。

（信息来源：前瞻产业研究院《中国第三方支付行业市场需求预测与投资战略规划分析报告》）

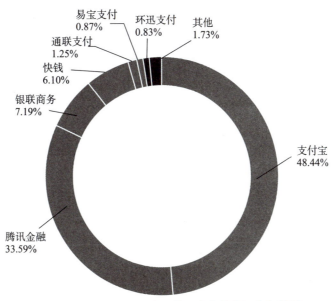

图 6-12　2020 年 Q1 中国第三方支付市场竞争格局

（七）移动支付

1. 移动支付概述

移动支付，也称为手机支付，就是允许用户使用其移动终端（通常是手机）对所消费的商品或服务进行账务支付的一种服务方式。整个移动支付价值链包括移动运营商、支付服务商（比如银行、银联等）、应用提供商（公交、校园、公共事业等）、设备提供商（终端厂商、卡供应商、芯片提供商等）、系统集成商、商家和终端用户。

中国移动手机支付页面如图 6-13 所示。

图 6-13　中国移动手机支付页面

移动支付主要分为近场支付和远程支付两种。所谓近场支付，就是用手机刷卡的方式坐车、买东西等，十分便利。远程支付，是指通过发送支付指令（如网银、电话银行、手机支付等）或借助支付工具（如通过邮寄、汇款）进行的支付方式，如掌中付推出的掌中电商、掌中充值、掌中视频等属于远程支付。目前，支付标准不统一给移动支付的推广带来很多麻烦。

2. 移动支付的分类

（1）按交易金额分类。

根据交易金额的大小，可将移动支付分为微支付和宏支付两类。

① 微支付：微支付是指交易额少于 10 美元的支付行为，通常是指购买移动内容业务，例如游戏、视频下载等。

② 宏支付：宏支付是指交易金额较大的支付行为，例如在线购物或者近距离支付（微支付方式同样也包括近距离支付，例如交停车费等）。

两者之间最大的区别就在于安全要求级别不同。对于宏支付方式来说，通过可靠的金融机构进行交易鉴权是非常必要的；而对于微支付来说，使用移动网络本身的 SIM 卡鉴权机制就足够了。

（2）按获得商品的渠道分类。

根据获得商品的渠道不同，移动支付可分为以下三种类型。

① 移动服务支付。用户购买的是基于手机的内容或应用（如手机铃声、手机游戏等），应用服务的平台与支付费用的平台相同，即皆为手机，以小额支付为主。

② 移动远程支付。远程支付有两种方式：一是支付渠道与购物渠道分开的方式，如通过有线上网购买商品或服务，而通过手机来支付费用；二是支付渠道与购物渠道相同，都通过手机，如通过手机来远程购买彩票等。

③ 移动现场支付。移动现场支付是指在购物现场选购商品或服务，而通过手机或移动 POS 机等支付的方式，如在自动售货机处购买饮料、在报摊上买杂志、付停车费、加油费、过路费等。现场支付分为两种：一种是利用移动终端，通过移动通信网络与银行以及商家进行通信完成交易；另一种是只将手机作为 IC 卡的承载平台以及与 POS 机的通信工具来完成交易。

（3）按接入方式分类。

目前移动支付的接入方式主要有五种：第一种是利用短信（STK）方式；第二种是利用语音方式 IVR（Interactive Voice Response，交互式语音应答）；第三种是利用 USSD 方式；第四种是使用 WAP 协议实现；第五种是利用 Web 方式实现。目前主要采用的是短信方式、语音方式以及 Web 方式，其余两种则较少被使用。但随着移动支付技术的不断发展，USSD 方式也将成为未来移动支付的重要接入方式。

（4）根据业务模式分类。

从业务模式来看，移动支付可以分为手机代缴费业务、手机钱包、手机银行和手机信用平台等几类。

① 手机代缴费业务。手机代缴费的特点是代收费的额度较小且支付时间、额度固定；用户所缴纳的费用在移动通信费用的账单中统一结算，如个人用户的 E-mail 邮箱服务费代收。当前，该种服务在手机支付服务中居首要地位。

② 手机钱包业务。手机钱包是综合了支付类业务的各种功能的一项全新服务。它是以银行卡账户为资金支持，手机为交易工具的业务，即将用户在银行的账户和用户的手机号码

绑定，通过手机短信息、IVR、WAP 等多种方式，用户可以对绑定账户进行操作，实现购物消费、转账、账户余额查询并可以通过短信等方式得到交易结果通知和账户变化通知。

中国移动手机钱包如图 6－14 所示。

图 6－14　中国移动手机钱包

③ 手机银行业务。手机银行是由手机、GSM 短信中心和银行系统构成的。在手机银行的操作过程中，用户通过 SIM 卡上的菜单对银行发出指令后，SIM 卡根据用户指令生成规定格式的短信并加密，然后指示手机向 GSM 网络发出短信，GSM 短信系统收到短信后，按相应的应用或地址传给相应的银行系统，银行对短信进行预处理，再把指令转换成主机系统格式，银行主机处理用户的请求，并把结果返回给银行接口系统，接口系统将处理的结果转换成短信格式，短信中心将短信发送给用户。

中国建设银行手机银行页面如图 6－15 所示。

图 6－15　中国建设银行手机银行页面

④ 手机信用平台业务。手机信用平台的特点是移动运营商和信用卡发行单位合作，将用户手机中的 SIM 卡等身份认证技术与信用卡身份认证技术相结合，实现一卡多用的功能。例如，在某些场合用接触式或非接触式 SIM 卡可以代替信用卡，用户提供密码，进行信用消费。

现阶段在我国推广手机代缴费和手机钱包比较可行，可接受的用户群体和适用范围比较广泛，中国移动和中国联通也各自独立（或联合银行）地推出了这两种方式的业务。

3. 移动支付流程

下面以中国移动通信账户为例说明支付流程。

（1）中国移动手机用户通过网站首页输入手机号，点击"购买"按钮进入确认页面，如图 6－16 所示。

图 6－16　中国移动手机网络支付页面

（2）进入确认页面，点击"确认支付"按钮，查收确认短信，如图 6－17 所示。

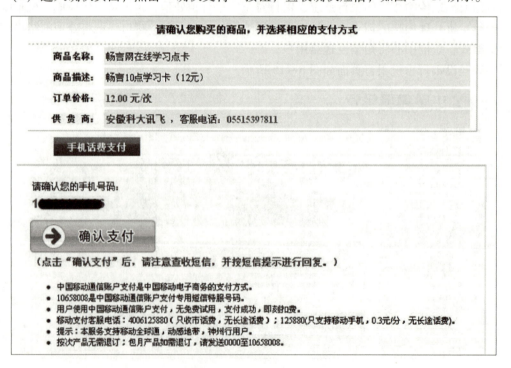

图 6－17　确认支付页面

（3）随后用户手机会收到移动自动发送来的一条确认信息，请用户按照信息提示进行确认回复（如短信内容："确认支付请回复数字×，您将通过中国移动通信账户支付购买畅言网学习点卡，费用 12 元，客服：4006125880"）。

（4）用户按要求回复后，收到短信内容：

短信一："中国移动通信账户支付 12 元。欢迎使用畅言网，您可以进行 1 次模拟测试及 15 天在线学习，客服 05515373030。"

短信二："支付成功，您的卡号为：××××××××××××××××××。"

（5）进入快速充值页面。

第一种方式：用户完成选购后，点击支付确认页面的"购买完成"按钮，进入快速充值页面，如图 6-18 所示。

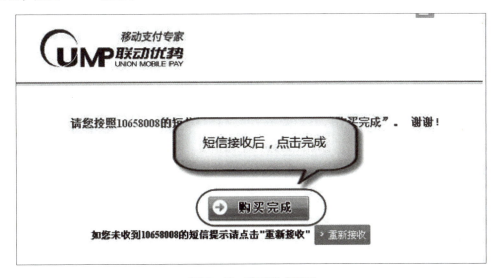

图 6-18　购买完成页面

第二种方式：用户完成选购后，点击首页手机支付区域的"进入充值"按钮，进入快速充值页面，如图 6-19 所示。

图 6-19　手机支付充值页面

(6) 使用手机获取的卡号,完成充值。

① 在登录状态下进入快速充值页面后,系统会自动记录用户名。"请检查用户名是否正确,如果有错误,请点击右侧按钮更改。如果在未登录状态进入,请输入您在畅言网注册的用户名及密码。"

② 输入第二条手机短信中获取的卡号,输入相关验证码信息,完成充值,如图 6-20 所示。

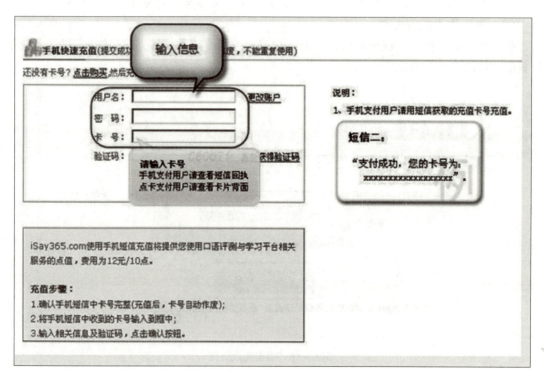

图 6-20 手机快速充值页面

知识拓展

什么是数字人民币?

2020 年,深圳成为数字人民币试点以来,苏州、上海、北京等城市也纷纷试点使用数字人民币,今后,越来越多的人将会使用这种新形式货币购物消费。据中国人民银行数据,截至 2021 年 12 月 31 日,数字人民币试点场景已超过 808.51 万个,累计开立个人钱包 2.61 亿个,交易金额 875.65 亿元。外媒认为,中国加快推行数字货币,得益于中国政府的高度重视以及拥有顶尖的相关科学技术。中国将成为全球首个发行法定数字货币的国家。

1. 什么是数字人民币?

数字人民币(Digital Currency Electronic Payment),是数字货币电子支付的简称,是中国人民银行发行的由国家背书的法定数字货币,价值与人民币 1:1 锚定挂钩。相较于纸币来说,数字人民币是看得见却摸不着的钱。

2. 数字人民币的支付优势

(1) 支付更快。数字人民币的使用只存在付款方和收款方,无须经过第三方平台。数字人民币全面推广后,任何商家都不能拒收数字人民币。数字人民币的出现打破了零售场景的交易壁垒,让交易更便捷,消费更容易,并且兑换纸币无服务费。

(2) 无须网络。若付款方和收款方都没有网络,也可以完成货款支付。偏远地区的消费者也将享受到电子化支付的便利,在交通不便,甚至没有网络信号的地方,都可以选择数字货币支付。

(3) 隐私性好。商户和第三方平台无权获取消费者的身份信息和支付数据。

3. 数字人民币和微信、支付宝的区别

据央行介绍,虽然支付功能相似,但数字人民币和电子支付工具存在明显差异:

(1) 数字人民币是国家法定货币,是安全等级最高的资产。支付宝和微信属于第三方支付机构。

(2) 数字人民币具有价值特征,可在不依赖银行账户的前提下进行价值转移,并支持离线交易,具有"支付即结算"特性。

(3) 数字人民币支持可控匿名,有利于保护个人隐私及用户信息安全。

做个简单的比喻,在数字人民币时代,数字人民币是"钱",相当于拿着一把"电子钱"直接付给商家。微信、支付宝是"钱包",里面既能装银行存款、货币,也能装数字人民币。付款时,从"钱包"里拿钱给商家。

4. 数字人民币的优点

(1) 发行成本降低。数字人民币的发行不需要印钞纸、油墨、印钞机,同时,也能免去回收磨损老化人民币的高额成本。

(2) 有利于打击违法犯罪。数字人民币具备可追溯性,数字人民币的底层技术与区块链相关,可以使数字人民币的支付链条可追溯,防篡改。每一张电子人民币的流通都有数据记录,对打击违法犯罪有很大帮助。

(3) 有助于推动人民币国际化。数字货币在国际交易的结算和清算领域更加便捷,有利于人民币走向世界。

央行推出数字货币最主要的目的,是保护货币主权,以及提升人民币在国际市场的地位。在保证安全的情况下,提高金融系统的效率,让金融更好地服务于用户,服务于经济发展。数字人民币颠覆的不是某个公司,也不是某个群体,而是垄断和混乱。金融科技带来的变化也是量变到质变的过程,从网银到移动支付,再到数字人民币,老技术承载着新技术,叠加在一起就是翻天覆地的变化。

(信息来源:什么是数字人民币 | 2021 两会小知识 https://baijiahao.baidu.com/s?id=16939735001 80162391&wfr=spider&for=pc;八个问题帮你彻底搞懂什么是数字人民币? https://baijiahao.baidu.com/s?id=1681601830640539346&wfr=spider&for=pc)

课后练习

1. 登录招商银行网站,分析网上银行提供服务的优点和缺点。
2. 我国网上银行存在的问题有哪些?

3. 安装中国银行电子钱包软件，了解如何使用电子钱包软件以及选用信用卡进行电子支付的全部工作流程。

4. 登录支付宝、财付通等第三方支付平台，通过网上购物和电子支付，掌握第三方支付平台的工作流程。

5. 常用的电子支付工具有哪些？各有什么特点？

任务七

电子商务安全技术

任务目标

知识目标：
1. 了解信息的保密性、交易文件的完整性、信息的不可否认性及交易身份的真实性；
2. 掌握加密、解密、密钥体制、数字摘要、数字证书、认证中心等概念；
3. 掌握数字签名的作用、数字签名的原理、数字证书的原理、数字证书的类型；
4. 熟悉认证中心的作用。

能力目标：
1. 能够分析电子商务存在的安全威胁；
2. 能够使用电子商务安全技术。

素质目标：
1. 树立网络安全意识；
2. 培养信息安全与保密素养；
3. 培养良好的职业道德。

任务导入

聊啥来啥，个人信息安全如何保护？

很多人都有类似这样的经历：刚和朋友聊天提起某款商品，打开手机购物 App 后，首页随即出现同类产品的推送广告；刚和家人商量休假打算去某地旅游，某旅游 App 马上"奉上"该地最佳旅游攻略；和朋友聚会时偶然提起最近脱发特别严重，很苦恼，没想到晚上到家打开手机里的某款购物 App，首页就出现了很多护发产品的推送广告……"真是无奈，这种'怪事'已不止一次了。"很多人的手机上安装了许多生活服务类软件，每次安装新软件时，同意开麦克风权限只是为了使用语音搜索功能更加方便。

如今，这种"聊啥来啥"的现象让人们在接受"贴心"服务的同时越发感到疑惑："怎么就这么准？难道是 App 在'偷听'我们聊天？"在 2021 年国家网络安全宣传周上，个人信息保护再次成为群众关心的热点问题之一。

业内专家表示,"从技术层面来讲,只要App获得了访问麦克风的权限,就可以在后台运行并监听用户语音信息,且在出现某些特定的关键词时,进行记录并上传至自己的服务器,服务器再根据关键词给用户推送相关内容。"但这种方式对商家来说风险很大,一旦涉及违规使用用户信息,App开发商将承担严重的后果。

用户有这种"被偷听"的感觉,也可能是由于互联网公司通过收集用户位置信息,对用户进行"画像"造成的。即使用户本人没有搜索行为,App也有可能通过用户在平台里好友搜索的内容,关联至用户本人,从而向其推送广告;或者恰好在某段时间某一类商品特别受追捧,也会向用户推送相关广告。无论是"偷听"还是基于大数据的"用户画像",一些手机软件已经在不断触碰用户隐私保护的底线。

2021年1—7月,工信部先后公布了6批关于侵害用户权益行为的App名单。其中大多涉及"私自收集个人信息""超范围收集个人信息""私自共享给第三方""强制、频繁、过度索取权限"等过度收集个人信息的行为,个人信息安全严重受到威胁。

如何防止个人信息"裸奔"?技术与法律需共同发力。

在技术层面上,专家建议,手机系统开发商应该为用户建立起防止隐私权限任意被使用的"第一道防火墙"。就App开发商而言,目前许多软件尤其是社交类App通常都会分析用户的"关注""收藏""评论""转发""点赞""分享"等操作记录,用于提供个性化内容。但对个人隐私保护要求较高的用户其实并不希望自己在软件中的所有操作记录被App收集并利用,甚至有时对推送的广告并不感兴趣。

对此,专家建议,除手机操作系统中已有的"电话""位置信息""通讯录""麦克风""相机"等隐私权限设置,"关注""收藏""评论""转发""点赞""分享"等这些App里具体的功能,用户也应有自己的管理权限。App想获取用户的这类操作记录,也须征得用户同意。

近年来,我国针对个人隐私保护的法律法规不断完善,2021年11月1日,《个人信息保护法》施行,进一步细化和完善了不同类型的个人信息安全保护规范,从源头上防止个人信息数据被过度收集和利用现象的发生。但完成立法只是第一步,接下来还要从具体事实和场景出发,制定配套法规等,才能将法规落到实处。

(信息来源:"聊啥来啥"用户感觉被"窃听"个人信息安全如何保护?https://news.iresearch.cn/content/202110/400169.shtml)

相关知识

由于电子商务是在开放的网上进行的,订单信息、谈判信息、支付信息、机密的商务往来文件等大量的商务信息需要在计算机系统中存放、传输和处理,因此,其安全问题显得尤为重要。

一、电子商务安全概述

(一)电子商务的安全问题

电子商务是基于计算机技术和网络技术发展而来的,因此,它所面临的安全隐患实际上

弘扬新风正气
净化网络生态

是计算机系统或网络系统的安全问题。由于网络的全球性、开放性、无缝连通性、共享性和动态的发展，任何人都可以自由接入互联网，这也给信息及传输的安全性带来极大的威胁。

电子商务的安全不仅仅是狭义上的网络安全，如防病毒、防黑客、入侵检验等；从广义上讲，电子商务安全还包括信息的完整性以及交易双方身份的不可抵赖性。

电子商务的安全隐患可分为以下五类。

1. 信息的篡改

当攻击者熟悉网络信息格式后，通过各种技术方法对网络上传输的信息进行中途修改，并发往目的地，从而破坏信息的完整性。修改信息的内容主要包括：修改资金数量、货物数量、送货地址等。

2. 信息的截获和窃取

信息发送者如果没有采用加密措施或加密强度不够，攻击者就可以获取传输的机密信息，通过对信息流量和流向、通信频度和长度等参数的分析，获取有用的信息，如消费者的银行账号、密码以及企业的商业机密等内容。

3. 信息的假冒

当攻击者掌握网络数据规律或解密商务信息后，可以假冒合法用户或发送假冒信息来欺骗其他用户，占用合法用户的资源。

4. 信息的中断

攻击者可以通过各种手段对网络传输的信息进行中断，不发往目的地，破坏信息的正常传输，从而阻止交易的正常进行。

5. 交易抵赖

交易抵赖主要包括：发信者事后否认曾经发送过某信息或内容，收信者事后否认曾经收到过某条信息或内容；购买者确认订单后却不承认，商家卖出的商品因出现价格问题而不承认原有的交易。

（二）电子商务的安全要求

1. 有效性

电子商务以电子票据的形式取代了传统商务中的纸张，因此，确保电子票据的有效性是开展电子商务的前提。网络故障、操作错误、应用程序错误、主机故障、系统软件错误以及计算机病毒，都有可能造成电子票据的失效。有效性要求贸易数据在确定的时刻和确定的地点都是有效的。

非法控制计算机信息系统案

2. 机密性

电子商务作为一种贸易手段，其信息直接代表着个人、企业或国家的商业机密。电子商务是建立在一个较为开放的网络环境上的，维护商业机密是电子商务全面推广应用的重要保障。因此，电子商务中的信息传播、存储和使用均有保密要求，特别是对敏感文件、重要信息等要进行加密，即使这些信息被截获，截获者也无法了解到信息内容。信息的发送和接收要求在安全的通道中进行，保证通信双方的信息保密，交易的参与方在信息交换过程中没有被窃听的危险。非参与方不能获取交易的信息。

3. 完整性

电子商务简化了贸易过程，减少了人为的干预，但同时也带来了维护贸易各方商业信息的完整性和统一性的问题。联合国贸易法委员会《电子商业示范法》中指出，信息首次以其最终形式生成，作为一项数据电文或充当其他用途时起，该信息保持了完整性。由此可见，在数据输入时的意外差错或欺诈行为、信息传输过程中的丢失、信息传送的次序差异，都会影响信息的完整性。信息的完整性将影响到商务活动的经营策略和成功，保持网上交易各方信息的完整性是电子商务应用的基础。一般可以通过提取消息摘要的方式来保证信息的完整性，从而确保在电子商务交易中，信息既不被修改和删除，也不会丢失和重复。

4. 身份认证

电子商务交易是在虚拟的网络环境中进行的，交易双方可能来自不同的地区或国家，彼此互不相识，如何保证交易双方身份的真实可靠，就需要采用一种措施对双方的身份进行鉴别。一般可通过证书机构和证书来解决身份的认证问题。

5. 不可抵赖性

传统的商务活动中，双方要通过在合同、契约等书面文件上签名或盖章等方式来约束交易行为，以防止抵赖现象的发生。电子商务中需要通过对发送的信息进行电子签名，来实现交易的不可抵赖性。

（三）电子商务安全内容

电子商务是利用 IT 技术来完成商业信息的传输和处理，因此，电子商务安全从整体上可分为计算机网络安全和商务交易安全两个方面。

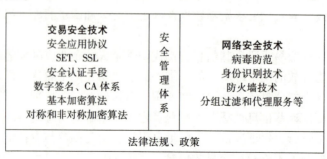

扫一扫有风险：免费打印照片背后的陷阱

计算机网络安全是指利用网络管理控制和技术措施，保证在一个网络环境里，数据的保密性、完整性及可使用性受到保护。计算机网络安全的内容包括，计算机网络设备安全、计算机网络系统安全、数据库安全等。其特征是针对计算机网络本身可能存在的安全问题，实施网络安全增强方案，以保证计算机网络自身的安全性为目标。

商务交易安全则紧紧围绕传统商务活动在互联网络上应用时产生的各种安全问题，在计算机网络安全的基础上，以如何保障电子商务过程的顺利进行为目标，即实现电子商务的保密性、完整性、可鉴别性、不可伪造性和不可抵赖性。

计算机网络安全与商务交易安全实际上是密不可分的，两者相辅相成，缺一不可。没有计算机网络安全作为基础，商务交易安全就犹如空中楼阁，无从谈起。没有商务交易安全保障，即使计算机网络本身再安全，仍然无法达到电子商务所特有的安全要求。电子商务的安全框架如图 7-1 所示。

交易安全技术 安全应用协议 SET、SSL 安全认证手段 数字签名、CA 体系 基本加密算法 对称和非对称加密算法	安全管理体系	网络安全技术 病毒防范 身份识别技术 防火墙技术 分组过滤和代理服务等
法律法规、政策		

图 7-1 电子商务安全构架

从图 7-1 可以看出，电子商务安全性首先依托于法律、法规和相关政策制定的大环境，这是最根本的基础。对于电子商务活动中的各个角色,包括政府和企业,都需要在这个环境中运用安全交易技术和网络安全技术建立起完善的安全管理体制,对电子商务进行实时监控,提供实时改变安全策略的能力,加强对现有电子商务安全系统的漏洞进行检查及安全教育等,从而保证电子商务的安全性。

二、电子商务安全技术

(一)防火墙技术

1. 防火墙的概念

防火墙是指设置在不同网络(如可信任的企业内部网和不可信的公共网)或网络安全域之间的一系列部件的组合。它是不同网络或网络安全域之间信息的唯一出入口,通过监测、限制、更改跨越防火墙的数据流,尽可能地对外部屏蔽网络内部的信息、结构和运行状况,有选择地接受外部访问,对内部强化设备监管、控制对服务器与外部网络的访问,在被保护网络和外部网络之间架起一道屏障,以防止发生不可预测的、潜在的破坏性侵入。防火墙有两种,硬件防火墙和软件防火墙,它们都能起到保护作用并筛选出网络上的攻击者,如图7-2所示。

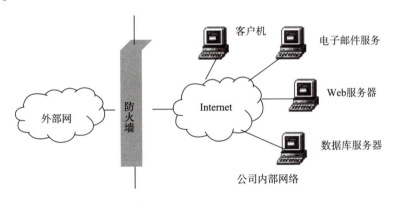

图7-2 防火墙工作示意

2. 防火墙的主要特征

(1)保护脆弱和有缺陷的网络服务。

防火墙能极大地提高内部网络的安全性,并通过过滤不安全的服务而降低风险。由于只有经过精心选择的应用协议才能通过防火墙,所以网络环境变得更安全。例如,防火墙可以禁止不安全的 NFS(Network File System,网络文件系统)进出受保护网络,这样外部的攻击者就不可能利用这些脆弱的协议来攻击内部网络。防火墙同时可以保护网络免受基于路由的攻击,如 IP 选项中的源路由攻击和 ICMP(Internet Control Message Protocol,控制报文协议)重定向中的重定向路径。防火墙还可以拒绝所有以上类型攻击的报文,并通知防火墙管理员。

(2)集中化的安全管理。

通过以防火墙为中心的安全方案配置,能够将所有安全软件(如口令、加密、身份认证等)配置在防火墙上。与将网络问题分散到各个主机上相比,防火墙的集中安全管理更为经济。例如，在网络访问时，一次一密口令系统和其他的身份认证系统完全可以不必分散在各个主机上，可全部集中在防火墙上。

（3）加强对网络系统的访问控制。

防火墙的主要功能是对整个网络的访问控制。例如，防火墙可以屏蔽部分主机，使外部网络无法访问，同时可以屏蔽部分主机的特定服务，使得外部网络可以访问该主机的其他服务，但无法访问这些特定的服务。

（4）加强隐私。

隐私是内部网络非常关心的问题，内部网络中不被人注意的细节可能包含有关安全的线索而引起外部攻击者的兴趣，甚至因此暴露了内部网络的某些安全漏洞。使用防火墙可以隐蔽那些透漏内部的如 FINGER、DNS 等服务。FINGER 显示的信息非常容易被攻击者所获悉，攻击者可以知道某个系统使用的频繁程度，这个系统是否有用户在上网，是否被攻击时引起注意，等等。同样，防火墙可以阻塞有关内部网络中的 DNS 信息，这样一台主机的域名和 IP 地址就不会被外界所了解。

（5）对网络存取和访问进行监控。

如果网络中所有的访问都经过防火墙，防火墙就能记录下所有的访问并做出日志记录，同时也能提供网络使用情况的统计数据。当发生可疑动作时，防火墙能进行适当的报警，并提供网络是否受到监测和攻击的详细信息。此外，收集网络的使用和误用情况也是非常重要的。一方面，可以清楚防火墙是否能够抵挡攻击者的探测和攻击；另一方面，可以了解防火墙的控制是否充足。此外，网络使用统计对网络需求分析和威胁分析也是非常重要的。

3. 防火墙的种类

防火墙通常使用的安全控制手段主要有包过滤防火墙、应用代理型防火墙和状态检测防火墙、复合型防火墙。

（1）包过滤防火墙。

包过滤防火墙是一种简单、有效的安全控制技术。它通过在网络间相互连接的设备上加载允许或禁止来自某些特定的源地址、目的地址、TCP 端口号等规则，对通过设备的数据包进行检查，限制数据包进出内部网络。包过滤防火墙的最大优点是对用户透明，传输性能高。包过滤防火墙在网络层和传输层起作用。它根据分组包的源、宿地址，端口号及协议类型、标志确定是否允许分组包通过。

包过滤防火墙的优点是不用改动客户机和主机上的应用程序，因为它工作在网络层和传输层，与应用层无关。但其弱点也很明显，据以判别过滤的只有网络层和传输层的有限信息，因而各种安全要求不可能充分满足。在许多过滤器中，过滤规则的数目是有限的，且随着规则数目的增加，性能会受到很大的影响。由于缺乏上下文关联信息，不能有效过滤如 UDP、RPC 等协议。另外，大多数过滤器中缺少审计和报警机制，且管理方式和用户界面较差，对安全管理人员素质要求高，建立安全规则时，必须对协议本身及其在不同应用程序中的作用有较深入的理解。因此，过滤器通常和应用网关配合使用，共同组成防火墙系统，如图 7-3 所示。

（2）应用代理型防火墙。

应用代理型防火墙是内部网与外部网的隔离点，起着监视和隔绝应用层通信流的作用，同时也常结合输入过滤器的功能。它工作在开放式系统互联模型的最高层，掌握着应用系统

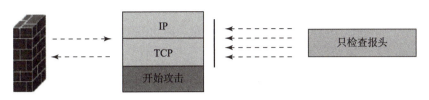

图 7-3 包过滤防火墙工作原理

中可用作安全决策的全部信息。

使用应用代理型防火墙的好处是，它可以提供用户级的身份认证、日志记录和账号管理，彻底分隔外部与内部网络。但是，所有内部网络的主机均需通过代理服务器主机才能获得互联网上的资源，因此会造成使用上的不便，而且代理服务器很有可能会成为系统的"瓶颈"，如图 7-4 所示。

图 7-4 应用代理型防火墙工作原理

（3）状态检测防火墙。

状态检测防火墙保持了包过滤防火墙的优点，性能比较好，同时，在此基础上对安全性有了大幅提升。这种防火墙摒弃了包过滤防火墙仅仅考察进出网络的数据包，不关心数据包状态的缺点，在防火墙的核心部分建立状态连接表，维护了连接，将进出网络的数据当成一个个事件来处理。可以这样说，状态检测防火墙规范了网络层和传输层行为，使性能得到较大提高，如图 7-5 所示。

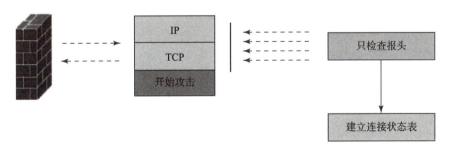

图 7-5 状态检测防火墙工作原理

（4）复合型防火墙。

由于对更高安全性的要求，常把基于分组过滤的方法与基于应用代理的方法结合起来，形成复合型防火墙产品。这种结合通常有两种方案。

一是屏蔽主机防火墙体系结构。在该结构中，分组过滤路由器或防火墙与互联网相连，同时一个堡垒机安装在内部网络，通过在分组过滤路由器或防火墙上过滤规则的设置，使堡垒机成为互联网上其他节点所能到达的唯一节点，这确保了内部网络不受未授权外部用户的攻击。

二是屏蔽子网防火墙体系结构。堡垒机放在一个子网内，形成非军事化区，两个分组过滤路由器放在这一子网的两端，使这一子网与互联网及内部网络分离。在屏蔽子网防火墙体系结构中，堡垒主机和分组过滤路由器共同构成整个防火墙的安全基础，如图7-6所示。

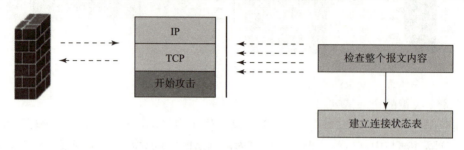

图7-6 复合型防火墙工作原理

4. 防火墙的作用

（1）保护数据的完整性。可依靠设定用户的权限和文件保护来控制用户访问敏感性信息，可以限制一个特定用户能够访问信息的数量和种类。

（2）保护网络的有效性。有效性是指一个合法用户如何快速、简便地访问网络的资源。

（3）保护数据的机密性，即加密敏感数据。

利用防火墙可以提供安全决策的集中控制点，使所有进出网络的信息都通过这个唯一的检查点，形成信息进出网络的一道关口；可以针对不同的用户对网络的不同需求，强制实施复杂的安全策略，起到"交通警察"的作用；可以对用户的操作和信息进行记录和审计，分析网络侵袭和攻击，并及时发出报警信息；可以防止机密信息的扩散以及信息间谍的潜入，可以保护内部网络敏感资源和重要的个人信息；可以减少网络的脆弱性。但是防火墙也有一些缺点：它不能防止来自内部变节者（恶意的知情者）和不经心的用户带来的威胁；无法防范通过防火墙之外的其他途径的攻击；不能防止传送已感染病毒的软件或文件所带来的病毒；无法防止数据驱动型的攻击，因为数据驱动型的数据从表面上看是无害的数据，被邮寄或拷贝到网络主机上，一旦执行就开始攻击。

（二）虚拟专用网技术

所谓虚拟，是指用户并未拥有一个物理网，而是数字数据网（DDN）的部分网络资源所形成的一个用户可以管理监控的专用网络。用户通过虚拟专用网（Virtual Private Network，VPN）管理站，对所属网部分的端口进行状态监视、数据查询、商品控制和测试以及告警、计费、统计信息的收集等网络管理操作。公用数字数据网络的管理人员仍然保留对各个虚拟专用网进行控制和管理的能力，协助管理各个虚拟专用网。虚拟专用网包括需要相互通信的两台计算机、一条通过拨号建立的隧道以及公共的网络或个别的企业局域网。为了确保通信的安全性，在两台计算机之间的数据传输是经过加密的。

虚拟专用网是对企业内部网的扩展。虚拟专用网可以帮助远程用户、公司分支机构、商业伙伴及供应商与公司的内部网建立可信的安全连接，并保证数据的安全传输。虚拟专用网可用于不断增长的移动用户的全球互联网接入，以实现安全连接；可用于实现企业网站之间安全通信的虚拟专用线路，用于经济有效地连接到商业伙伴和用户的安全外联网虚拟专用网。虚拟专用网可以支持数据、语音及图像业务，可以支持数字数据网所具有的其他业务。它的优点是经济、便于管理，能方便地适应变化等。当然，它也存在一些问题，如当虚拟专用网使用公共线路时，其安全性会降低，容易受到攻击。

虚拟专用网技术是使分布在不同地方的专用网络在不可信任的公共网络上实现安全通信的网络技术。它可以在不同地理位置的两台计算机之间建立一个需要的连接，以此达到在公共网络的企业局域网之间实现安全的电子交易的目的。虚拟专用网技术非常适合于电子数据交换技术（EDI）。

1. 虚拟专用网的建立

（1）各站点必须在网络上建立一台具有虚拟专用网功能的设备，可以是一台路由器、防火墙或专门用于虚拟专用网工作的设备。

（2）各站点必须知道对方站点使用的 IP 地址。

（3）两站点必须对使用的授权检查和根据需要采用的数字证书方式达成一致。

（4）两站点必须对需要使用的加、密技术和交换密钥的方法达成一致。

2. 虚拟专用网技术的应用

（1）采用远程访问的公司提前支付了购买和支持整个企业远程访问基础结构的全部费用。

（2）公司能利用无处不在的互联网，通过单一网络结构为职员和商业伙伴提供无缝和安全的连接。

（3）对于企业，基于拨号虚拟专用网的外联网能加强与用户、商业伙伴和供应商的联系。

（4）电话公司通过开展拨号虚拟专用网服务可以缓解终端阻塞。

（5）通过为公司提供安全的外界远程访问服务，互联网服务提供商能增加收入。

（6）通过外联网分层和相关竞争服务，互联网服务提供商也可以提供不同的拨号虚拟专用网。

（三）加密技术

电子商务中，为了解决信息篡改、信息假冒、交易抵赖等问题，大量使用了数据加密技术。采用加密技术对信息进行加密，是最常见的安全手段。加密技术是一种主动的信息安全防范措施，其原理是利用一定的加密算法，将明文转换成无意义的密文，阻止非法用户理解原始数据，从而确保数据的保密性。明文变成密文的过程称为加密，由密文还原为明文的过程称为解密，加密和解密的规则称为密码算法。在加密和解密的过程中，由加密者和解密者使用的加、解密可变参数叫作密钥。

目前，在电子商务中，广泛应用的两种加密技术是对称密钥加密技术和非对称密钥加密技术。它们的主要区别在于所使用的加密和解密的密钥是否相同。

1. 对称密钥加密技术

对称密钥加密，又称私钥加密，即信息的发送方和接收方用同一个密钥去加密和解密数据。对称加密技术的最大优势是加/解密速度快，适合对大数据量进行加密，但密钥管理困难。使用对称加密技术将简化加密的处理，每个参与方都不必彼此研究和交换专用设备的加密算法，而是采用相同的加密算法并只交换共享的专用密钥。如果进行通信的双方能够确保专用密钥在密钥交换阶段未曾泄露，那么机密性和报文完整性就可以通过使用对称加密方法对机密信息进行加密，以及通过随报文一起发送报文摘要或报文散列值来实现。

对称加密技术存在着在通信的参与者之间确保密钥安全交换的问题。对称加密技术要求通信双方事先交换密钥，当系统用户过多时，例如，在网上购物的环境中，商户需要与成千上万的购物者进行交易，若采用简单的对称密钥加密技术，商户需要管理成千上万的密钥与不同的对象通信，因此，密钥管理是一个几乎不可能解决的问题。另外，双方交换密钥时，还会遇到密钥传送的安全性问题。实际环境中，密钥通常会经常更换，更为极端的是，每次传送都使用不同的密钥，对称技术的密钥管理和发布都是远远无法满足使用要求的。

2. 非对称密钥加密技术

非对称密钥加密技术，又称公钥密钥加密，它需要使用一对密钥来分别完成加密和解密操作，一个公开发布，称为公开密钥（Public - Key），另一个由用户自己秘密保存，称为私有密钥（Private - Key）。信息发送者用公开密钥去加密，而信息接收者则用私有密钥去解密。公钥机制灵活，但加密和解密速度却比对称密钥加密慢得多。

在非对称加密体系中，密钥被分解为一对，即一个公开密钥或加密密钥和一个专用密钥或解密密钥。这对密钥中的任何一个都可作为公开密钥（加密密钥）通过非保密方式向他人公开，而另一把则作为专用密钥（解密密钥）加以保存。公开密钥用于对机密性的报文进行加密，专用密钥则用于对加密信息的解密。专用密钥只能由生成密钥的贸易方掌握，公开密钥可广泛发布，但它只对应于生成该密钥的贸易方。贸易方利用该方案实现机密信息交换的基本过程为：贸易方甲生成一对密钥并将其中的一个作为公开密钥向其他贸易方公开；得到该公开密钥的贸易方乙使用该密钥对机密信息进行加密后再发送给贸易方甲；贸易方甲再用自己保存的另一个专用密钥对加密后的信息进行解密。贸易方甲能用其专用密钥解密由其公开密钥加密后的任何信息。

非对称加密技术的关键是寻找对应的公钥和私钥，并运用某种数学方法使得加密过程成为一个不可逆过程，即用公钥加密的信息只能用与该公钥配对的私有密钥才能解密，反之亦然。上述两种加密体制的比较如表7-1所示。

表7-1 对称与非对称加密体制对比

特性	对称加密技术	非对称加密技术
密钥的数目	单一密钥	密钥是成对的
密钥的种类	密钥是保密的	一个私有、一个公开
密钥管理	简单，不好管理	需要数字证书及可靠的第三者
相对速度	非常快	慢
用途	用来做大量资料的加密	用来做加密小文件或对信息签字等不太严格保密的应用

（四）认证技术

信息认证是安全性很重要的一个方面。信息认证的目的有两个：一是确认信息发送者的身份；二是验证信息的完整性，即确认信息在传送或存在过程中未被篡改过。认证是为了防止有人对系统进行主动攻击（如篡改）的一种重要技术。目前，常用的认证技术主要有数字签名技术、身份识别技术、认证机构和信息完整性校验技术等。

1. 数字签名技术

为了鉴别文件或书信的真伪，传统的做法是，要求相关人员在文件或书信上亲笔签名或印章，包括商业合同、银行提单、日常书信等。签名起到认证、核准和生效的作用。随着信息时代的来临，人们希望通过数字通信网络迅速传递贸易合同，这就出现了合同真实性认证的问题，数字或电子签名即应运而生。

数字签名技术是将摘要用发送者的私钥加密，与原文一起传送给接收者。接收者只有用发送者的公钥才能解密被加密的摘要，然后用 Hash 函数对收到的原文产生一个摘要，与解密的摘要对比，如果相同，则说明收到的信息是完整的，在传输过程中没有被修改，否则，就是被修改过的，不是原信息。同时，也证明发送者发送了信息，可以防止发送者抵赖。

数字签名必须保证以下三点：一是接收者能够核实发送者对报文的签名；二是发送者事后不能抵赖对报文的签名；三是接收者不能伪造对报文的签名。

2. 身份识别技术

通过电子网络开展电子商务，身份识别问题是一个不得不解决的问题。一方面，只有合法用户才可以使用网络资源，所有网络资源管理要求识别用户的身份；另一方面，在传统的交易方式中，交易双方可以面对面地谈判交涉，很容易识别对方的身份。

然而，通过电子网络交易却不同，交易双方并不见面，通过普通的电子传输信息很难确认对方的身份。因此，电子商务中的身份识别问题显得尤为突出。只有采取一定的措施使商家确认对方身份，商家才能放心地开展电子商务。当然，这其中也需要一个仲裁机构，以便在发生纠纷时进行仲裁。因为存在身份识别技术，有关当事人就无法抵赖自己的行为，从而使仲裁更为有理有据。在电子商务中，身份识别技术的实现往往要采用密码技术（尤其是公钥密码技术）设计出安全性较高的识别协议。

3. 认证机构

数字签名技术是利用公钥加密技术来验证网上传送信息的真实性，但是任何人都可以生成一对密钥。那么，怎样才能保证一对密钥只属于一个人呢？这就需要一个权威机构对密钥进行有效的管理，颁发证书证明密钥的有效性，将公开密钥同某一个实体（消费者、商户、银行）联系在一起，这种机构就称为"认证机构"（Certificate Authority，CA）。

认证机构是一个权威机构，专门验证交易双方的身份。认证机构的核心职能是发放和管理用户的数字证书，它接受个人、商家、银行等参与交易的实体申请数字证书，核实情况，批准申请或拒绝申请，并颁发数字证书。此外，认证机构还具有管理证书的职能。

认证机构的管理功能主要包括以下四个方面。

（1）证书的检索。数字证书包括有效证书和已撤销证书。用户在验证发送方数字签名时，需要查验发送方的数字证书，这就需要检索有效证书库。另外，证书可能在其有效期限内被认证机构撤销，所以，用户也需要检索已撤销的证书库。

（2）证书的撤销。如果出现证书的有效期已到，用户的身份发生变化，用户的密钥遭到破坏或被非法使用等情况，认证机构就应撤销原有的证书。

（3）证书数据库的备份。

（4）有效地保护证书和密钥服务器的安全。

认证机构在整个电子商务环境中处于至关重要的位置，它是整个信任链的起点。认证机构是开展电子商务的基础，如果认证机构不安全或发放的证书不具权威性，那么网上电子交易根本无从谈起。

4. 信息完整性校验技术

信息完整性需要靠信息认证来实现。信息认证是信息的合法接收者对消息的真伪进行判定的技术。信息认证的内容包括：信息的来源、信息的完整性、信息的序号和时间。

使用数字签名技术和身份识别技术可以鉴别信息发送者的身份，也就是明确信息的来源。数字签名技术可以证实文件的真伪，而身份识别技术可以证实发送人身份的真伪。

信息序号和时间的认证主要是为了阻止信息的重复攻击。常用的方法有：消息的流水作业号、链接认证符、随机数认证法和时间戳等。

信息内容的认证即完整性检验，常用的方法是，信息发送者在信息中加入一个鉴别码并经加密后发送给接收者检验（有时只需加密鉴别码），接收者利用约定的算法对解密后的信息进行运算，将得到的鉴别码与收到的鉴别码进行比较，若二者相等，则接收，否则拒绝接收。目前，实现这一功能的方法有两种：一种是采用消息认证码；另一种是采用篡改检测码。

小知识：国内主要的电子商务认证中心

北京数字证书认证中心：http：//www.bjca.org.cn
深圳市电子商务认证中心：http：//www.szca.gov.cn
广东省电子商务认证中心：http：//www.cnca.net
湖北省电子商务认证中心：http：//www.hbeca.com.cn
上海电子商务安全证书管理中心：http：//www.sheca.com
中国数字认证网：http：//www.ca365.com
山西省电子商务安全认证中心：http：//www.sxca.com.cn
中国金融认证中心：http：//www.cfca.com.cn
天津电子商务运作中心：http：//www.ectj.net/ca
天威诚信 CA 认证中心：http：//www.itrus.com.cn

三、电子商务安全协议

近年来，针对电子商务交易安全的需求，金融业与 IT 业界共同推出了许多不同的安全协议和整体解决方案。目前，广泛使用的为安全套接层（Secure Sockets Layer，SSL）协议和安全电子交易（Secure Electronic Transaction，SET）协议。

（一）安全套接层（SSL）协议

安全套接层协议是由美国网景（Netscape）公司于 1994 年设计开发的基于 Web 应用的安全协议，主要用于提高应用程序之间的数据安全系数。安全套接层协议是一个保证任何安装了安全套接层的客户和服务器间事务安全的协议，该协议向基于 TCP/IP 的客户/服务器应用程序提供了客户端和服务器的鉴别、数据完整性及信息机密性等安全措施，目的是为用户提供互联网和企业内联网连接的安全通信服务。对于电子商务应用来说，使用安全套接层协议可保证信息的真实性、完整性和保密性。

安全套接层协议主要提供以下三方面的服务。

(1) 认证用户和服务器，使得它们能够确信数据将被发送到正确的客户机和服务器。
(2) 加密数据，以隐藏被传送的数据。
(3) 维护数据的完整性，确保数据在传输过程中不被改变。

在传统的邮购活动中，客户首先寻找商品信息，然后汇款给商家，商家再把商品邮寄给客户。这里，商家是可以信赖的，所以客户需先汇款给商家。在电子商务的开始阶段，商家担心客户购买后不付款，或者使用过期作废的信用卡，因而希望银行予以认证。安全套接层协议正是在这种背景下应用于电子商务的。

安全套接层协议运行的基点是商家对客户信息保密的承诺。但在电子商务交易中，安全套接层协议有利于商家而不利于客户。客户的信息首先是必要的，但整个过程中缺少了客户对商家的认证。在电子商务开始阶段，由于参与电子商务的公司大都是一些大公司，信誉较高，这个问题没有受到人们的重视。随着电子商务参与的厂商迅速增加，对厂商的认证问题越来越突出。安全套接层协议逐渐被新的安全电子交易协议所取代。

（二）安全电子交易（SET）协议

安全电子交易协议是一个通过开放网络进行安全资金支付的技术标准，由 VISA 和 MasterCard 组织共同制定。安全电子交易协议在保留对客户信用卡认证的前提下，又增加了对商家身份的认证，这对于需要支付货币的交易来讲是至关重要的。

安全电子交易协议使用加密技术提供信息的机密性，验证持卡者、商家和收单行，保护支付数据的安全性和完整性，为这些安全服务定义算法和协议。由于安全电子交易协议提供了消费者、商家和银行之间的认证，确保了交易数据的安全性、完整可靠性和交易的不可否认性，特别是保证不将消费者银行卡号暴露给商家等优点，因此它成为目前公认的银行卡网上交易的国际安全标准。

SET 协议的主要目标包括以下四个。

（1）信息在互联网上安全传输，保证网上传输的数据不被黑客窃取。

（2）订单信息和个人账号信息的隔离。当包含持卡人账号信息的订单送到商家时，商家只能看到订货信息，而看不到持卡人的账户信息。

（3）持卡人和商家相互认证，以确定通信双方的身份。一般由第三方机构负责为在线通信双方提供信用担保。

（4）要求软件遵循相同协议和报文格式，使不同厂家开发的软件具有兼容和互操作功能，并且可以运行在不同的硬件和操作系统平台上。

安全电子交易协议支付系统主要由持卡人、商家、发卡行、收单行、支付网关及认证机构等六部分组成。

安全电子交易协议使用多种密钥技术来达到安全交易的要求，其中对称密钥技术、公钥加密技术和 Hash 算法是核心。安全电子交易协议定义了一套完整的证书信任链层，每个证书连接一个实体的数字签名证书。认证机构作为证书管理的权威机构和主要执行者，就是通过这个信息链层来实现其职能的。认证机构向交易各方提供了三种基本的基于安全电子交易协议的认证服务：证书颁发、证书更新和证书废除。正是这些体现证书管理的服务才使安全电子交易具备了商务活动所必需的安全性、保密性、完整性和不可否认性。

安全电子交易协议定义了一个完备的电子交易流程，包括商户注册申请证书、购买请求、支付认证、获取付款等步骤。它较好地解决了电子交易中各方之间复杂的信任关系和安全连接，确保了电子交易中信息的真实性、保密性、防抵赖性和不可更改性。与此同时，安全电子交易协议庞大而又复杂，银行、商家和客户均需要改造系统才能实现相互操作，因此，安全电子交易协议被普遍接受也需要一个过程，如图7-7所示。

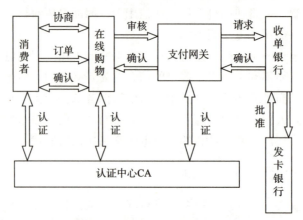

图7-7 安全电子交易的工作流程

不难看出，安全套接层协议和安全电子交易协议在网络各层位置和功能并不相同。安全套接层协议是基于传输层的通用安全协议，它只占电子商务体系中的一部分，可以看作其中用于传输的那部分技术规范。从电子商务特性来看，它并不具备商务性、服务性、协调性和集成性。而安全电子交易协议位于应用层，它对网络上其他各层也有所涉及。安全电子交易协议规范了整个商务的活动流程，对从信用卡持卡人到商家，到支付网关，到认证中心及信用卡结算中心之间的信息流向及必须参与的加密、认证都制定了严密的标准，从而最大限度地保证了商务性、服务性、协调性和集成性。

知识拓展

中国数据安全与挑战

数据已经成为一国经济和社会发展的重要生产要素，对于数据的利用和保护不当也可能导致一国政治、经济、卫生、教育，乃至军事领域的重大安全威胁。万物皆数据的世界，保护和利用好数据就是守卫国家安全。

为保障大数据产业的健康发展，中国政府制定了产业发展计划。据工信部2021年7月发布的《网络安全产业高质量发展三年行动计划（2021—2023年）》（征求意见稿），到2023年，中国网络安全相关开支将超过2 500亿元，相比2020年有66%的增长空间。这将改变国内网络安全发展总体慢于科技行业发展的被动局面。

一、全球日益增长的数据安全威胁

2021年5月，一个专业黑客组织入侵了美国最大的燃油管道运营商科洛尼尔公司的燃油运输系统，导致该公司对其绝大部分输油管道失去控制权，该黑客组织同时窃取了该石油公司大约100GB的数据，事件波及全美5 000万人燃油需求。后来科洛尼尔公司用了75个比特币（约440万美元）作为赎金才重新赎回管道控制权。

资料显示，数据泄露是数据安全方面的最大挑战。国内安防龙头奇安信2021年2月份发布了一份《中国政企机构数据安全风险研究报告》。报告提到，奇安信从某暗网交易平台上抽样收录了2019年5月—2020年2月以来发布的6 357则交易信息，约11.7亿条可交易数据。个人数据的黑色交易泛滥成灾，骚扰电话、大数据杀熟、垃圾邮件和短信等损害了每个人的利益。根据调查，超过40%的数据安全事件由外部攻击导致，14%是由于内部人员的违规操作造成，13%是由于合作伙伴，如供应商和服务商泄露。

科技要发展，安全应该先行。数据泄露会给企业乃至国民经济运行、公共卫生、农业生产、运输物流等带来严重冲击，并可能引发领域严重后果。推动网络与数据法规建设，加强数据安全治理，维护国家安全，刻不容缓。

二、中国大数据战略的压舱石——网络与数据安全

人类已经从IT时代迈入DT时代（数据时代）。以5G、云计算等为代表的技术进步，算法的不断改善，驱动了全球互联网的蓬勃发展以及数据的大爆发。未来20年，全球将有50亿人联网，目前中国有10亿网民，到2035年，全球生产和存储的数据总量将达到2 142ZB，涵盖交通、零售、工业、教育、卫生、政务等社会经济各个领域。

大数据在中国的地位也不断攀升，数字经济快速发展。信通院数据显示，2020年，数字经济规模39.2万亿元，相比2005年增长近16倍，占GDP的比重从原来的14.2%上升至2020年的38.6%。

1. 大数据上升为国家战略

大数据正在成为社会经济发展新的驱动力，并将重新定义大国博弈的空间。大数据时代，世界各国对数据的依赖快速上升，国家竞争焦点已经从资本、土地、人口、资源的争夺转向了对大数据的争夺。未来国家层面的竞争力将部分体现为一国拥有数据的规模、活性以及解释、运用的能力，数字主权将成为继边防、海防、空防之后另一个大国博弈的空间。

顶层设计方面，网络与数据安全风险上升至国家安全高度，大数据成为经济发展的国家战略。

2015年7月，全国人大常委会审议通过新的《国家安全法》并实施，替代1993年的《国家安全法》。新的《国家安全法》强调"总体安全观"，国家安全的概念从传统的主权、国土以及政权安全延伸至非传统领域的经济安全、科技安全、信息安全、网络安全、文化安全等。

在此基础之上，2016年11月，《网络安全法》正式颁布并于2017年6月实施，这是网络领域维护国家安全的第一部法律。《网络安全法》从设施、运行、数据以及内容安全四个层面对于政府、企业和个人行为予以规范。此外，基于个人信息安全被纳入网络安全的范畴，《个人信息保护法》在2021年正式公布实施。

大数据逐步上升为国家战略。2015年3月发布的《中共中央关于制定国民经济和社会发展第十三个五年规划的建议》提出，拓展网络经济空间，推进数据资源开放共享，实施国家大数据战略，超前布局下一代互联网。这是我国首次提出推行国家大数据战略。

2021年，《国民经济和社会发展第十四个五年规划和2035年远景目标纲要》正式颁布，实施大数据国家战略确定为国家战略方向，"完善适用于大数据环境下的数据分类分级保护制度。加强数据安全评估，推动数据跨境安全有序流动"成为政策目标。

《国家安全法》与大数据国家战略，兼顾国家安全与发展的时代主题，成为统筹未来网络安全及数据安全发展的纲领性文件，后续配套法规政策陆续落地。

就大数据战略来说，不断落地生根的标志性事件是大数据被确定为生产要素。2020年4

月,《中共中央国务院关于构建更加完善的要素市场化配置体制机制的意见》（以下简称《意见》）正式颁发。这是中央第一份关于要素市场化配置的文件,其中,数据被作为一种新型生产要素写入文件中,与土地、劳动力、资本、技术等传统要素并列。

数据作为新型生产要素,只有流通、分享、加工处理才能创造价值,这离不开数据的安全与保护。

2. "三足鼎立"的数据安全法规体系

配套法规建设方面,围绕大数据的生产与再生产,贸易与流通,中国形成了以《国家安全法》为总纲,《网络安全法》《数据安全法》《个人信息保护法》三部法律（"三足鼎立"）为基础的法律监管体系,并以一些部门规章以及政策性文件等作为补充。

具体来看,《网络安全法》从设施、运营、数据以及内容安全四个维度对未来的网络安全进行法规约束,并通过部门分工或者协作的方式制定和颁布进一步的安全细则,如《网络安全审查办法》《关键基础设施信息保护条例》以及《网络信息内容生态治理规定》等。

《数据安全法》则围绕"收集、存储、使用、加工、传输、提供、公开"的数据处理流程,对大数据的各参与方进行法规约束,违反相关安全措施的行为方将受到严厉惩罚。《个人信息保护法》,主要从个人信息保护应遵循的原则和信息处理规则等方面进行约束。

伴随细分的行业配套法案陆续落地,如《信息安全技术网络安全等级保护基本要求》《关键信息基础设施安全保护条例》《网络安全产业高质量发展三年行动计划（2021—2023年）》,以及刚刚征求意见的《关于加强智能网联汽车生产企业及产品准入管理的意见》等。

总的来看,从数据安全的技术角度出发,目前已经建立起围绕大数据的隐私、数据安全以及平台运营三个层面的立体监管框架。构成中国大数据产业安全发展的压舱石。

三、合规创造价值,数据安全市场迎来黄金机遇

外部威胁以及政策驱动下,中国网络和数据安全产业迎来发展黄金机遇。关键问题是,这一产业规模到底有多大？

现状并不是很理想。长期以来,中国网络安全的发展落后于科技业务的发展。国家统计局从2018年开始才正式对外公布信息安全收入数据,彼时全年收入1 163亿元,占软件收入的比重1.88%；2020年,尽管收入上升为1 495亿元,但是占比1.84%,与2018年相比几乎没有变化。从2018年至2020年,信息安全收入增长29%,慢于信息软件收入32%的增长率。

国际对比来看,据IDC数据,2017年,中国安全业务占IT投入的1.88%,全球平均水平为4.13%,存在一倍以上的差距。这一发展差距未来将被弥补。

网络安全产业过去多年发展总体落后于软件产业,很大程度上源于企业的被动"合规"需求。随着外部威胁的快速增长,以及政策与法规的驱动,企业对于网络与数据安全的需求将呈现"内驱式"快速增长。

此外,为了推动企业遵循《网络安全法》,以及《信息安全技术网络安全等级保护基本要求》（等保2.0）等法规要求,公安部于2021年修正了等保2.0的评测模板。

企业终将理解,合规才能创造价值。

从行业基础看,足够的迹象显示,大数据的发展在加速。2021年,行业内有三个重大的产业动向。一是2021年6月21日首批9只基础设施公募REITs公开上市交易,此举将进一步缓解云计算、大数据相关基础设施的建设资金瓶颈。二是7月份工信部印发《新型数据

中心发展三年行动计划（2021—2023年）》，此举从大数据产业发展的角度，属于基础设施先行。三是2021年7月，上海宣布探索设立数据交易所，力争年内出台数据条例，为数据要素市场建设筑牢法制基础。

另据《网络安全产业高质量发展三年行动计划（2021—2023年）（征求意见稿）》规定，2023年，网络安全产业规模将超过2 500亿元，年复合增长率超过15%；该计划还规定电信等重点行业网络安全投入占信息化投入比例要达10%。

行业机会方面，未来安全领域多个细分都存在较好的发展空间。以车联网为例，随着电动汽车的发展，两年后车联网将是一个约5 000亿元的黄金产业，智能驾驶的发展离不开车联网的安全保驾护航。云计算方面，据艾瑞咨询此前研究结果，云计算几年后是一个近万亿的黄金赛道，云计算的发展必然带动安全产业的发展。

技术趋势方面，随着技术进步，5G的进一步发展，"云"将逐步取代企业传统的物理（硬件）边界，这也意味着企业间"安全"边界的消失。企业如何更好地保护自己的数据安全，从事云服务的厂商如何更安全地服务客户，都是挑战，这也是行业发展的机会，尤其是隐私计算领域或将迎来爆发。

（信息来源：艾瑞：中国数据安全与挑战_互联网_艾瑞网（iresearch.cn）https://report.iresearch.cn/content/2021/09/395699.shtml）

课后练习

一、简答题

1. 请说出非对称密钥加密体制的原理。
2. 什么是数字证书？数字证书有哪些类型？
3. 什么是认证中心？认证中心具有哪些作用？
4. 信息传输的保密性、信息的完整性、信息的不可否认性以及交易者身份的确定性分别采用哪些技术来保证？

二、能力训练：申请数字证书并发送签名的电子邮件

1. 进入数字认证服务中心申请电子邮件数字证书（可考虑使用免费试用的数字证书）。
2. 在Foxmail或Outlook Express中设定邮件。
3. 在Foxmail或Outlook Express中设置邮箱与数字证书的绑定。
4. 发送签名的电子邮件。
5. 接收签名的电子邮件。

任务八

电子商务法律

任务目标

知识目标：
1. 了解电子商务对现代法律提出的挑战；
2. 熟悉电子商务法律、法规涉及的各环节的法律问题；
3. 了解国外电子商务立法的概况；
4. 熟悉我国电子商务立法现状及存在的问题。

能力目标：
1. 能够分析电子商务带来的法律问题；
2. 能够分析电子商务参与各方的法律关系。

素质目标：
1. 树立文化自信；
2. 培养良好的法律意识；
3. 培养诚信意识。

任务导入

电子合同是否有效？

一名刚上小学二年级的男童，在某购物网站以其父亲李某的身份证号码注册了客户信息，并且订购了一台价值 1 000 元的小型打印机。当该网站将货物送到李某家时，曾经学过一些法律知识的李某却以"其子未满 8 周岁，是无民事行为能力人"为由，拒绝接收打印机并拒付货款。由此交易双方产生了纠纷。

李某主张，电子商务合同订立虽在虚拟的世界，却是在现实社会中得以履行，应该也能够受现行法律的调控。依据我国现行《民法典》第 19 条规定，不满 8 周岁的未成年人是无民事行为能力人，不能独立进行民事活动，应该由他的法定代理人代理民事活动。其子未满 8 周岁，不能独立订立货物买卖合同，所以该打印机的网上购销合同无效；其父母作为其法定代理人有权拒付货款。

对此，网站主张：由于该男童是使用其父亲李某的身份证登录注册客户信息的，从网站所掌握的信息来看，与其达成打印机网络购销合同的当事人是一个有完全民事行为能力的正常人，并非此男童。由于网站不可能审查身份证来源，即网站已经尽到了自己的注意义务，不应当就合同的无效承担民事责任。

问题：当事人是否具有行为能力？电子合同是否有效？

这个案例反映出对电子合同主体进行必要限制的意义。对于网络交易来说，合同当事人在网络上根本无法看到或辨别交易相对人的民事行为能力，双方当事人是利用计算机按键或鼠标来发出意思表示，即便网络中心要求交易相对方输入身份证号码及出生日期，或信用卡号以证实其为成年人，但仍有伪造或提供不实资料的可能性。故网络中心或利用网络进行交易的销售者，基本上无从得知对方当事人究竟是否是成年人，或者是限制民事行为能力或无民事行为能力人。因此，如何判断网上交易的当事人是否具有完全民事行为能力、限制民事行为能力或无民事行为能力，以及与这些限制民事行为能力人或无民事行为能力人订立的合同是否有效，有无必要对通过网上订立交易合同的当事人的主体资格加以限制，成为电子合同订立过程中的难题。

本案中是李某的未满8周岁的男孩在网络上订立了买卖合同。根据我国《民法典》的规定，对于一个未满8周岁的儿童来说，他是无民事行为能力者。无民事行为能力人订立的合同无效，所以李某拒付货款的行为本来也无可厚非。但是，由于孩童是以其父的身份证登录客户信息，如果网站有充分的证据证明其已经尽到了必要的注意义务，那么完全无视网站利益受到侵害的事实则有失公平。李某作为其子的监护人和其身份证的合法持有人，没有尽到相应的管教义务和保管义务，导致其子滥用其身份证进行登录注册，应当对合同无效给网站造成的损失承担赔偿责任。所以，应该认定购物网站有权要求李某承担货物的往返运费和其他交易费用。

（信息来源：华律网，http://www.66law.cn/laws/52796.aspk）

相关知识

一、电子商务带来的新法律问题

电子商务的突出特征是使重要的商业活动通过计算机及互联网完成，这种网络世界构成了一个区别于传统商业环境的新环境。在这个虚拟世界里，来自全世界每个角落的人和企业均可以低成本、高效率地完成各种交易，而无须受到时间与空间的限制。这种环境与交易手段的改变，使在传统交易方式下形成的规则很难完全适应，因此，需要有新的法律、法规来适应电子商务运作的法律环境。就目前情况看，世界各国在电子商务法律建设中存在诸多问题，法律的滞后与缺失使得电子商务交易中出现的问题无法可依，严重制约了电子商务的发展。

（一）电子合同中的法律问题

随着互联网在全球范围内的迅猛发展，越来越多的企业纷纷将传统的销售领域转移到网络上，以网络为基础的电子协议、电子合同数量急剧增加。所谓电子合同，是指通过互联网订立的，明确当事人彼此之间权利和义务关系的协议，它也被称为"无纸合同"，以区别于传统意义上的合同。这种新兴的合同与传统意义上的合同有很大不同，它有着自身的法律特征，但目前无论是国际贸易还是国内贸易，都有签字、盖章、书面形式等传统的法律要求，这对电子合同在许多方面都意味着严峻的挑战。我国合同法规定，合同的书面形式可以是数据电文。数据电文包括 EDI、E-mail 等形式。这从法律上明确了电子合同的地位，但是，由于世界各国电子商务发展水平相距甚远，对待电子合同的标准也千差万别，因此，在电子商务的实际应用中必须充分考虑各国的不同法律标准。

电子合同作为一种新型合同，除了具备传统合同的一般特征外，还具有以下几个特征：合同的要约和承诺均需通过互联网进行，即合同双方当事人通过互联网以电子数据的传递来完成要约与承诺；合同的成立、变更和解除不需要采用书面形式，即电子合同是采用电子数据交换的方法签订的；合同的成立不需要经过签字，即电子合同是通过"电子签名"的方式确定合同成立的。

正是上述特征，使电子合同在使用过程中存在如下一些问题。

1. 电子合同中的要约与承诺问题

合同法中所称合同是指"平等主体的自然人、法人和其他组织之间设立、变更、终止民事权利、义务关系的协议"，"订立合同包括要约和承诺两个过程"。要约是指一方当事人以缔结合同为目的，向对方当事人提出要约条件，希望对方当事人接受的意思表示。承诺是指受

直播带货"翻车"产生的民事责任

要约人做出的同意要约以订立合同的意思表示。当两个过程意思一致时，即告合同成立。在传统商务模式下，要约是可以撤销的，但前提是撤销的通知早于原要约到达受要约人。这条规定在传统交易方式中是可以实现的，而通过电子方式发出的要约是否可以撤销则是一个值得探讨的问题。因为，通过互联网进行电子数据传递的速度极快，并且，目前尚无另外一种速度更快的数据传递方式。当受要约人通过计算机系统收到要约或订单的电子信息后，便可立即处理，并且向对方发出承诺电文，在这种情况下，要约就很难有撤销的机会。

2. 电子合同的承诺生效问题

承诺是指受要约人同意接受要约的条件以缔结合同的意思表示。承诺从什么时候起生效是合同法中一个十分重要的问题。因为，按照各国的法律，承诺一旦生效，合同即告成立，当事人双方就要受到合同的约束，承担合同所规定的权利与义务。订立合同的地点对于确定合同的适用惯例来说是相当重要的，如在诉讼时确立主管法院以及适用的国际司法。

法律规定，传统商务活动中承诺生效的原则有"投邮生效"原则，即凡是以信件、电报做出承诺的，承诺的信函一经投邮合同立即生效，生效地点是"投邮地"；"到达生效"原则，如按照德国法律，要约和承诺都是一种意思表示，而意思表示到达相对人时发生效力。因此，按照不同国家的法律规定，合同成立的时间和地点也有所不同。

在电子商务环境下，电子合同的订立是在不同地点的计算机系统之间完成的，对电子合同而言，采用"到达生效"较为适宜。电子商务中承诺生效的时间和地点，可以通过对收到该条数据电文的时间和地点加以确定而获知。联合国《电子商务示范法》第 11 条进行了详细规定，发出和收到数据电文的时间和地点除非发件人与收件人另有协议，数据电文的收到时间按下述方法确定：如收件人为接收数据电文而制定了某一信息系统，以数据电文进入该指定信息系统的时间为收到时间；或如数据电文发给收件人的一个信息系统但不是指定的信息系统，以数据电文进入收件人的任一信息系统的时间为收到时间。也就是说，当双方有

约定而未按约定方式发送电文时，要约和承诺的生效时间以接受电文方检索到该电文时间为准。

联合国《电子商务示范法》第 4 款对电子合同生效地点作了规定：除非发件人与收件人另有协议，数据电文以发件人设有营业地的地点为其发出地点，而以收件人设有营业地的地点为其收到地点。如发件人或收件人无营业地，应以对基础交易具有最密切关系的营业地为主。如果并无任何基础交易，发件人或收件人没有营业地，则以其惯常居住地为准。

3. 签字署名问题

许多国家的法律规定，交易的单证必须有签字予以确认才有效。采用电子商务进行交易，很难在电子文件或单证上亲自签字。为了克服这个法律障碍，各国专家积极探索，于是电子签名应运而生。签字的基本要求是具有独特性，在文件上签字就是为了证实该项文件，因此，在电子商务环境下，通过使用某种特殊的符号就可以达到传统签字署名的法律要求。以电子商务方式进行的交易，双方所达成的协议往往不是书面形式的，而且也没有签名，因此，联合国《电子商务示范法》中规定，如果法律要求有一个人签字，对于一项数据电文而言，倘若符合以下情况，即满足该项要求。

（1）使用了一项方法鉴定了该人的身份，而且表明该人认可了数据电文内所含的信息。

（2）从各种情况来看，包括根据任何相关协议，所用方法是可靠的，对生成或传递数据电文的目的来说也是适当的。

4. 电子合同的"书面形式"问题

电子商务合同的出现，取代了一系列繁杂的纸面文件，从而实现了"无纸贸易"。但是，大多数国家的法律仍强调以书面形式作为合同存在的证据价值，否则，合同属于无效合同。但是采用电子商务进行贸易活动时，买卖双方通过电子数据完成信息交换，不存在传统意义的书面合同形式。关于电子数据能否视为书面文件，并取得与书面文件同等的法律效力，是各国法律尚未解决的问题。

联合国《电子商务示范法》对数据电文的规定是：不得仅仅以某项信息采用数据电文形式为理由而否定其法律效力、有效性和可执行性；对"书面"的规定为，如果法律要求信息必须采用书面形式，则假如一项数据电文所含信息可以存取以备日后采用，即满足该项要求；无论前款所述要求是否采取一项义务的形式，也无论法律是不是仅仅规定了信息不采用书面形式的后果，该款均将适用。我国合同法第 11 条规定，电子数据交换（EDI）、电子邮件等数据电文形式都属于合同的书面形式。这实际上借鉴了《电子商务示范法》，基于可读性特征而直接将数据电文纳入书面形式。但是合同法对电子合同这种方式亦有所保留，鼓励交易双方在订立合同之前另行签订"确认书"，签订"确认书"时合同成立。

5. 电子商务文件的证据效力问题

电子商务的电子文件包括电子商务合同以及电子商务中流转的电子单据。电子文件的实质是一组电子信息，是通过调用存储在磁盘中的文件信息，显示在计算机的屏幕上的文字来表现的，已经突破了传统法律对文件的界定，因此，与传统书面形式相比，电子文件具有一定的不稳定性，一切来自外界的对计算机及其网络的干扰，都可能造成它的丢失、损坏或更改。由于电子文件使用的是磁性介质，其存储的数据内容可以随时被改动，而且即使被改动或添加也不易留下痕迹。另外，电子文件容易出现差错，这些差错有些是人为造成的，有些归咎于环境和技术条件。还有，电子文件一旦泄露给未经授权的人，将给用户造成巨大损失。这些原因使电子文件的安全性和真实性受到威胁，一旦发生纠纷，这种电子文件在诉讼时能否被采纳为证据，就成为法律上的难题。

但是，随着计算机及网络技术的发展，通过技术处理，电子文件将无法被删除、修改，这将使磁性介质为载体的网络文件的伪造比书面文件还困难，网络文件的安全性将大大提高。

（二）电子商务与消费者权益保护问题

21世纪，消费者权益保护面临两大问题：一是如何解决《消费者权益保护法》施行以来存在的突出问题；二是如何应对科技发展，特别是网络经济、电子商务等新的交易方式给消费者权益保护带来的新问题。随着科技的发展，新产品大量出现，消费知识滞后的矛盾更加突出。如何更有效地保护消费者的合法权益、加强国际交流与合作，显得越来越重要。

在电子商务中，由于交易方式的改变，出现了许多传统交易模式中未曾出现的消费者权益保护问题，这些问题主要有：消费者知情权问题、管辖权问题、责任界定与追究、消费者退换货问题及消费者隐私权保护问题等。

1. 消费者知情权问题

知情权是消费者的基本权利之一。我国消费者权益保护法第8条规定："消费者享有知悉其购买、使用的商品或接受的服务的真实情况的权利，消费者有权根据商品或服务的不同情况要求经营者提供商品的价格、产地、用途、性能、主要成分、生产日期、有效期限、使用说明书等有关情况。"电子商务中消费者与经营者在虚拟空间背对背地交易，消费者通过网上的宣传了解商品信息，通过网络远距离订货，通过电子银行结算。在这样的情况下，消费者无法掌握商品的真实可靠信息。网上交易的全球性、虚拟性加强了交易主体的不确定性，互联网技术的复杂性亦为网上欺诈敞开大门。

2. 管辖权问题

由于网络空间具有全球性以及管理的分散性等特点，我们不能把物理空间中已经发展成熟、形成完整体系的有关管辖权的法律制度生硬地照搬到网络空间中来。电子商务冲破了一切国家的地域、管辖权的限制，没有地理和时间的限制，以计算机网络为依托，与任何一个国家、任何一个网站的用户进行交易，有时，一笔电子商务交易可能会涉及几个国家和地区。一方面，通过互联网，任何人都可以隐匿地址和姓名与不同的人交易，这就使得判断某一网上活动发生的地点和发生结果的确切范围变得非常困难。另一方面，消费者合法权益保护问题可能由于受到立法差异、管辖权限制和地方保护主义等多方面的限制，消费者在线消费时，可能丧失本国消费者保护法的保护。

3. 责任界定和追究问题

消费者与网络经营者缔结电子交易合同后，有时会因一方违约、不可抗力等因素导致不能履行，或因产品、服务质量存在安全性的缺陷而致消费者人身或财产受损。根据消费合同的性质和消费者权益保护法的规定，消费者可要求经营者承担修理、更换、退货或金钱赔偿损失的违约责任。但在电子商务中，电子商务的完成需要多个实体的参与，任何一个"供销链"出现问题，都会损害消费者的合法权益，一旦出现侵害消费者权益的行为，将难以确认责任主体。这是因为，网站经营者、商品或服务的中间提供者和最终提供者可能并不是同一主体。另外，由于网络内容更新迅速，在网上购买商品或服务时留下的资料保存时间短,易修改、易复制,消费者难以取得证据,责任的界定成为解决问题的最大障碍。由于责任界定不清,消费者权益受到损害时,应如何追索自己的合法权益,采用何种方式和手段追究和处罚,对于保护消费者合法权益是十分重要的。

4. 消费者退换货问题

我国消费者权益保护法第 23 条规定:"经营者提供商品或者服务,按照国家规定或者与消费者的约定,承担保修、包换、包退或者其他责任的,应当按照国家规定或者约定履行,不得故意拖延或者无理拒绝。"然而,在电子商务环境下,消费者权益保护法及各相关法律、法规所规定的消费者退换货的权利却遇到许多新问题。对于网上购物而言,实体商品的购买目前已基本做到了在规定时间内的无条件退换货,但是对于在线购买的数字化商品能否退货的问题还需加以探讨。由于数字化商品复制十分容易,成本低廉,而且品质不会耗损,因此如何对数字化产品退换货做出合理规定,求得经营者和消费者的利益平衡,是一个值得思考的问题。

5. 消费者隐私权保护问题

隐私权是指:"公民享有的私人生活安宁与私人通信依法受到保护,不被他人非法侵犯、知悉、搜集、利用和公开的一种人格权。"随着互联网的发展,消费者出于网络交易和接受服务的需要,必须在网络上向各类经营者提供包括个人资料在内的个人隐私,并且,消费者在网络上的各种交易记录也会在毫不知情的情况下被保留下来,而这些个人资料极有可能被不法分子转售给其他商业组织。保护消费者的个人隐私将会面临巨大挑战。

消费者隐私不被窥视、侵入的权利主要体现在用户的个人信箱、网上账户、信息记录的安全保密性上;消费者隐私不被干扰的权利主要体现在用户使用信箱、交流信息及从事交易活动的安全保密性上;不被非法收集利用的权利主要体现在用户的个人特质、个人资料等不得在非经许可的状态下被利用。

电子商务环境下消费者隐私权保护的主要内容有以下两方面。

(1) 个人资料的隐私保护。

消费者被纳入保护范围的个人资料包括特定个人信息,如姓名、性别、身份证号等,敏感性信息,如宗教信仰、婚姻状况、职业、收入等,以及 E-mail 地址、用户名与密码等。

案例:网络时代谁来保护个人隐私:钱军打人事件

年过六旬的欧阳先生走在家门口的人行道上,被一辆倒退的轿车撞倒。欧阳先生与肇事司机理论,反被诬蔑偷车,继而遭到拳打脚踢,还要他当众跪下承认"偷车"。该过程被事发住宅区的监控录像如实记录下来。

客户信息盗取案

视频在网上公开之后,立即引起网民的愤慨。在短短数日时间内,施暴者钱军及其配偶杨某的工作单位、地址、社保编号、公司领导人姓名、单位电话以及个人身份资料、家庭住址、电话等被网友公布于众,钱军不满 10 岁的女儿在哪所学校就读、其妻子在学校担任家长委员会会长的资料亦一一曝光……

(2) 通信秘密与通信自由的保护。

在电子商务环境下,人们的信息传递主要采用电子邮件方式,邮件在传输的过程中有可能被篡改,并且在一般情况下,人们很难发现。近年来,随着互联网的普及与发展,此类案例日趋增加。其中一起是发生在北京大学两个共同使用同一电子邮箱的学生之间。他们以该电子邮箱向美国大学申请奖学金,其中一人以另一个人的名义向美国某大学发送了一封拒绝接受该校奖学金的电子邮件,从而直接导致被冒名的原告方留学计划未能实现。

此外,由于电子邮件发送成本低廉,在原本属于个人隐私的邮箱中出现了大量不请自到的垃圾邮件,它们占用了邮箱空间而影响正常邮件的收发,这已经构成了对消费者个人生活安宁的侵扰。对于这类行为,也需要运用法律手段进行限制。

(三) 电子商务中知识产权保护问题

1. 著作权保护问题

互联网时代,在人们充分享受信息服务的同时,传统版权与现代信息服务之间的冲突也悄然而至,使法律无所适从。著作权的特点之一是"专有性",而网络上应受著作权保护的信息则是公开、公知和公用的,很难被权利人控制;著作权的另一特点是"地域性",而网络上知识传输的特点则是无国界性。

传统的著作权是用来防止大规模的商业侵权而不是小范围的私人盗版或小范围的使用,因此,以转售、大量商业盈利为目的的知识成果盗版行为总是受到各方面一致的谴责和制裁。通过网络复制各类作品,不但容易而且迅速,所以在网络上进行盗版很难让作者察觉。如果不对电子著作权加以保护,他们的大部分利润将消失在网络空间。

目前,在一些国家已经出现了网上速成书店这种新的出版方式。消费者只需一杯咖啡的功夫,书店就可能通过高速数字技术,将网络上的新书印好后交给顾客。这种新电子出版方式风行,但是所涉及的版权问题尚未找到解决的方法。另外,充斥网络的大量免费音乐、免费视频、免费电影等的下载服务所引发的版权纠纷也引发了网上娱乐很多值得思考的问题。

2. 域名引发的法律问题

域名,是一个组织、机构、企业或个人在互联网上进行联系的标识,只有通过域名,它们之间才能实现相互交流。域名作为一种新的知识产权,有着不同于商标和其他传统知识产权的特点。进入 21 世纪,由于其所具备的巨大商业价值,域名被称为企业的"网上商标"。人们在浏览各种网络资源时,域名是吸引访问者的招牌,用一个知名的名称作为域名,最容易方便浏览者访问和记忆,这是增强域名知名度的最直接方法。因此,人们在选取域名时总是希望寻找某些具有商业价值的特定域名,但是域名必须通过网络管理部门或其指定的机构合法注册后才能使用,且域名在全球范围内按照"先申请、先注册"原则,加之域名资源的有限性,如果一个域名被一人抢先注册,其他人就不能再使用该域名,因此,有些公司为了提高自己网站的知名度,将在市场上的知名企业名称作为自己的域名,由此引发了诸多法律问题。

(1) 域名与厂商名称权的法律冲突。

域名是网络环境下的厂商名称。由于注册及管理制度的不同,使得域名与传统环境下的厂商名称权存在以下冲突。

① 域名注册与厂商名称注册制度的冲突。

在现实社会中,厂商名称权的核准及管理部门是各级工商行政管理机构,而域名的注册管理部门为中国互联网络信息中心及其指定机构。我国的域名注册管理单位对申请域名注册者所选用的域名是否与他人的厂商名称权冲突并不进行审查,这就为域名抢注者提供了可乘之机,也为司法部门的最终裁定增加了难度。

② 域名的全球性与厂商名称地域性的冲突。

在我国，企业的厂商名称权在一定区域内享有专用权，也就是说，在不同的区域不同企业可选用同一名称。然而，域名所具有的全球唯一性的特点使得企业一旦注册拥有某域名，其他企业就无权再使用同一域名，二者之间存在的差距更增加了域名被抢注的机会。

③ 域名的全球唯一性与厂商名称的行业性的冲突。

我国的厂商名称权的注册是分行业的，不同行业的企业可采用相同的名称，但这一原则显然与域名的全球唯一性存在冲突。

厂商名称是现实社会商家的标识，域名是网络虚拟社会的商家标识，二者的功能相同，但是分属两个不同的环境，适用两种不同的管理制度。域名的管理办法保证了域名在网络环境下的唯一性，但并未兼顾传统厂商名称权地域与行业性的使用特点，也就增加了特定域名被抢注的激烈程度。

（2）域名与商标权的法律冲突。

在我国，商标专用权的取得采取自愿原则，未经注册的商标可以使用，但不受国家法律的保护。

① 商标专有权的地域性与域名全球唯一性的冲突。商标的地域性原则使得商标在某一国内使用时，受到该国家法律的保护。在电子商务开放网络环境中，商标注册人将受地域保护的专有权在网上使用时，将受到域名的排斥。

② 商标的类别性与域名全球唯一性的冲突。我国商标法规定，对注册商标的保护权限仅限于核准注册的商标和核定使用的商品范围之内。同一名称的商标，在不同类别上的商品上使用是合法的，如果以商标使用权作为域名申请注册，则必须符合"先申请、先注册"的原则，域名的使用权只能由先申请注册的企业拥有。

③ 域名与驰名商标权的冲突。在我国，驰名商标是受到商标法特殊保护的，但是对驰名商标的保护也仅仅限于某些范围之内。而在电子商务环境下，在完全开放的网络空间中，驰名商标的特殊保护能否得到延伸还存在很多障碍。

（3）域名与其他域名权的冲突。

域名作为企业进入互联网的唯一标识，必须遵循其特有的管理及注册原则。域名注册中只要存在微小的差异均可获得成功，这是由于计算机识别的灵敏度远远高于人眼，域名之间的差异计算机都可以准确、及时地加以识别。一些企业或个人利用域名申请注册的这一特性，故意将与著名商标或其知名域名稍有差异的名称申请注册，来误导消费者。

中国首例域名抢注案

广东科龙（容声）集团有限公司（以下简称科龙公司）于1992年元月获得"KELON"注册商标专用权。1997年9月，吴永安开办的永安制衣厂（个体工商户）向中国互联网络信息中心注册"kelon.com.cn"域名，并取得注册登记证书。1997年年底，科龙公司曾与吴永安商谈有关"KELON"域名注册事宜。1998年元月，吴永安发送传真给科龙公司，称："为了尽快了结关于科龙域名的争议权，永安制衣厂要求对方作为补偿现金五万元，即放弃争议权。"科龙公司遂以吴永安为被告诉至北京市海淀区人民法院。北京市海淀区人民法院受理本案后，吴永安曾信函告之：要求科龙公司补偿其域名注册费2 000元，首年度运行费300元，愿放弃"kelon"域名的使用权。经法庭询问，科龙公司拒绝吴永安的要求。1999年3月6日，本案开庭审理前，被告吴永安再次信函告之一审法院：其已向中国互联网络信息中心提出申请，要求注销其注册的"kelon. com. cn"域名，并寄回了注册证书。经向中国互联网络信息中心查询，永安制衣厂注册"kelon"域名的网页自注册之日起至诉讼时止一直为空白。中国互联网络信息中心已于1999年3月25日完成永安制衣厂"kelon. com. cn"域名的注销工作。1999年3月29日，科龙公司已获得"kelon. com. cn"域名。科龙公司以被告吴永安自动停止了侵权行为为由，向一审法院提出撤诉申请。

（四）电子商务税收存在的问题

电子商务的飞速发展在给经济增长带来巨大推动的同时，也给各国的税收带来了问题。无论是现行的国际贸易条约，还是各国法律的现行规定，都是为适应传统的有纸贸易的要求而制定的，当这些现行的条约应用于电子贸易时，必然会引起法律上的不协调。

1. 纳税主体确定难

电子商务是在网络上进行的，个人或企业的身份是可以虚拟的，网站只是中间媒介，买卖双方完全可以在网上沟通好之后再通过网下完成交易，税务机关难以察觉交易的发生，即使知道有交易行为发生，如果刻意隐瞒，税务机关要找到买卖双方也非常困难，大量的税款在网上交易中流失。

2. 税收征管对象确定难

电子商务改变了产品的形态，借助网络将有形商品以数字化的形式进行传输与复制，模糊了有形商品、无形资产、特许权使用及服务之间的概念，难以确定一项收入到底是何种所得，失去了区别税收性质和税种的依据。传统的凭证是以纸质销售凭证为基础的，而在电子市场这个独特的环境下，所有买卖双方的合同，以及作为销售凭证的各种票据都以电子形式存在，这使传统的追踪审计失去线索。

3. 税收管辖权实行难

首先，电子商务弱化了地域税收管辖权。地域税收管辖权是指对来源于一国境内的全部所得，以及在本国领土范围内的财产行使征收权。地域管辖权以各国地理界线为基准，电子商务则消除了国家间的界限，模糊了地域管辖权的概念。其次，电子商务动摇了居民管辖权。居民管辖权是对一国居民在世界范围内的全部所得和财产行使征税权力，而现行税制一般都以有无住所、是否为常设机构等作为纳税人居民身份的判定标准。然而，电子商务的虚拟化，往往使企业的贸易活动不再需要原有的固定营业场所等有形机构来完成，造成无法判定国际税收中的这类概念。

除上述问题外，电子商务带来的新法律问题还表现在其他方面。

（1）电子商务运作平台建设及其法律地位问题。

在电子商务环境下，交易双方的身份信息、产品信息、意思表示、资金信息等均通过电子商务平台完成传递和存储。网站与在网站上设立虚拟企业进行交易的人之间、网站与进入站点进行交易的消费者之间是何种法律关系，在网站上传输的信息不真实、无效或其他情形下引起的损失，网站是否应承担责任，承担何种责任，受损失的交易相对人如何获得赔偿都是电子商务法律要解决的问题。

（2）网上电子支付问题。

在电子商务形式下，越来越多的款项支付是通过网络完成的。网上支付是通过虚拟银行的电子资金划拨来完成的，而实现这一过程涉及网络银行与网络交易客户之间的协议、网络银行与网站之间的合作协议法律关系以及安全保障问题。因此，需要制定相应的法律来明确电子支付的当事人包括付款人、收款人及银行之间的法律关系，制定相应的电子支付制度。同时，对于电子支付数据的伪造、更改等问题的处理办法也需要明确。

（3）在线交易主体及市场准入问题。

在传统交易中，不存在虚拟主体，因而相关法律条款也不曾涉及此问题。但是在电子商务交易中，存在着大量的虚拟主体，电子商务法律要解决的问题是确保网上交易的主体是真实存在的，且能够使当事人确认其真实身份。这一问题的解决必须依赖相关部门予以支持和配合，通过公示制度加以解决，而交易主体的管制实质上也是一个市场准入和网上商业政府的管制问题。

在传统模式下，长期固定从事营利性事务的人必须进行登记。而在开放的网络环境下，任何人均可以设立网站或在第三方交易平台上完成交易，哪些主体可以从事在线业务，如何规范其在线的商业行为也成为电子商务法律所要研究的问题。

二、电子商务法律、法规概述

（一）电子商务法的概念

电子商务在现代贸易中占有非常重要的地位，并最终取代传统的贸易形式而主导整个国际贸易新形式的发展。作为规范电子商务的电子商务法目前也同电子商务本身一样，还没有一个完整统一的概念。从国内外的法律法规文件或论著看来，还没有人对电子商务法的概念做出明确的界定。

目前，国内外的法律论著中，关于电子商务法的概念有广义与狭义之分。广义的电子商务法与广义的电子商务相对应，包括所有调整以数据电文方式进行的商务活动的法律规范。其内容涉及广泛，将调整以电子商务为交易形式的和调整以电子信息为交易内容的规范都包括在内。狭义的电子商务法则对应于狭义的电子商务，是调整以数据电文为交易手段引起的商务关系的法律规范体系。

（二）电子商务法的特征

与传统法律法规相比，电子商务法具有以下特征。

1. 国际性

电子商务的显著特点是具有国际性。在 20 世纪 90 年代中后期，世界上几乎每个国家都与互联网相连接，在互联网上已经打破了国家和地区之间的界限。由于通过互联网进行的商务活动是一种世界范围内的商务活动，因此，电子商务法要以适应电子商务国际化的要求为特征，以同国际接轨为必要的特点，以此来满足解决电子商务法律问题的需要。例如，联合国《电子商务示范法》第 3 条和《电子签字示范法》第 4 条对"解释"都做了相同的规定："解释本法，应当考虑其国际渊源以及促进其统一适用和诚信遵守的必要性。有关本法调整事项的问题在本法中未明文解决的，应当按照本法所依据的一般原则解决。"这样立法显然是考虑到电子商务法的国际性特点。

2. 科技性

由于电子商务是电子技术，特别是网络经济与现代高科技发展的产物，它需要运用电子技术来进行商务活动，规范这种行为的电子商务法就必须要适应这种要求，所以电子商务的法律必须以科技性为特点才能符合规范电子商务活动的需要。传统的民商法由于不具备科技性的特点，对于电子商务中的签字技术、认证技术等技术问题束手无策。因此，电子商务法应是传统法律与现代高科技的结合，应对有关电子商务的技术问题做出规定，使电子商务走上法治化的道路。

3. 安全性

电子商务虽然在交易方式上给商务活动提供了高效、快捷的便利，但是也给商家带来了新的问题，其中最令商家感到担心的就是电子商务的安全问题，而电子方式的开放性也使其具有不可忽视的安全问题。特别是在互联网下的商务活动，计算机的黑客、灰客与计算机病毒、犯罪等严重威胁着电子商务的安全，它们对计算机系统的侵入和攻击有可能使商家经营秘密被窃、经营数据丢失或者被破坏，给商家带来巨大的损失。因此，电子商务法必须通过对电子商务安全问题进行规范，有效地预防和打击各种利用互联网的犯罪，保证电子商务的安全运行。

4. 复杂性

电子商务的高科技化及科技的专业性和复杂性，造成了电子商务关系的复杂性，因此决定了电子商务法律关系的复杂性。这是因为在电子商务中，当事人之间的交易必须在第三方协助下才能完成，即在电子服务商和认证机构等提供的服务下完成。这就使电子商务活动与传统商务活动相比，包含了多重社会关系，使电子商务法的法律关系复杂化。

5. 动态性

电子商务法的动态性是指电子商务立法的动态性。动态性立法形式的核心是其结构上保持开放式的体系结构，为将来不断出现的新法律问题保留必要的接口，使法律处于易修改、更新的状态。动态性立法主要是由电子商务的动态性、复杂性以及电子商务法律问题的多样性决定的。一方面，由于电子商务发展很快，必须在较短的周期内对法律做出必要的调整和修改；另一方面，电子商务的法律问题涉及面非常广，很难在一部法律中将其穷尽地包容，并且短期内也不可能找到成熟的解决方案。为了满足立法的迫切需要，采取开放式结构，成熟一部分规范一部分，既让虚拟世界有了有力的法律武器，又保证了法律具备"与时俱进"的能力。

（三）电子商务法的作用

随着电子通信与计算机技术的飞速发展和电子商务的广泛应用，电子商务法在经济活动中发挥着重要的作用，这种重要作用主要表现为以下几个方面。

1. 电子商务法是规范电子商务活动的有力保障

电子商务活动冲破了传统贸易的格局，使贸易形式产生了巨大的变革。面对这种全新的贸易形式，传统的法律规范有许多方面都不能适应电子商务活动的需要，电子商务法正是在这种要求下产生的，它对在互联网上进行商务交易的过程、当事人的权利义务都按照电子商务活动的特点做出规定。电子商务活动能够按照法律规范来进行，使电子商务活动有法可依、有据可查、责任明确，保障电子商务活动按照规范进行。

2. 电子商务法是互联网安全的有力保障

互联网最大的问题在于其安全的脆弱性，而以互联网为基础的电子商务活动也同样深受互联网安全性的影响。网络安全问题是当前世界各国普遍关注和重视的问题。随着经济信息化的飞速发展,在计算机网络中黑客破坏活动与网络犯罪问题日益严重。有统计表明,网络犯罪率的提升速度甚至已经超过信息化发展的速度,这将对经济秩序以及计算机信息安全构成严重威胁。今后在我国经济发展与世界经济发展的并轨过程中,网络信息安全将面临更大的压力和挑战。电子商务法将会直接有效地打击和防止各种危害电子商务安全的违法犯罪活动,在威慑违法行为的同时,规范电子商务主体的行为,保护电子商务交易安全,维护电子商务交易主体的合法权益,从而有力地保障互联网的安全发展。

3. 电子商务法是市场经济健康发展的有力保障

市场经济从确立到今天的快速发展,无时无刻不依赖于法律规范的有力保障,虽然电子商务在贸易形式上有了根本性的突破,而且在若干年后,它将成为市场经济的主要贸易形式,但其仍然是市场经济的一个组成部分。从市场经济是法治经济的根本特点看,以法律规范来确保电子商务交易的安全与快捷是市场经济发展的必然要求。

三、电子商务参与各方的法律关系

在电子商务交易过程中,买卖双方、客户与交易中心、客户与银行、银行与认证中心都将彼此发生业务关系,从而产生相应的法律关系。买卖双方之间的法律关系实质上表现为双方当事人的权利和义务。买卖双方的权利和义务是对等的,卖方的义务就是买方的权利,反之亦然。

打折"福袋"
遭遇退货难

(一)卖方的义务

在电子商务交易活动中,卖方应当承担以下三项义务。

1. 按照合同的规定提交标的物及单据

提交标的物和单据是电子商务中卖方的一项主要义务。为了划清双方的责任,标的物交付的时间、地点和方法应当明确规定。如果合同中对标的物的交付时间、地点和方法未作明确规定,应按照有关合同法或国际公约的规定办理。

2. 对标的物的权利承担担保义务

与传统的买卖交易相同,卖方是标的物的所有人或经营管理人,应保证将标的物的所有权或经营管理权转移给买方。卖方应保障对其所出售的标的物享有合法的权利,承担保障标的物不被第三方追索的义务,以保护买方的权益。如果第三方提出对标的物的权利,买方提出收回标的物时,卖方有义务证明第三方无权追索,必要时应当参加诉讼、出庭作证。

3. 对标的物的质量承担担保义务

卖方交付的标的物的质量应符合合同规定的质量标准或双方约定的质量标准,不应存在不符合质量标准的现象,也不应出现与网络广告相悖的情况。卖方在网络上出售有瑕疵的物品,应当向买方说明。卖方隐瞒标的物瑕疵的,应承担责任。

(二)买方的义务

在电子商务交易活动中,买方同样应当承担以下三项义务。

1. 承担按照网络交易规定方式支付价款的义务

由于电子商务的特殊性,网络购买一般没有时间、地点的限制,支付价款通常采用信用卡、智能卡、电子钱包或电子支付等方式，这与传统的支付方式也是有区别的。但在电子交易合同中，应明确采用哪种支付方式。

2. 承担按照合同规定的时间、地点和方式接受标的物的义务

由买方提取标的物的，买方应在卖方通知的时间内到预定的地点提取。由卖方代为托运的，买方应按照承运人通知的期限提取。由卖方运送的，买方应做好接收标的物的准备，及时接收标的物。买方迟延接收时，应负迟延责任。

3. 承担对标的物验收的义务

买方接受标的物后应及时进行验收，规定有验收期限的，对表面瑕疵应在规定的期限内提出。发现标的物表面的瑕疵时，应立即通知卖方，瑕疵由卖方负责。买方不及时进行验收，事后又提出表面瑕疵，卖方不负责任。对隐蔽瑕疵和卖方故意隐瞒的瑕疵，买方发现后，应立即通知卖方，并追究卖方的责任。

（三）网络交易中心的法律地位

网络交易中心在电子商务中介交易中扮演介绍、促成和组织者的角色。这一角色决定了交易中心既不是卖方，也不是买方，而是交易的中间人。它是按照法律的规定在买卖双方委托业务的范围内和具体要求下进行业务活动的。

根据《中华人民共和国计算机信息网络国际联网管理暂行规定》第 8 条的规定，网络交易中心的设立必须具备以下四个条件。

（1）是依法设立的企业法人或者事业法人。

（2）具有相应的计算机信息网络、装备以及相应的技术人员和管理人员。

（3）具有健全的安全保密管理制度和技术保护措施。

（4）符合法律和国务院规定的其他条件。

网络交易中心应当认真负责地执行买卖双方委托的任务，并积极协助双方当事人成交。网络中心在进行介绍、联系活动时要诚实、公正、守信，不得弄虚作假、招摇撞骗，否则须承担赔偿损失等法律责任。网络交易中心必须在法律许可的范围内进行活动。网络交易中心经营的业务范围、物品的价格、收费标准等都应严格遵守国家的规定。法律规定的禁止流通物，不得作为合同标的物。对显然无支付能力的当事人或尚未确知具有合法地位的法人，不得为其进行中介服务活动。

买卖双方各自因违约而产生的违约责任风险应由违约方承担，而不应由网络交易中心承担。因买卖双方的责任而产生的对社会第三方（包括广大消费者）的产品质量责任和其他经济（民事）、行政、刑事责任，也概不应由网络交易中心承担。

（四）认证机构的法律地位

认证中心扮演着买卖双方签约、履约的监督管理的角色，买卖双方有义务接受认证中心的监督管理。在整个电子商务交易过程中，包括电子支付过程中，认证机构都有着不可替代的地位和作用。

在网络交易的撮合过程中，认证机构（CA）是提供身份验证的第三方机构，由一个或多个用户信任的、具有权威性质的组织实体。它不仅要对进行网络交易的买卖双方负责，还要对整个电子商务的交易秩序负责。因此，这是一个十分重要的机构，往往带有半官方的性质。

（五）网络交易客户与银行间的法律关系

在电子商务中，网络交易客户与银行的关系变得十分密切。除少数邮局汇款外，大多数交易要通过银行的电子资金划拨来完成。电子资金的划拨依据的是银行与网络交易客户所订立的协议。这种协议属于标准合同，通常是由银行起草并作为开立账户的条件递交给网络交易客户的，所以网络交易客户与银行之间的关系仍然是以合同为基础的。

在电子商务中，银行同时扮演发送银行和接收银行的角色。其基本义务是依照客户的指示，准确、及时地完成电子资金划拨。作为发送银行，在整个资金划拨的传送链中，承担着如约执行资金划拨指示的责任。一旦资金划拨失误或失败，发送银行应向客户进行赔付，除非在免责范围内。作为接收银行，接收银行与其客户的合同要求它妥当地接收所划拨来的资金，也就是说，它一接到发送银行传送来的资金划拨指示便应立即履行其义务。如有延误或失误，则应依照接收银行自身与客户的合同处理。另外，资金划拨中的发送银行与接收银行一般都是某一电子资金划拨系统的成员，相互负有合同义务，如果接收银行未能妥当执行资金划拨指示，则应同时对发送银行和受让人负责。

四、国外、内电子商务立法概况

电子商务是各国在新世纪推动经济高速发展的新动力。如何制定和推行相关政策、法律，促进电子商务法的发展，已成为各国政府工作的重点之一。近年来，世界上已有许多国家和国际组织制定了调整电子商务活动的法律、法规，形成了电子商务法律文件。

网络强国 | 守好网络安全防线　筑牢网络强国基石

（一）国际组织的电子商务立法概况

1. 世界贸易组织

世界贸易组织于1997年达成三个协议，为电子商务和信息技术的稳步有序发展奠定了基础。这三个协议是：1997年2月达成的《全球基础电信协议》，该协议主要内容是要求各成员向外国公司开放其电信市场并结束垄断行为；1997年3月达成的《信息技术协议》，该协议要求所有参加方自1997年7月1日起至2000年1月1日将主要的信息技术产品的关税降为零；1997年12月达成的《开放全球金融服务市场协议》，该协议要求成员方对外开放银行、保险、证券和金融市场。

2. 经济合作与发展组织

由于世界各国的电子商务活动必须遵循统一的"游戏规则"才能顺利开展，而各国的社会制度、政治状况、经济发展程度、法律法规、文化传统等方面千差万别，所以在电子商务方面，各国之间的国际合作、协调一致，远比相互竞争、强调本国利益重要得多。

鉴于此，国际经济合作与发展组织（OECD）于1998年10月，在加拿大渥太华召开了第一次以电子商务为主题的部长级会议，会议名称为"一个无国界的世界，发挥全球电子商务的潜力"。会议提交了下列三个主要文件，概述了电子商务方面正在进行和将要进行的活动：①《OECD电子商务行动计划》：概述了各项活动和对未来工作的建议；②《有关国际组织和地区性组织的报告：电子商务的活动和计划》：概述这些组织当前和将来可能开展的工作；③《工商界全球电子商务行动计划，附有对各国政府的建议》：概述工商界当前的计划和他们对重要问题的看法。渥太华会议是迈向全球电子商务的里程碑，推动了电子商务的全面发展，促进了国际政策的进一步协调，为各种经济体充分利用新的电子平台提供了广阔的空间。

3. 联合国

联合国从20世纪80年代开始研究和探讨电子商务法律问题。1982年，联合国贸发会第15届会议正式提出计算机记录的法律价值问题。此后，第17届会议又提出了计算机自动数据处理在国际贸易流通中引起的法律问题，并将其优先列入工作计划，自此，联合国贸发会全面展开了电子商务法研究工作。1996年6月提出了《电子商务示范法》蓝本，并于1996年12月在联合国大会通过。此法旨在为各国电子商务立法提供框架和示范文本，为解决电子商务法律问题奠定基础，促进世界电子商务的发展。随后，1997年贸发会又制定了"电子商务未来工作计划"，重点研究电子签名、认证机构及相关法律问题。2000年9月，贸发会电子商务工作组完成了《电子签名统一规则》的制定工作。2001年12月12日颁布了《电子签字示范法》，该法的宗旨之一是：作为手写签字和其他传统认证程序的替代，电子认证技术的日益普遍使用，表明需要有一项专门的法律框架，以减少因使用这类现代技术（可统称为"电子签字"）可能产生的法律效力上的不确定性。

（二）国外电子商务立法概况

1. 美国

1995年，美国犹他州制定了世界上第一个《数字签名法》，这部"技术中立（Technology-Neutral）"的法案规定：①电子签名符合手写签名的各个要求，并且可在法院诉讼中接纳为证据；②电子合同得以强制执行；③不存在对特定技术的特别待遇，但法院可以将不同技术纳入考虑范围。

1997年7月，克林顿总统发表了《全球电子商务纲要》。该纲要提出了发展电子商务要遵循的五项原则：以私营企业为主导；政府应避免对电子商务作不适当的限制；政府参与的目标应是支持和实施一个可预测的、最小化的、持续的及简单的商务法律环境；政府应充分认识到互联网的独特性质；通过互联网进行的电子商务，应在全球化的基础上得到发展。同时，该纲要还粗略分析了电子商务涉及的九大议题，分别是财政事项中的关税、税收及电子支付议题，法律事项中的制定电子商务统一法典、知识和产权的保护、保护隐私权和网络安全性等议题，市场准入事项中的电信建制和信息科技、网络内容和广告、技术标准等议题。

1998年10月，美国政府通过了《互联网税收自由化》，提出从1998年10月1日起到2001年12月10日止暂缓对互联网接入进行征税，并禁止对电子商务多重征税与歧视性征税。

2000年10月，美国国会通过《全球和国内商业法中的电子签名法案》。它是一项重要的电子商务立法，其突出特点是采纳了"最低限度"模式来推动电子签名的使用，不规定使用某一特定技术。在电子签名的适用范围方面，规定适用于一切影响到州际的或外国的商业合同、协议和记录，以及《1934年证券交易法》管辖范围的事项。即电子签字可以广泛适用于消费者申请抵押或贷款、在网上购买汽车、开立佣金户头或处理与保险公司的事务等领域。

2. 欧盟

欧盟委员会于1997年4月提出著名的《欧洲电子商务行动方案》（European Initiative in

E-commerce)之后，欧盟各国又于同年7月在波恩召开了有关全球信息网络的部长级会议，并通过了支持电子商务发展的部长宣言。1998年，欧盟委员会又颁布了《关于信息社会服务的透明度机制的指令》。随着电子商务的发展，为了在欧洲的层面上制定一个统一的电子签名法律框架，欧盟委员会于1999年12月13日制定了《关于建立电子签名共同法律框架的指令》。其主要目标是：①推动电子签名的使用，促进法律承认；②协调成员国之间的规范；③提高人们对电子签名的信心；④创设一种弹性的、与国际行动规则相容的、具有竞争性的跨境电子交易环境。

3. 亚洲国家和地区的电子商务立法

新加坡是世界上积极推广电子商务的国家。早在1986年新加坡政府就宣布了国家贸易网络开发计划，1991年全面投入使用EDI办理和申报外贸业务。1998年制定了《电子交易法》，并逐步建立起完整的法律和技术框架。

马来西亚是亚洲最早进行电子商务立法的国家。20世纪90年代中期提出建设"信息走廊"的计划；1997年颁布了《数字签名法》。该法采用了以公共密钥技术为基础，并建立配套认证机制的技术模式，极大地促进了电子商务的发展。

韩国1999年制定的《电子商务基本法》是最典型的综合性电子商务立法，该法包括：关于电子信息和数字签名的一般规定；电子信息；电子商务的安全；促进电子商务的发展；消费者保护及其他；对电子商务的各方面作出基础性的规范。

日本2000年制定的《电子签名与认证服务法》，主要的篇幅用于规范认证服务，从几个方面对认证服务进行了全面细致的规定。该法还明确了指定调查机构的权利与义务，形成了独特的监管模式。

印度1998年推出《电子商务支持法》，并在2000年针对电子商务的免税提出实施方案，促进了信息产业和相关产业的持续增长。

（三）我国电子商务立法概况

我国的计算机及信息技术起步较晚，无论是在电子商务实务方面，还是在立法与司法方面，都缺乏成熟的实践。完全依靠自身经验的积累，肯定需要较长的时间，很可能贻误发展电子商务的大好时机。因此，我们有必要借鉴国外先进国家的成功经验，完善中国电子商务法律、法规建设。

我国虽然在网络、信息和电子商务方面制定了几个相关的条例，但总体来讲，我国的电子商务立法还处于拓荒期。因此，在2000年3月的九届全国人大三次会议上，300多名人大代表不约而同地提出了尽快制定我国电子商务法的提案，这就是著名的"新世纪一号提案"。尽管在这次大会上没能形成正式的电子商务法立法议案，但毫无疑问，为电子商务定规立矩的号角已经吹响，"新世纪一号提案"也将作为我国电子商务法律的里程碑而载入中国信息经济时代的史册。

商务交易电子化是新世纪商务活动的基本趋势，也是迅猛发展的网络新经济的必然要求和归宿。"新世纪一号提案"的提出并非巧合，其中蕴含的历史必然性是显而易见的。以法律形式对电子商务这个新兴的交易形式进行规范，不仅是保障电子商务安全的需要，同时也是促进综合国力发展的战略措施。因为商法规范是当代经济发展至关重要的社会资源之一，特别是在信息经济时代，经济发展的最关键资源不在于土地、资金等，而在于科技创新和法治环境。

在有关部门的共同努力下，中国的电子商务立法取得明显成效。2004年8月28日，第十届全国人民代表大会常务委员会第十一次会议通过《中华人民共和国电子签名法》（以下简称《电子签名法》），自2005年4月1日起施行。《电子签名法》的通过，标志着我国首部"真正意义上的信息化法律"的正式诞生。

该法根据2015年4月24日第十二届全国人民代表大会常务委员会第十四次会议《关于修改〈中华人民共和国电力法〉等六部法律的决定》第一次修正，根据2019年4月23日第十三届全国人民代表大会常务委员会第十次会议《关于修改〈中华人民共和国建筑法〉等八部法律的决定》第二次修正。

2018年8月31日，第十三届全国人民代表大会常务委员会第五次会议通过《中华人民共和国电子商务法》，自2019年1月1日起施行。该法旨在保障电子商务各方主体的合法权益，规范电子商务行为，维护市场秩序，促进电子商务持续健康发展。

知识拓展

国务院关于积极推进"互联网+"行动的指导意见

2015年7月4日，《国务院关于积极推进"互联网+"行动的指导意见》（国发〔2015〕40号）发布。该意见明确了今后我国"互联网+"的十一个重点行动领域，即创业创新、协同制造、现代农业、智慧能源、普惠金融、益民服务、高效物流、电子商务、便捷交通、绿色生态以及人工智能。

国内"互联网+"理念的提出，最早可以追溯到2012年11月于扬在易观第五届移动互联网博览会的发言。易观国际董事长兼首席执行官于扬首次提出"互联网+"理念。他认为，未来，"互联网+"公式应该是我们所在的行业的产品和服务，在与我们未来看到的多屏全网跨平台用户场景结合之后产生的一种化学公式。在2015年3月5日的十二届全国人大三次会议上，李克强总理在政府工作报告中首次提出"互联网+"行动计划。李克强在政府工作报告中提出，制定"互联网+"行动计划，推动移动互联网、云计算、大数据、物联网等与现代制造业结合，促进电子商务、工业互联网和互联网金融健康发展，引导互联网企业拓展国际市场。坚持开放共享，营造开放包容的发展环境，将互联网作为生产生活要素共享的重要平台，最大限度地优化资源配置，加快形成以开放、共享为特征的经济社会运行新模式。

"互联网+"是把互联网的创新成果与经济社会各领域深度融合，推动技术进步、效率提升和组织变革，提升实体经济创新力和生产力，形成更广泛的以互联网为基础设施和创新要素的经济社会发展新形态。开展"互联网+"要支持以下基本原则。

（1）坚持融合创新。鼓励传统产业树立互联网思维，积极与"互联网+"相结合。推动互联网向经济社会各领域加速渗透，以融合促创新，最大限度地汇聚各类市场要素的创新力量，推动融合性新兴产业成为经济发展新动力和新支柱。

（2）坚持变革转型。充分发挥互联网在促进产业升级以及信息化和工业化深度融合中的平台作用，引导要素资源向实体经济集聚，推动生产方式和发展模式变革。创新网络化公共服务模式，大幅提升公共服务能力。

（3）坚持引领跨越。巩固提升我国互联网发展优势，加强重点领域前瞻性布局，以互联网融合创新为突破口，培育壮大新兴产业，引领新一轮科技革命和产业变革，实现跨越式发展。

（4）坚持安全有序。完善互联网融合标准规范和法律法规，增强安全意识，强化安全管理和防护，保障网络安全。建立科学有效的市场监管方式，促进市场有序发展，保护公平竞争，防止形成行业垄断和市场壁垒。

该意见指出，今后我国"互联网+"的重点行动领域包括以下几个方面：

1. "互联网+"创业创新

充分发挥互联网的创新驱动作用，以促进创业创新为重点，推动各类要素资源聚集、开放和共享，大力发展众创空间、开放式创新等，引导和推动全社会形成大众创业、万众创新的浓厚氛围，打造经济发展新引擎。

2. "互联网+"协同制造

推动互联网与制造业融合，提升制造业数字化、网络化、智能化水平，加强产业链协作，发展基于互联网的协同制造新模式。在重点领域推进智能制造、大规模个性化定制、网络化协同制造和服务型制造，打造一批网络化协同制造公共服务平台，加快形成制造业网络化产业生态体系。

3. "互联网+"现代农业

利用互联网提升农业生产、经营、管理和服务水平，培育一批网络化、智能化、精细化的现代"种养加"生态农业新模式，形成示范带动效应，加快完善新型农业生产经营体系，培育多样化农业互联网管理服务模式，逐步建立农副产品、农资质量安全追溯体系，促进农业现代化水平明显提升。

4. "互联网+"智慧能源

通过互联网促进能源系统扁平化，推进能源生产与消费模式革命，提高能源利用效率，推动节能减排。加强分布式能源网络建设，提高可再生能源占比，促进能源利用结构优化。加快发电设施、用电设施和电网智能化改造，提高电力系统的安全性、稳定性和可靠性。

5. "互联网+"普惠金融

促进互联网金融健康发展，全面提升互联网金融服务能力和普惠水平，鼓励互联网与银行、证券、保险、基金的融合创新，为大众提供丰富、安全、便捷的金融产品和服务，更好地满足不同层次实体经济的投融资需求，培育一批具有行业影响力的互联网金融创新型企业。

6. "互联网+"益民服务

充分发挥互联网的高效、便捷优势，提高资源利用效率，降低服务消费成本。大力发展以互联网为载体、线上线下互动的新兴消费，加快发展基于互联网的医疗、健康、养老、教育、旅游、社会保障等新兴服务，创新政府服务模式，提升政府科学决策能力和管理水平。

7. "互联网+"高效物流

加快建设跨行业、跨区域的物流信息服务平台，提高物流供需信息对接和使用效率。鼓励大数据、云计算在物流领域的应用，建设智能仓储体系，优化物流运作流程，提升物流仓储的自动化、智能化水平和运转效率，降低物流成本。

8. "互联网+"电子商务

巩固和增强我国电子商务发展领先优势，大力发展农村电商、行业电商和跨境电商，进一步扩大电子商务发展空间。电子商务与其他产业的融合不断深化,网络化生产、流通、消费更加普及,标准规范、公共服务等支撑环境基本完善。

9. "互联网+"便捷交通

加快互联网与交通运输领域的深度融合,通过基础设施、运输工具、运行信息等互联网化,推进基于互联网平台的便捷化交通运输服务发展,显著提高交通运输资源利用效率和管理精细化水平,全面提升交通运输行业服务品质和科学治理能力。

10. "互联网+"绿色生态

推动互联网与生态文明建设深度融合,完善污染物监测及信息发布系统,形成覆盖主要生态要素的资源环境承载能力动态监测网络,实现生态环境数据互联互通和开放共享。充分发挥互联网在逆向物流回收体系中的平台作用,促进再生资源交易利用便捷化、互动化、透明化,促进生产生活方式绿色化。

11. "互联网+"人工智能

依托互联网平台提供人工智能公共创新服务,加快人工智能核心技术突破,促进人工智能在智能家居、智能终端、智能汽车、机器人等领域的推广应用,培育若干引领全球人工智能发展的骨干企业和创新团队,形成创新活跃、开放合作、协同发展的产业生态。

课后练习

一、简答题

1. 电子商务带来的新的法律问题有哪些?
2. 电子商务法律、法规包含哪些内容?
3. 知识产权保护涉及哪些方面的内容?相关的法律问题主要是什么?
4. 符合哪些条件的,应当认定被告注册、使用域名等行为构成侵权或者不正当竞争?

二、技能题

1. 登录 http://www.chinaeclaw.com(中国电子商务法律网)、http://www.cyberlawcn.com(中国网络法律网)等网站,查询国内外电子商务立法的发展,写出调查报告。
2. 登录电子商务法律相关网站,寻找相应案例,如域名抢注、电子签名案、网络消费者隐私权等,应用所学知识进行案例分析。

附 录

中华人民共和国电子商务法

（2018年8月31日第十三届全国人民代表大会常务委员会第五次会议通过）

目　　录

第一章　总则
第二章　电子商务经营者
　　第一节　一般规定
　　第二节　电子商务平台经营者
第三章　电子商务合同的订立与履行
第四章　电子商务争议解决
第五章　电子商务促进
第六章　法律责任
第七章　附则

第一章　总　　则

第一条　为了保障电子商务各方主体的合法权益，规范电子商务行为，维护市场秩序，促进电子商务持续健康发展，制定本法。

第二条　中华人民共和国境内的电子商务活动，适用本法。

本法所称电子商务，是指通过互联网等信息网络销售商品或者提供服务的经营活动。

法律、行政法规对销售商品或者提供服务有规定的，适用其规定。金融类产品和服务，利用信息网络提供新闻信息、音视频节目、出版以及文化产品等内容方面的服务，不适用本法。

第三条　国家鼓励发展电子商务新业态，创新商业模式，促进电子商务技术研发和推广应用，推进电子商务诚信体系建设，营造有利于电子商务创新发展的市场环境，充分发挥电子商务在推动高质量发展、满足人民日益增长的美好生活需要、构建开放型经济方面的重要作用。

第四条　国家平等对待线上线下商务活动，促进线上线下融合发展，各级人民政府和有关部门不得采取歧视性的政策措施，不得滥用行政权力排除、限制市场竞争。

第五条　电子商务经营者从事经营活动，应当遵循自愿、平等、公平、诚信的原则，遵守法律和商业道德，公平参与市场竞争，履行消费者权益保护、环境保护、知识产权保护、网络安全与个人信息保护等方面的义务，承担产品和服务质量责任，接受政府和社会的监督。

第六条　国务院有关部门按照职责分工负责电子商务发展促进、监督管理等工作。县级以上地方各级人民政府可以根据本行政区域的实际情况，确定本行政区域内电子商务的部门职责划分。

第七条　国家建立符合电子商务特点的协同管理体系，推动形成有关部门、电子商务行业组织、电子商务经营者、消费者等共同参与的电子商务市场治理体系。

第八条　电子商务行业组织按照本组织章程开展行业自律，建立健全行业规范，推动行业诚信建设，监督、引导本行业经营者公平参与市场竞争。

第二章　电子商务经营者

第一节　一般规定

第九条　本法所称电子商务经营者，是指通过互联网等信息网络从事销售商品或者提供服务的经营活动的自然人、法人和非法人组织，包括电子商务平台经营者、平台内经营者以及通过自建网站、其他网络服务销售商品或者提供服务的电子商务经营者。

本法所称电子商务平台经营者，是指在电子商务中为交易双方或者多方提供网络经营场所、交易撮合、信息发布等服务，供交易双方或者多方独立开展交易活动的法人或者非法人组织。

本法所称平台内经营者，是指通过电子商务平台销售商品或者提供服务的电子商务经营者。

第十条　电子商务经营者应当依法办理市场主体登记。但是，个人销售自产农副产品、家庭手工业产品，个人利用自己的技能从事依法无须取得许可的便民劳务活动和零星小额交易活动，以及依照法律、行政法规不需要进行登记的除外。

第十一条　电子商务经营者应当依法履行纳税义务，并依法享受税收优惠。

依照前条规定不需要办理市场主体登记的电子商务经营者在首次纳税义务发生后，应当依照税收征收管理法律、行政法规的规定申请办理税务登记，并如实申报纳税。

第十二条　电子商务经营者从事经营活动，依法需要取得相关行政许可的，应当依法取得行政许可。

第十三条　电子商务经营者销售的商品或者提供的服务应当符合保障人身、财产安全的要求和环境保护要求，不得销售或者提供法律、行政法规禁止交易的商品或者服务。

第十四条　电子商务经营者销售商品或者提供服务应当依法出具纸质发票或者电子发票等购货凭证或者服务单据。电子发票与纸质发票具有同等法律效力。

第十五条　电子商务经营者应当在其首页显著位置，持续公示营业执照信息、与其经营业务有关的行政许可信息、属于依照本法第十条规定的不需要办理市场主体登记情形等信息，或者上述信息的链接标识。

前款规定的信息发生变更的，电子商务经营者应当及时更新公示信息。

第十六条　电子商务经营者自行终止从事电子商务的，应当提前三十日在首页显著位置持续公示有关信息。

第十七条　电子商务经营者应当全面、真实、准确、及时地披露商品或者服务信息，保障消费者的知情权和选择权。电子商务经营者不得以虚构交易、编造用户评价等方式进行虚假或者引人误解的商业宣传，欺骗、误导消费者。

第十八条　电子商务经营者根据消费者的兴趣爱好、消费习惯等特征向其提供商品或者服务的搜索结果的，应当同时向该消费者提供不针对其个人特征的选项，尊重和平等保护消费者合法权益。

电子商务经营者向消费者发送广告的，应当遵守《中华人民共和国广告法》的有关规定。

第十九条　电子商务经营者搭售商品或者服务，应当以显著方式提请消费者注意，不得将搭售商品或者服务作为默认同意的选项。

第二十条　电子商务经营者应当按照承诺或者与消费者约定的方式、时限向消费者交付商品或者服务，并承担商品运输中的风险和责任。但是，消费者另行选择快递物流服务提供者的除外。

第二十一条　电子商务经营者按照约定向消费者收取押金的，应当明示押金退还的方式、程序，不得对押金退还设置不合理条件。消费者申请退还押金，符合押金退还条件的，电子商务经营者应当及时退还。

第二十二条　电子商务经营者因其技术优势、用户数量、对相关行业的控制能力以及其他经营者对该电子商务经营者在交易上的依赖程度等因素而具有市场支配地位的，不得滥用市场支配地位，排除、限制竞争。

第二十三条　电子商务经营者收集、使用其用户的个人信息，应当遵守法律、行政法规有关个人信息保护的规定。

第二十四条　电子商务经营者应当明示用户信息查询、更正、删除以及用户注销的方式、程序，不得对用户信息查询、更正、删除以及用户注销设置不合理条件。

电子商务经营者收到用户信息查询或者更正、删除的申请的，应当在核实身份后及时提供查询或者更正、删除用户信息。用户注销的，电子商务经营者应当立即删除该用户的信息；依照法律、行政法规的规定或者双方约定保存的，依照其规定。

第二十五条　有关主管部门依照法律、行政法规的规定要求电子商务经营者提供有关电子商务数据信息的，电子商务经营者应当提供。有关主管部门应当采取必要措施保护电子商务经营者提供的数据信息的安全，并对其中的个人信息、隐私和商业秘密严格保密，不得泄露、出售或者非法向他人提供。

第二十六条　电子商务经营者从事跨境电子商务，应当遵守进出口监督管理的法律、行政法规和国家有关规定。

第二节　电子商务平台经营者

第二十七条　电子商务平台经营者应当要求申请进入平台销售商品或者提供服务的经营者提交其身份、地址、联系方式、行政许可等真实信息，进行核验、登记，建立登记档案，并定期核验更新。

电子商务平台经营者为进入平台销售商品或者提供服务的非经营用户提供服务，应当遵守本节有关规定。

第二十八条　电子商务平台经营者应当按照规定向市场监督管理部门报送平台内经营者的身份信息，提示未办理市场主体登记的经营者依法办理登记，并配合市场监督管理部门，针对电子商务的特点，为应当办理市场主体登记的经营者办理登记提供便利。

电子商务平台经营者应当依照税收征收管理法律、行政法规的规定，向税务部门报送平台内经营者的身份信息和与纳税有关的信息，并应当提示依照本法第十条规定不需要办理市场主体登记的电子商务经营者依照本法第十一条第二款的规定办理税务登记。

第二十九条　电子商务平台经营者发现平台内的商品或者服务信息存在违反本法第十二条、第十三条规定情形的，应当依法采取必要的处置措施，并向有关主管部门报告。

第三十条　电子商务平台经营者应当采取技术措施和其他必要措施保证其网络安全、稳定运行，防范网络违法犯罪活动，有效应对网络安全事件，保障电子商务交易安全。

电子商务平台经营者应当制定网络安全事件应急预案，发生网络安全事件时，应当立即启动应急预案，采取相应的补救措施，并向有关主管部门报告。

第三十一条　电子商务平台经营者应当记录、保存平台上发布的商品和服务信息、交易信息，并确保信息的完整性、保密性、可用性。商品和服务信息、交易信息保存时间自交易完成之日起不少于三年；法律、行政法规另有规定的，依照其规定。

第三十二条　电子商务平台经营者应当遵循公开、公平、公正的原则，制定平台服务协议和交易规则，明确进入和退出平台、商品和服务质量保障、消费者权益保护、个人信息保护等方面的权利和义务。

第三十三条　电子商务平台经营者应当在其首页显著位置持续公示平台服务协议和交易规则信息或者上述信息的链接标识，并保证经营者和消费者能够便利、完整地阅览和下载。

第三十四条　电子商务平台经营者修改平台服务协议和交易规则，应当在其首页显著位置公开征求意见，采取合理措施确保有关各方能够及时充分表达意见。修改内容应当至少在实施前七日予以公示。

平台内经营者不接受修改内容，要求退出平台的，电子商务平台经营者不得阻止，并按照修改前的服务协议和交易规则承担相关责任。

第三十五条　电子商务平台经营者不得利用服务协议、交易规则以及技术等手段，对平台内经营者在平台内的交易、交易价格以及与其他经营者的交易等进行不合理限制或者附加不合理条件，或者向平台内经营者收取不合理费用。

第三十六条　电子商务平台经营者依据平台服务协议和交易规则对平台内经营者违反法律、法规的行为实施警示、暂停或者终止服务等措施的，应当及时公示。

第三十七条　电子商务平台经营者在其平台上开展自营业务的，应当以显著方式区分标记自营业务和平台内经营者开展的业务，不得误导消费者。

电子商务平台经营者对其标记为自营的业务依法承担商品销售者或者服务提供者的民事责任。

第三十八条　电子商务平台经营者知道或者应当知道平台内经营者销售的商品或者提供的服务不符合保障人身、财产安全的要求，或者有其他侵害消费者合法权益行为，未采取必要措施的，依法与该平台内经营者承担连带责任。

对关系消费者生命健康的商品或者服务，电子商务平台经营者对平台内经营者的资质资格未尽到审核义务，或者对消费者未尽到安全保障义务，造成消费者损害的，依法承担相应的责任。

第三十九条　电子商务平台经营者应当建立健全信用评价制度，公示信用评价规则，为消费者提供对平台内销售的商品或者提供的服务进行评价的途径。

电子商务平台经营者不得删除消费者对其平台内销售的商品或者提供的服务的评价。

第四十条　电子商务平台经营者应当根据商品或者服务的价格、销量、信用等以多种方式向消费者显示商品或者服务的搜索结果；对于竞价排名的商品或者服务，应当显著标明"广告"。

第四十一条　电子商务平台经营者应当建立知识产权保护规则，与知识产权权利人加强合作，依法保护知识产权。

第四十二条　知识产权权利人认为其知识产权受到侵害的，有权通知电子商务平台经营者采取删除、屏蔽、断开链接、终止交易和服务等必要措施。通知应当包括构成侵权的初步证据。

电子商务平台经营者接到通知后，应当及时采取必要措施，并将该通知转送平台内经营者；未及时采取必要措施的，对损害的扩大部分与平台内经营者承担连带责任。

因通知错误造成平台内经营者损害的，依法承担民事责任。恶意发出错误通知，造成平台内经营者损失的，加倍承担赔偿责任。

第四十三条　平台内经营者接到转送的通知后，可以向电子商务平台经营者提交不存在侵权行为的声明。声明应当包括不存在侵权行为的初步证据。

电子商务平台经营者接到声明后，应当将该声明转送发出通知的知识产权权利人，并告知其可以向有关主管部门投诉或者向人民法院起诉。电子商务平台经营者在转送声明到达知识产权权利人后十五日内，未收到权利人已经投诉或者起诉通知的，应当及时终止所采取的措施。

第四十四条　电子商务平台经营者应当及时公示收到的本法第四十二条、第四十三条规定的通知、声明及处理结果。

第四十五条　电子商务平台经营者知道或者应当知道平台内经营者侵犯知识产权的，应当采取删除、屏蔽、断开链接、终止交易和服务等必要措施；未采取必要措施的，与侵权人承担连带责任。

第四十六条　除本法第九条第二款规定的服务外，电子商务平台经营者可以按照平台服务协议和交易规则，为经营者之间的电子商务提供仓储、物流、支付结算、交收等服务。电子商务平台经营者为经营者之间的电子商务提供服务，应当遵守法律、行政法规和国家有关规定，不得采取集中竞价、做市商等集中交易方式进行交易，不得进行标准化合约交易。

第三章　电子商务合同的订立与履行

第四十七条　电子商务当事人订立和履行合同，适用本章和《中华人民共和国民法总则》《中华人民共和国合同法》《中华人民共和国电子签名法》等法律的规定。

第四十八条　电子商务当事人使用自动信息系统订立或者履行合同的行为对使用该系统的当事人具有法律效力。

在电子商务中推定当事人具有相应的民事行为能力。但是，有相反证据足以推翻的除外。

第四十九条　电子商务经营者发布的商品或者服务信息符合要约条件的，用户选择该商品或者服务并提交订单成功，合同成立。当事人另有约定的，从其约定。

电子商务经营者不得以格式条款等方式约定消费者支付价款后合同不成立；格式条款等含有该内容的，其内容无效。

第五十条　电子商务经营者应当清晰、全面、明确地告知用户订立合同的步骤、注意事项、下载方法等事项，并保证用户能够便利、完整地阅览和下载。

电子商务经营者应当保证用户在提交订单前可以更正输入错误。

第五十一条　合同标的为交付商品并采用快递物流方式交付的，收货人签收时间为交付时间。合同标的为提供服务的，生成的电子凭证或者实物凭证中载明的时间为交付时间；前述凭证没有载明时间或者载明时间与实际提供服务时间不一致的，实际提供服务的时间为交付时间。

合同标的为采用在线传输方式交付的，合同标的进入对方当事人指定的特定系统并且能够检索识别的时间为交付时间。

合同当事人对交付方式、交付时间另有约定的，从其约定。

第五十二条　电子商务当事人可以约定采用快递物流方式交付商品。

快递物流服务提供者为电子商务提供快递物流服务，应当遵守法律、行政法规，并应当符合承诺的服务规范和时限。快递物流服务提供者在交付商品时，应当提示收货人当面查验；交由他人代收的，应当经收货人同意。

快递物流服务提供者应当按照规定使用环保包装材料，实现包装材料的减量化和再利用。

快递物流服务提供者在提供快递物流服务的同时，可以接受电子商务经营者的委托提供代收货款服务。

第五十三条　电子商务当事人可以约定采用电子支付方式支付价款。

电子支付服务提供者为电子商务提供电子支付服务，应当遵守国家规定，告知用户电子支付服务的功能、使用方法、注意事项、相关风险和收费标准等事项，不得附加不合理交易条件。电子支付服务提供者应当确保电子支付指令的完整性、一致性、可跟踪稽核和不可篡改。

电子支付服务提供者应当向用户免费提供对账服务以及最近三年的交易记录。

第五十四条　电子支付服务提供者提供电子支付服务不符合国家有关支付安全管理要求，造成用户损失的，应当承担赔偿责任。

第五十五条　用户在发出支付指令前，应当核对支付指令所包含的金额、收款人等完整信息。

支付指令发生错误的，电子支付服务提供者应当及时查找原因，并采取相关措施予以纠正。造成用户损失的，电子支付服务提供者应当承担赔偿责任，但能够证明支付错误非自身原因造成的除外。

第五十六条　电子支付服务提供者完成电子支付后，应当及时准确地向用户提供符合约定方式的确认支付的信息。

第五十七条　用户应当妥善保管交易密码、电子签名数据等安全工具。用户发现安全工具遗失、被盗用或者未经授权的支付的，应当及时通知电子支付服务提供者。

未经授权的支付造成的损失，由电子支付服务提供者承担；电子支付服务提供者能够证明未经授权的支付是因用户的过错造成的，不承担责任。

电子支付服务提供者发现支付指令未经授权，或者收到用户支付指令未经授权的通知时，应当立即采取措施防止损失扩大。电子支付服务提供者未及时采取措施导致损失扩大的，对损失扩大部分承担责任。

第四章 电子商务争议解决

第五十八条 国家鼓励电子商务平台经营者建立有利于电子商务发展和消费者权益保护的商品、服务质量担保机制。

电子商务平台经营者与平台内经营者协议设立消费者权益保证金的，双方应当就消费者权益保证金的提取数额、管理、使用和退还办法等作出明确约定。

消费者要求电子商务平台经营者承担先行赔偿责任以及电子商务平台经营者赔偿后向平台内经营者的追偿，适用《中华人民共和国消费者权益保护法》的有关规定。

第五十九条 电子商务经营者应当建立便捷、有效的投诉、举报机制，公开投诉、举报方式等信息，及时受理并处理投诉、举报。

第六十条 电子商务争议可以通过协商和解，请求消费者组织、行业协会或者其他依法成立的调解组织调解，向有关部门投诉，提请仲裁，或者提起诉讼等方式解决。

第六十一条 消费者在电子商务平台购买商品或者接受服务，与平台内经营者发生争议时，电子商务平台经营者应当积极协助消费者维护合法权益。

第六十二条 在电子商务争议处理中，电子商务经营者应当提供原始合同和交易记录。因电子商务经营者丢失、伪造、篡改、销毁、隐匿或者拒绝提供前述资料，致使人民法院、仲裁机构或者有关机关无法查明事实的，电子商务经营者应当承担相应的法律责任。

第六十三条 电子商务平台经营者可以建立争议在线解决机制，制定并公示争议解决规则，根据自愿原则，公平、公正地解决当事人的争议。

第五章 电子商务促进

第六十四条 国务院和省、自治区、直辖市人民政府应当将电子商务发展纳入国民经济和社会发展规划，制定科学合理的产业政策，促进电子商务创新发展。

第六十五条 国务院和县级以上地方人民政府及其有关部门应当采取措施，支持、推动绿色包装、仓储、运输，促进电子商务绿色发展。

第六十六条 国家推动电子商务基础设施和物流网络建设，完善电子商务统计制度，加强电子商务标准体系建设。

第六十七条 国家推动电子商务在国民经济各个领域的应用，支持电子商务与各产业融合发展。

第六十八条 国家促进农业生产、加工、流通等环节的互联网技术应用，鼓励各类社会资源加强合作，促进农村电子商务发展，发挥电子商务在精准扶贫中的作用。

第六十九条 国家维护电子商务交易安全，保护电子商务用户信息，鼓励电子商务数据开发应用，保障电子商务数据依法有序自由流动。

国家采取措施推动建立公共数据共享机制，促进电子商务经营者依法利用公共数据。

第七十条　国家支持依法设立的信用评价机构开展电子商务信用评价，向社会提供电子商务信用评价服务。

第七十一条　国家促进跨境电子商务发展，建立健全适应跨境电子商务特点的海关、税收、进出境检验检疫、支付结算等管理制度，提高跨境电子商务各环节便利化水平，支持跨境电子商务平台经营者等为跨境电子商务提供仓储物流、报关、报检等服务。

国家支持小型、微型企业从事跨境电子商务。

第七十二条　国家进出口管理部门应当推进跨境电子商务海关申报、纳税、检验检疫等环节的综合服务和监管体系建设，优化监管流程，推动实现信息共享、监管互认、执法互助，提高跨境电子商务服务和监管效率。跨境电子商务经营者可以凭电子单证向国家进出口管理部门办理有关手续。

第七十三条　国家推动建立与不同国家、地区之间跨境电子商务的交流合作，参与电子商务国际规则的制定，促进电子签名、电子身份等国际互认。

国家推动建立与不同国家、地区之间的跨境电子商务争议解决机制。

第六章　法律责任

第七十四条　电子商务经营者销售商品或者提供服务，不履行合同义务或者履行合同义务不符合约定，或者造成他人损害的，依法承担民事责任。

第七十五条　电子商务经营者违反本法第十二条、第十三条规定，未取得相关行政许可从事经营活动，或者销售、提供法律、行政法规禁止交易的商品、服务，或者不履行本法第二十五条规定的信息提供义务，电子商务平台经营者违反本法第四十六条规定，采取集中交易方式进行交易，或者进行标准化合约交易的，依照有关法律、行政法规的规定处罚。

第七十六条　电子商务经营者违反本法规定，有下列行为之一的，由市场监督管理部门责令限期改正，可以处一万元以下的罚款，对其中的电子商务平台经营者，依照本法第八十一条第一款的规定处罚：

（一）未在首页显著位置公示营业执照信息、行政许可信息、属于不需要办理市场主体登记情形等信息，或者上述信息的链接标识的；

（二）未在首页显著位置持续公示终止电子商务的有关信息的；

（三）未明示用户信息查询、更正、删除以及用户注销的方式、程序，或者对用户信息查询、更正、删除以及用户注销设置不合理条件的。

电子商务平台经营者对违反前款规定的平台内经营者未采取必要措施的，由市场监督管理部门责令限期改正，可以处二万元以上十万元以下的罚款。

第七十七条　电子商务经营者违反本法第十八条第一款规定提供搜索结果，或者违反本法第十九条规定搭售商品、服务的，由市场监督管理部门责令限期改正，没收违法所得，可以并处五万元以上二十万元以下的罚款；情节严重的，并处二十万元以上五十万元以下的罚款。

第七十八条　电子商务经营者违反本法第二十一条规定，未向消费者明示押金退还的方式、程序，对押金退还设置不合理条件，或者不及时退还押金的，由有关主管部门责令限期改正，可以处五万元以上二十万元以下的罚款；情节严重的，处二十万元以上五十万元以下的罚款。

第七十九条　电子商务经营者违反法律、行政法规有关个人信息保护的规定，或者不履行本法第三十条和有关法律、行政法规规定的网络安全保障义务的，依照《中华人民共和国网络安全法》等法律、行政法规的规定处罚。

第八十条　电子商务平台经营者有下列行为之一的，由有关主管部门责令限期改正；逾期不改正的，处二万元以上十万元以下的罚款；情节严重的，责令停业整顿，并处十万元以上五十万元以下的罚款：

（一）不履行本法第二十七条规定的核验、登记义务的；

（二）不按照本法第二十八条规定向市场监督管理部门、税务部门报送有关信息的；

（三）不按照本法第二十九条规定对违法情形采取必要的处置措施，或者未向有关主管部门报告的；

（四）不履行本法第三十一条规定的商品和服务信息、交易信息保存义务的。

法律、行政法规对前款规定的违法行为的处罚另有规定的，依照其规定。

第八十一条　电子商务平台经营者违反本法规定，有下列行为之一的，由市场监督管理部门责令限期改正，可以处二万元以上十万元以下的罚款；情节严重的，处十万元以上五十万元以下的罚款：

（一）未在首页显著位置持续公示平台服务协议、交易规则信息或者上述信息的链接标识的；

（二）修改交易规则未在首页显著位置公开征求意见，未按照规定的时间提前公示修改内容，或者阻止平台内经营者退出的；

（三）未以显著方式区分标记自营业务和平台内经营者开展的业务的；

（四）未为消费者提供对平台内销售的商品或者提供的服务进行评价的途径，或者擅自删除消费者的评价的。

电子商务平台经营者违反本法第四十条规定，对竞价排名的商品或者服务未显著标明"广告"的，依照《中华人民共和国广告法》的规定处罚。

第八十二条　电子商务平台经营者违反本法第三十五条规定，对平台内经营者在平台内的交易、交易价格或者与其他经营者的交易等进行不合理限制或者附加不合理条件，或者向平台内经营者收取不合理费用的，由市场监督管理部门责令限期改正，可以处五万元以上五十万元以下的罚款；情节严重的，处五十万元以上二百万元以下的罚款。

第八十三条　电子商务平台经营者违反本法第三十八条规定，对平台内经营者侵害消费者合法权益行为未采取必要措施，或者对平台内经营者未尽到资质资格审核义务，或者对消费者未尽到安全保障义务的，由市场监督管理部门责令限期改正，可以处五万元以上五十万元以下的罚款；情节严重的，责令停业整顿，并处五十万元以上二百万元以下的罚款。

第八十四条　电子商务平台经营者违反本法第四十二条、第四十五条规定，对平台内经营者实施侵犯知识产权行为未依法采取必要措施的，由有关知识产权行政部门责令限期改正；逾期不改正的，处五万元以上五十万元以下的罚款；情节严重的，处五十万元以上二百万元以下的罚款。

第八十五条　电子商务经营者违反本法规定，销售的商品或者提供的服务不符合保障人身、财产安全的要求，实施虚假或者引人误解的商业宣传等不正当竞争行为，滥用市场支配地位，或者实施侵犯知识产权、侵害消费者权益等行为的，依照有关法律的规定处罚。

第八十六条　电子商务经营者有本法规定的违法行为的，依照有关法律、行政法规的规定记入信用档案，并予以公示。

第八十七条　依法负有电子商务监督管理职责的部门的工作人员，玩忽职守、滥用职权、徇私舞弊，或者泄露、出售或者非法向他人提供在履行职责中所知悉的个人信息、隐私和商业秘密的，依法追究法律责任。

第八十八条　违反本法规定，构成违反治安管理行为的，依法给予治安管理处罚；构成犯罪的，依法追究刑事责任。

第七章　附　则

第八十九条　本法自 2019 年 1 月 1 日起施行。

参 考 文 献

[1] 张思光．电子商务概论［M］．北京：清华大学出版社，2009．
[2] 葛志远．电子商务应用与技术［M］．北京：清华大学出版社，北京交通大学出版社，2005．
[3] 周源，林晓峰，赵慧勤．电子商务概论［M］．北京：地质出版社，2007．
[4] 华细玲，杨国荣，刘运芹．物流管理基础［M］．北京：北京理工大学出版社，2010．
[5] 陶世怀．电子商务概论［M］．大连：大连理工大学出版社，2009．
[6] 王冠宁．电子商务实务［M］．北京：北京理工大学出版社，2010．
[7] 方美琪，付虹蛟．电子商务理论与实践［M］．北京：中国人民大学出版社，2005．
[8] 尹世久．电子商务概论［M］．北京：机械工业出版社，2008．
[9] 覃征．电子商务概论［M］．北京：高等教育出版社，2006．
[10] 郑孝庭．新编电子商务教程［M］．北京：中国传媒大学出版社，2009．
[11] 扈健丽．电子商务概论［M］．北京：北京理工大学出版社，2010．
[12] 严国辉，陈柏良．电子商务［M］．北京：北京理工大学出版社，2009．
[13] 张彩霞．电子商务概论［M］．成都：西南财经大学出版社，2010．
[14] 赵颖，陈莉，刘德华．电子商务概论［M］．北京：北京理工大学出版社，2009．
[15] 庞大连．电子商务概论［M］．北京：北京大学出版社，2008．
[16] 石道元．电子商务基础与实训［M］．上海：上海财经大学出版社，2007．
[17] 杨坚争．电子商务概论［M］．北京：中国人民大学出版社，2007．
[18] 宋文官．电子商务概论［M］．北京：清华大学出版社，2006．
[19] 李琪．电子商务概论［M］．北京：人民邮电出版社，2004．
[20] 邵兵家．电子商务概论［M］．北京：高等教育出版社，2003．
[21] 雷玲．电子商务案例分析［M］．大连：大连理工大学出版社，2009．